하버드 자존감 수업

The Extraordinary Gift of Being Ordinary: Finding Happiness Right Where You Are
by Ronald D. Siegel, PhD

Copyright © 2022 Ronald D. Siegel
Published by arrangement with The Guilford Press through Icarias Agency

Korean translation Copyright © 2025 Hyundae Jisung Publisher

이 책의 한국어판 저작권은 Icarias Agency를 통해 Guilford Publications, Inc.과 독점 계약한 도서출판 현대지성에 있습니다. 저작권법에 의하여 한국 내에서 보호를 받는 저작물이므로 무단전재와 복제를 금합니다.

불안, 강박, 비교에 무너지지 않는 자기수용의 심리학

하버드 자존감 수업

로널드 시걸 지음 | 김미정 옮김

THE EXTRAORDINARY GIFT OF BEING ORDINARY

현대
지성

일러두기

1. 이 책의 설명과 예시에 묘사된 인물들은 사생활 보호를 위해 여러 사례를 합성한 것입니다.
2. 이 책에 등장하는 인명은 국립국어원의 외래어 표기법에 따랐습니다. 다만 널리 통용되는 표기가 있을 경우 그대로 표기했습니다.

> 이 책에 쏟아진 찬사

나의 평범함을 온전히 받아들이는 순간
우리는 비로소 특별해진다

말 그대로 자존감의 시대다. 수많은 사람들이 자존감을 논한다. 그런데 자존감이라는 것이 도대체 무엇일까? 대부분 자기 자신을 평가해보고 느끼는 긍정적 감정이라고 생각한다. 그렇다면 그 긍정적 감정의 실체는 무엇인가? 여기서부터 난감해진다. 세상에 존재하는 잣대로 평가된 감정이기 때문이다. 그로 인해 만족을 모르고 불안과 좌절 그리고 하루에도 수십 번 요동치는 감정에 시달리며 부족한 자신을 탓한다. 그렇다면 어떻게 하면 타인의 기준에서 벗어날 수 있을까? 의외로 답은 간단하다. 하버드 의과대학교의 임상심리학자인 로널드 시걸 박사는 끝없는 자기평가라는 고통에서 벗어나고 싶다면 자신의 평범함을 받아들여야 한다고 역설한다. 자신이 객관적으로 부족한데 과대평가하는 순간 교만의 늪에 빠지고 삶이 분노와 좌절로 점철된다. 반대로 자신이 뛰어난 영역에서도 부족하다고 과소평가하는 순간 열등감에 시달리며 삶의 허무와 무의미에 괴로워한다. 즉 자존감은 자연 풍경을 바라보듯 나를 있는 그대로 인식할 수 있을 때 완성된다는 것이다. 그렇게 할 때 우리는 언제 어디서나 자신을 증명해야 한다는 압박에서 벗어나고, 내 행동의 부족함이 곧 나의 부족함을 의미하지 않는다는 사실을 알게 된다.

당신은 언제 부족하고, 또 언제 뛰어난가? 그 사이에서 당신은 어떤 줄

다리기를 하고 있는가? 남들보다 그리고 지금보다 더 나은 사람이 되기 위해 고군분투하는 이 시대의 수많은 연약한 존재들에게 일독을 권한다. 잘못된 자기평가에서 벗어나 자기수용의 길을 친절하게 알려주어 실로 고맙기 그지없는 책이다.

• **김경일**, 아주대학교 심리학과 교수, 인지심리학자, 『마음의 지혜』 저자

나를 남과 비교하며 느끼는 심리적 고통의 핵심을 명료하게 파헤치고 마음을 다스리는 방법을 알려주는 책이다. 로널드 시걸 박사는 습관적으로 자신을 틀에 가두는 제한적 사고에서 벗어나 진정한 자기 자신을 찾는 방법을 알려준다. 이 책에서 소개하는 명상법을 따라 해보면 평화와 만족감을 느낄 수 있을 것이다.

• **타라 브랙**, 임상심리학자, 『받아들임』 저자

이 책은 평범함이 얼마나 소중한지 깨닫게 한다. 평범함이란 자신을 남과 비교하지 않고 있는 그대로 받아들이는 것이며, 그 결과 우리는 허황된 환상의 함정에 빠지지 않고 진정으로 자유로워질 수 있다. 로널드 시걸 박사는 이 책을 통해 평범함의 행복을 누리는 지혜를 보여준다.

• **잭 콘필드**, 『오르막과 내리막, 그것이 삶이라는 것을 받아들인다면』 저자

이 책은 불완전함 속에서 행복을 찾는 방법을 알려주는 안내서로, 삶의 본질이 무엇인지 깊이 통찰하게 도와주며 진정한 마음의 자유를 얻는 실천법을 소개한다. 시걸 박사의 가르침을 하나하나 따라가면 우리를 괴롭게 하는 수치심과 부정적인 자기평가를 내려놓고 있는 그대로의 자신을 받아들이는 연민의 마음을 갖출 수 있을 것이다.

• **크리스틴 네프**, 텍사스대학교 오스틴 교육심리학교 부교수,
『나를 사랑하기로 했습니다』 공동 저자

연민과 재미, 통찰이 넘치는 시걸 박사의 글을 읽으면 나를 다른 사람과 비교하는 관점에서 벗어나는 방법을 알 수 있다. 단지 그것만으로도 놀라울 만큼 자유로워질 수 있다. 내가 평범하다는 사실이 이렇게 기뻤던 적이 없었다.

• **수지 F.**, 보스턴의 독자

시걸 박사는 세상이 우리를 현혹하면서 고통으로 내모는 과정을 상세하게 보여주고 그에 대한 해결책을 제시한다. 우리는 사회가 제시하는 행복을 얻기 위해 평생 애쓰지만 결국 고통의 악순환에 더 깊이 빠지고 만다. 시걸 박사의 조언처럼 우리는 관계와 연민을 통해 가까운 행복을 향해 헤엄쳐 갈 수 있다. 깊이 있는 개인적 통찰과 방대한 임상 경험을 바탕으로 쓰인 책이다.

• **저드슨 브루어**, 신경과학자, 『중독은 어떻게 뇌를 바꾸는가』 저자

평범함, 심지어 실패 속에도 기쁨이 있다는 시걸 박사의 메시지 덕분에 나는 개인적으로도 업무적으로도 놀라운 도약을 경험했다. 이 책을 통해 내 잘못된 자아상을 양파 껍질 벗기듯 해체하고 지금의 나를 있는 그대로 받아들이는 능력을 기를 수 있었다. 이 책은 나의 실패를 인내하고 다른 사람의 시선에 덜 집착하며 그동안 밤잠을 설치게 했던 불완전함을 기꺼이 받아들일 용기를 주었다.

• **코디 R.**, 시애틀의 독자

세계적인 심리학자가 수십 년간 쌓아온 경험과 통찰을 담아낸 책이다. 최신 과학을 바탕으로 풍부한 예시를 소개하면서 일상에서 경험하는 고통을 벗어날 수 있게 하는 실천법과 지혜를 한데 모았다. 독이 되는 자기비판과 수치심에서 벗어나게 해주고, 심층적인 자기수용, 올바른 자

존감 함양, 내면의 평화를 향한 문을 열어주는 이 책은 삶의 가장 어두운 밤을 지나고 있는 당신을 이끌어줄 것이다.

• **릭 핸슨**, 신경심리학자, 『12가지 행복의 법칙』 저자

수십 년간 축적된 임상 경험을 바탕으로 마음챙김에 관한 전문성을 갖춘 심리학자 로널드 시걸 박사는 우리가 습관적으로 사로잡히는 '자기평가의 함정'에서 벗어날 수 있는 효과적인 지침을 제시한다. 이 책에서 소개하는 실천법을 따라 하는 것만으로도 내면의 고통에서 벗어나 자유를 만끽할 수 있을 것이다.

• **가보 마테**, 스트레스 전문 가정의학과 전문의, 『정상이라는 환상』 저자

> 들어가며

더 멋진 사람이 되고 싶으세요?

> 평범함에 관한 책은 아무도 안 읽을 거야.
> 모두가 특별해지고 싶어 하니까!
> ─ 친구의 경고

저는 40년 넘게 임상심리학자로서 허리 통증부터 부부 갈등까지 온갖 문제로 고민하는 각계각층의 사람들을 만나오면서 거의 모든 사람이 근본적으로는 같은 문제로 힘겨워하고 있다는 사실을 깨달았습니다. 바로 자기 자신이 좋은 사람이라고 느끼고 싶은 욕망입니다. 사람들은 긍정적 자기감정을 느끼고 싶어서 좋은 성적을 받거나, 돈을 많이 벌거나, 매력적인 사람이 되려 애쓰거나 실패한 사람 같은 기분이 들지 않으려고 발버둥쳤습니다. 하지만 그 기준은 충족하기가 너무나 어려워서 모두가 불행했습니다. 끊임없이 스스로를 평가하거나 다른 사람들과 비교하지 않는다면 훨씬 더 큰 성취감과 만족감을 느낄 수 있을 텐데 말입니다.

고백하건데 저 역시도 같은 문제를 안고 있었습니다. 저는 학생 때부터 명상을 비롯한 동서양의 심리학을 두루 탐구하면서 심리치료를 공부하고 실습도 마쳤지요. 하지만 저의 감정은 하루에도 몇 번씩이나 오르락내리락했습니다. 좋은 직업을 가졌고 단란한 가정도 꾸렸으며 사회에서는 원숙하다고 여겨지는 나이인데도 말입니다.

제가 오랫동안 직접 경험한 이 고통은 만나는 환자들에게서도 번번히 목격할 수 있었습니다. 그래서 매우 널리 퍼져 있으며 심각한 고통을 안겨주는 이 문제에 대처할 방안을 찾아보기로 결심했지요. 이 책은 그렇게 시작되었습니다. 인간은 왜 자기평가에 그토록 집착하는지, 이 게임에서 이길 수 있기는 한 건지 그리고 어떻게 대처할 수 있을지 탐구해보기로 한 것입니다.

사실 지금보다 성공하거나 매력적이거나 똑똑해지면 행복해질 수 있다는 가정은 완전히 잘못된 것입니다. 그러나 이런 생각이 우리의 본능과 문화에 너무 긴밀하게 엮여 있기 때문에 오류를 알아채기가 매우 어렵지요. 목표하던 일을 해내거나 주위에서 높은 평가를 받으면 기분이 좋아지기는 하지만 그것도 잠시뿐입니다. 장애물에 부딪히면 이 감정은 금세 사라지고 더 높은 평가를 받아서 좋은 감정을 느끼고 싶다고 갈망하게 됩니다. 수없이 많은 방법으로 스스로를 평가하면서 나의 기준인지 세상의 기준인지 알 수 없는 조건을 충족시키려고 노력합니다.

심적인 고통에서 벗어나는 방법은 사람마다 조금씩 다릅니다. 또한 우리를 끊임없이 자기평가의 함정에 빠뜨리는 생물학적, 사회적 힘이 존재하기 때문에 지속적인 연습도 필요합니다. 저는 저의 일상 속에서 그리고 환자들과 함께 실질적인 해법을 연습해보았고, 다양한 강의와 워크숍을 거치면서 모두에게 적용할 수 있는 방법을 찾았습니다.

고대의 지혜를 비롯해 진화심리학, 사회심리학, 임상심리학, 신경생물학 등 여러 학문을 공부하며 얻은 답은 간단합니다. 바로 자신의 평범함을 받아들이는 것이지요. 평범함을 수용하면 내가 남보다 더 나은지 아닌지, 남들 이상인지 이하인지, 혹은 당위적인 내적 자아상에 부합하는지 아닌지 끊임없이 자신을 평가할 필요가 없습니다. 평범함을 받아들이는 연습을 하면 우리는 지금 이 순간을 음미하고 다른 사람들과 더 깊이 연결될 수 있으며 삶에 대한 감사를 경험할 수 있습니다. 모든 것이 나를 위한 것이 아님을 깨달으면 진정으로 자유로워질 수 있지요. 그러면 우리의 행복은 더 이상 타인의 칭찬이나 우연한 행운에 좌우되지도 않고, 자랑스러움이나 성취감에 따라 요동치지도 않게 됩니다.

우리를 괴롭히는 자기평가는 인간의 본능입니다. 때문에 오랜 시간을 들여 꾸준히 노력하고 연습해야 벗어날 수 있습니다. 저 역시 여전히 저만 이렇게 못난 것인지 아니면 제가 마음이 약하거나 자질이 부족한 것인지 의심하고 두려워합니다. 그러나 그러한 감정이 찾아올 때마다 벗어나는 방법을 알고 있습니다. 수많은 강의와 환자들과 학생들과 진행한 수많은 워크숍을 통해 자기평가의 어리석음을 깨닫고 평범함이라는 특별한 선물을 즐길 수 있게 된 것이지요.

이 책을 통해 여러분에게도 그 방법을 전하고자 합니다. 여러분의 일상이 조금 더 편안해지고 작게 빛나기를 진심으로 바랍니다.

차례

이 책에 쏟아진 찬사 • 7
들어가며 • 11

1부
언제까지 남과 비교하며 살아야 할까?

1장 아무리 노력해도 행복할 수 없는 이유 • 21

'지금의 나'에 만족하는 날은 영원히 오지 않는다 • 두려움과 분노의 진정한 원인 • 자존감의 기준은 모두 다르다 • 긍정적인 자아상이 행복에 필수적이다? • "번뇌는 깨달음의 거름이다"

자존감 회복 훈련 1·2

2장 우리 안에서 상충하는 두 가지 본능 • 42

경쟁은 동물의 본성이다 • 우리를 살아남게 한 이타적 본능 • 내가 먹이를 주는 늑대가 이긴다

나를 믿고 앞으로 나아가는 법

3장 마음챙김이 찾아주는 진정한 자유 • 57

강아지를 대하듯 마음을 돌보기 • 현재의 경험에 집중하라 • 마음챙김에도 연습이 필요하다

자존감 회복 훈련 3·4

4장 '나'라는 환상에서 벗어나자 • 70

'하나의 자아'는 존재하지 않는다 • 내 안의 그림자를 받아들여라 • 우리는 생각하는 대로 세상을 본다 • 버거운 감정과 직면하는 법 • 우물에서 나가 더 넓은 세상을 경험하기

자존감 회복 훈련 5·6

나를 비판하는 습관 점검하기

5장 얼마나 성공해야 만족할 수 있을까? • 95

성취감이 오래가지 않는 이유 • 의미 있는 목표 찾는 법 • 평균보다 더 낫다는 착각 • 우리는 특별해질 필요가 없다

자존감 회복 훈련 7·8

6장 나를 증명해야 한다는 압박감을 떨쳐내는 법 • 116

과도한 자존감은 부족한 것만 못하다 • 우리가 소셜미디어에 올리는 거짓말들 • 자존감보다 자제력에 집중하라 • 평범함 속에서 평안을 찾기

자존감 회복 훈련 9·10·11

7장 　보여지는 모습에 집착하지 말라 • 130

우리가 쓸데없는 자랑에 집착하는 이유 • 열등감을 솔직하게 인정하라 • 최신 유행이라는 함정을 피하는 법 • 사소한 일에도 품위가 있다 • 경쟁 본능에서 자유로워지는 길

자존감 회복 훈련 12 · 13 · 14 · 15

8장 　우리가 소셜미디어를 끊지 못하는 이유 • 149

중독의 신경생물학적 메커니즘 • 남보다 뛰어나지 않아도 호감을 사는 사람의 비밀 • 나의 중독 행동 인식하기 • 촉발 요인을 피하라 • 고통을 외면할 때 중독이 찾아온다 • 지속 가능한 즐거움을 누리는 비법

자존감 회복 훈련 16 · 17

분노와 불안에서 벗어나 가까운 행복 찾기

9장 　깊은 관계 속에 구원이 있다 • 169

연애와 자존감의 상관관계 • 자기중심적 사랑에는 한계가 있다 • 솔직한 태도로 상대방을 존중하라 • 경쟁심이 박탈감을 부른다 • 분노의 색안경을 벗고 있는 그대로 보기 • 자만심을 버리고 팀 플레이어 되기 • 열등감에서 벗어나 내 안의 그림자 탐색하기 • 공통점을 찾으면 유대감이 생겨난다

자존감 회복 훈련 18 · 19 · 20 · 21

10장 　우리를 자유롭게 하는 연민의 힘 • 195

다른 사람을 보살피는 본능의 기원 • 연민을 기르는 자애명상의 힘 • "내가 그 사람이었다면 다르게 행동할 수 있었을까?" • 먼저 나를 포옹해야 한다 • 나를 받아들여야 다른 사람과도 잘 지낼 수 있다

자존감 회복 훈련 22 · 23 · 24

11장 고통을 온전히 느껴야만 치유할 수 있다 • 216

감정을 다스리려면 먼저 이름을 붙여라 • 우리는 왜 수치심을 느낄까 • 부끄러움 권하는 사회 • 죄책감과 수치심을 분리하기 • 나를 비판하는 내 안의 목소리와 대화하라 • 애정 어린 어른의 시선으로 나를 돌아보기

자존감 회복 훈련 25 • 26 • 27

12장 나 자신과 행위를 분리하기 • 240

우리가 스스로를 가혹하게 비난하는 이유 • "네가 나쁜 게 아니라 네 행동이 부적절한 거야" • 일부러 완벽하지 않게 행동해보기 • '진정한 나'라는 실체는 존재하지 않는다 • 나와 세계의 경계는 어디일까

자존감 회복 훈련 28 • 29 • 30 • 31

13장 평범함이 가장 귀한 것이다 • 260

특별함의 저주 • 스스로에게 너그러워지는 법 • 노화와 죽음 앞에서 • 무의미를 받아들이면 행복이 찾아온다

자존감 회복 훈련 32 • 33 • 34

14장 나를 넘어 행복으로 가는 길 • 280

우리는 모두 연결되어 있다 • "이기적으로 행동하세요. 서로 사랑하세요." • 지금이 고통스러울 때 가장 좋은 약은 감사다 • 다시 상처받을 위험을 감수하는 용기 • 실패는 성장의 기회다

자존감 회복 훈련 35 • 36 • 37 • 38 • 39

감사의 글 • 306
참고문헌 • 310

1부

언제까지 남과 비교하며 살아야 할까?

1장

아무리 노력해도
행복할 수 없는 이유

> 때때로 '어디서 잘못된 거지?'라고 스스로 묻곤 해.
> 그러면 '이건 하룻밤 새 해결될
> 일이 아니야'라는 목소리가 들려와.
> — 루이스 캐럴, 『이상한 나라의 앨리스』 中

우리 인생을 영화로 만든다면 아마 보이지 않는 내레이터가 "도대체 무슨 생각을 했던 거야?", "방금 정말 멍청했어", "더 열심히 해야 해" 같은 논평과 비난을 퍼붓는 장면이 끊이지 않을 것입니다. 인생에 정답이란 없고 우리 삶의 주인공은 우리 자신인데 말입니다. 어쩌다가 운이 좋으면 아주 잠깐은 자신이 해낸 일에 만족하고 자신감과 자부심이 넘치지만, 대체로는 무엇을 해도 좀처럼 만족감을 느끼지 못하고 스트레스에 시달립니다. 좋은 날이 없는 것은 아니지만 암울한 날이 약간 더 많은 것처럼 느껴지고, 너무 자주 자신이 만족스럽지 못하다고 생각합니다. 언제나 주어진 일을 척척 해내고 누구에게나 호감을 살 수는 없을까요?

우리는 '내 말이 멍청하게 들렸을까?', '답장을 더 일찍 보냈어야 했나?', '내가 너무 이기적이었나?' 하고 끊임없이 자신을 의심합니다. 그래서 남들에게 좋은 인상을 주는 법이나, 직장에서 성공하는 법 혹은 사람들의 마음을 얻는 방법을 알려주는 책을 읽습니다. 더 멋있게 보이고 싶어서 밥을 굶거나 새 옷을 사고, 더 좋은 성적을 얻거나 승진하고 싶어서 죽도록 공부하고 쉬는 날 없이 일하지요. 계속해서 좌절을 느끼지만 그럼에도 긍정적인 감정을 느끼기 위해서 끊임없이 노력합니다.

그러나 이런 자기평가와 노력은 우리를 지치게 하고 외로움과 혼란, 자기비판에 시달리게 만듭니다. 자꾸만 인생에 무언가 부족하다고 느끼고 성공하더라도 그 결과가 썩 만족스럽지 않은 이유가 여기에 있습니다. 스트레스를 받는 것도 당연합니다. 실패하거나 거절당했다고 느끼면 가슴이 철렁해지면서 끔찍한 기분이 들고 부끄러워서 어딘가에 숨고 싶어지는 데다 왜 더 사랑받거나 성공하지 못하는지 전전긍긍하면서 밤잠을 설치고 두통에 시달리지요. 그러다 보면 좀처럼 새로운 일에 도전하지 못하게 되고 자기중심적 사고에서 벗어나지 못해 친구나 가족, 동료들과 사이가 멀어집니다.

이쯤에서 이렇게 생각하는 사람도 있을 것입니다. 진실로 건강하고 안정적이며 성공한 사람들은 이런 어려움을 겪을 일이 없을 것이며, 어디까지나 우리가 무언가 부족하기 때문에 이런 불안과 두려움을 경험하는 것이라고 말입니다. 하지만 실제로는 사회적 성공 여부와 관계없이 거의 모든 사람이 자기평가에 시달리며 고통을 받습니다. 척박한 환경에서 살아남으려면 끊임없이 자신을 타인과 비교하며 평가해야 했던 우리 뇌의 진화 과정 때문입니다. 말하자면 자기평가는 우리 안에 새겨진 본능인 셈입니다.

그렇다고 해도 포기하기는 이릅니다. 자기평가의 덫에서 빠져나올 수 있는 확실한 방법이 있기 때문입니다. 다만 우리의 뇌와 사회 규범이 긍정적 자기감정을 느끼지 못하도록 계속 방해하기 때문에 먼저 그 사실을 깨닫는 각성 과정이 필요합니다. 즉 우리를 덫에 가두는 생각과 감정, 행동을 깨달아야 합니다.

'지금의 나'에 만족하는 날은 영원히 오지 않는다

수많은 자기계발서는 자기 자신이 훌륭하고 가치 있으며 중요한 사람이라고 느끼는 방법을 전파합니다. 우리가 자기 자신을 높이 평가할 수 있다면 이런 문제에서 벗어날 수 있다고 여기기 때문이지요. 유감스럽지만 이 방법은 큰 효과가 없습니다. 긍정적인 감정을 느끼기 위해 자기 자신을 높이 평가하려는 노력이 실제로는 더 큰 고통을 불러오기 때문입니다.

우리는 다른 사람 혹은 스스로 생각하는 이상적인 자아상과 현재의 자기 자신을 온종일 비교합니다. 대놓고 비교하는 경우도 있지만 은연중에 일어나는 경우도 많지요. 자신이 운동을 잘한다거나 똑똑하다거나 친절하다거나 정직하다고 생각한다면 이미 어떤 기준을 두고 자기 자신을 평가하는 과정을 거친 것입니다. 결과적으로 우리는 끊임없이 압박감을 느낍니다. 자신이 부족하다는 느낌이 너무나 고통스럽기 때문에 기회를 놓치거나 실수하거나 뒤처질까 봐 두려워하며 자아상을 높여주는 것이라면 무엇이든 필사적으로 매달립니다. 심지어 평범하게 잠을 자는 일조차 그렇습니다. 아침에 잠에서 깨면 '젠장, 또 잠을 충분히 못 잤네. 회사에서 피곤해 보이면 안 될 텐데. 왜 나는 항상 늦게까지 TV를 보며 버티는 걸까?' 하고 생각하는 식이지요. 이런 판단은 하루 내내 계속됩니다. '아침에 오트밀을 먹고 와서 기분이 좋다. 다이어트가 순조롭겠어. 하지만 운동은 아직 부족한 것 같아.' 다른 사람과 대화를 나누거나 일을 할 때도 내면의 심판은 계속됩니다. '내가 왜 그런 말을 했을까?', '그 사람이 나를 어떻게 생각했을까?', '그 회의에서는 말을 꽤 잘했어!', '내가 너무 자기중심적이었나?', '더 자신감이 있었으면 좋았을 텐데', '내가 너무 열심히 하는 것처럼 보일까?'처럼 끝이 없습니다.

우리는 왜 끝없이 자기 자신을 증명해야 한다는 강박에 시달리며 불안을 느낄까요? 목표를 달성하면 기분이 좋아져야 하는데 왜 그 순간의 긍정적인 자기감정을 오래 유지하지 못할까요? 여기에는 크게 두 가지 이유가 있습니다.

첫째, 모든 현상이 항상 변화하기 때문입니다. 정상에 오르면 내려올 일밖에 없습니다. 최근에 칭찬을 받거나 자신이 특별하다고 느꼈던 적이 있나요? 그 느낌은 얼마나 오래 지속되었나요? 그다음에는 어떻게 되었는지, 특히 기분이 어땠는지 떠올려봅시다. 올림픽 금메달리스트라고 영원히 정상에 머무르지는 않으며, 성공한 기업가들도 결국은 경쟁자들에게 추월당하기 마련입니다.

둘째, 우리가 계속해서 자기평가 기준을 바꾸기 때문입니다. 처음

취직했을 때 기분이 어땠는지 기억이 나나요? 그보다 더 좋은 직장으로 가고 싶다거나 승진하고 싶다고 생각하기까지 얼마나 걸렸나요? 처음으로 장만한 집에 이사했을 때는 어땠나요? 더 좋은 집에서 살고 싶다고 생각하기까지 얼마나 걸렸나요?

결론적으로 성공이나 충분함의 기준을 포함해 모든 것이 변하기 때문에 자신을 지속적으로 높이 평가하기란 불가능합니다. 그리고 자기평가가 계속되면 외로움과 산만함, 두려움에 휩싸여 현재를 온전히 즐길 수 없게 됩니다.

지속적으로 행복을 누리고 싶다면 자기평가와 상관없는, 완전히 다른 길을 찾아야 합니다. 자기평가 게임에서 영원히 이기기란 불가능하기 때문이지요. 여기에 집착하면 엄청난 스트레스로 인해 인간관계가 망가질 뿐만 아니라 위험을 감수하고 새로운 모험에 나설 용기를 얻기도 힘듭니다. 자신이 남보다 낫다는 특별함에 집착하지 말고 평범함과 불완전함을 받아들여보세요. 그러면 더 많은 사랑과 감사를 느낄 수 있고 자신을 끊임없이 평가할 일도 줄어들면서 삶이 더 편안해질 것입니다.

물론 자기평가 습관을 고치기는 쉽지 않습니다. 한 가지 문제만 해결한다고 떨쳐낼 수 있는 것도 아닙니다. 습관은 물론이고 머리(사고)와 가슴(감정)도 달라져야 합니다. 우리의 뇌 깊숙이 자리 잡고 있는 사고방식에 도전하고, 실패와 거절에서 느끼는 수치심을 극복하는 법을 배우며, 지속 가능하고 의미 있는 행복을 찾아야 합니다.

물고기는 자신이 물속에서 살고 있다는 사실을 모릅니다. 그저 태어나고 자란 곳이 물속이기 때문에 세계가 당연히 그렇게 생겼다고 여기지요. 마찬가지로 우리 역시 자기평가가 얼마나 습관화되어 있는지 잘 모릅니다. 그러므로 먼저 강에서 머리를 내밀어서 우리가 얼마나 자기평가 속에서 살아가고 있는지, 그로 인해 어떤 비용을 지불하고 있는지 알아보는 것부터 시작합시다.

두려움과 분노의 진정한 원인

우리는 기분이 나빠지는 일, 즉 자신이 부족하다고 느껴지는 일을 애써 피합니다. 거부당하면 큰 상처를 받을까 봐 매력적인 사람에게 데이트를 신청하길 주저하고, 탈락할까 봐 커트라인이 높아 보이는 회사에 지원하기를 꺼리며, 모임을 가도 두려워서 사람들에게 선뜻 말을 걸지 못하지요. 어려운 수업을 듣거나 사람들 앞에서 발언하는 일을 피한 적이 있나요? 상처받는 일이 두려워서 자신의 진짜 감정을 숨긴 채 소외감이나 단절감을 느낀 적은요?

이처럼 상처받고 싶지 않은 마음, 잘해내야 한다는 불안과 압박감이 오히려 목표 달성을 어렵게 만듭니다. 유명한 성과학sexology 연구자인 윌리엄 매스터스William Masters와 버지니아 존슨Virginia Johnson은 우리 내면에 존재하는 '내부 관객'이 어떻게 우리의 성 기능을 방해하는지 설명한 바 있습니다. 이 관객은 단순히 관찰만 하는 것이 아니라 우리의 성 기능을 판단하고 마땅히 일어나야 한다고 기대하는 일과 비교합니다. 여러 사람들 앞에서 말해야 한다는 압박감에 숨이 막히거나, 시험을 앞두고 불안에 시달리며 집중력을 잃거나, 불면증으로 잠을 설치면서 다음 날 일을 제대로 할 수 없을까 봐 걱정하며 뒤척일 때도 마찬가지입니다.

남들보다 뛰어나야 한다는 압박은 심지어 분노를 부르기도 합니다. 영국의 학교 운동장에서 벌어지는 다툼을 관찰한 연구에서는 갈등이 일어나기 전에 주로 누가 더 우월한지, 누가 더 옳은지를 놓고 다툼을 벌인다는 결론에 이르렀습니다. 이런 갈등이 아이들에게 국한된 것만도 아닙니다. 부부간에도 누가 집안일을 더 많이 하는지, 누가 평소 태도가 더 나쁜지 지적하며 상대를 공격하는 일이 잦습니다. 또한 직장 내 갈등은 거의 항상 누군가가 무시당하고 인정받지 못한다고 느끼는 데서 비롯됩니다. "그건 내 아이디어였어!" 하고 언성을 높이는 일도 있죠. 집에서라고 다를 바는 없습니다. 저 역시 가족의 기대에 부응하지 못했던 제 행동에 스스로 실망했던 일이 셀 수도 없을 정도입니다. 관계가 가까울수록 평가절하되거나 무시당한다고 느낄 때 격앙된 반응이 더욱 쉽게 터져 나옵니다. 부부 상담가 테리 리얼Terry Real은 '정상적인 부부간 증오'를 주제로 20여 년이나 강연을 해왔지만 그동안 그게 뭐냐고 질문한 사람은 단 한 명도 없었다고 합니다. 모두가 배우자에게 증오를 느껴본 적이 있다는 뜻이죠.

우리가 자초하는 고통의 대부분은 자기 자신에게 만족감을 느끼고 싶은 몸부림에서 시작됩니다. 게다가 자신이 객관적으로 잘났든 못났든 그 사실이 주관적인 만족감에 큰 영향을 미치지 못하는 것처럼 보입니다. 저를 찾아온 환자 중에는 누구나 이름만 대면 아는 명문 의과대학의 유능한 교수인 아르준이 있었는데, 제게 곧 다가올 퇴직을 생각할 때마다 심장이 두근거리고 손이 땀으로 축축해진다는 고민을 털어놓았습니다. 퇴직 후의 여유가 조금도 기대되지 않는다고 말이지요. 환자를 수술해주는 평범한 외과의사로 만족할 수 없어서 열심히 노력해 대학 교수로 임용되었는데도 자신이 너무 부족하게 느껴진다고 했습니다. 놀라운 발견으로 의학계에 새로운 지평을 여는 대단한 의사들에 비하면 자신의 성취는 보잘것없다고, 학회에서 흥미로운 연구를 발표하는 동료 의사를 볼 때마다 자신이 아무것도 아닌 것 같아 우울해진다고 말입니다. 아르준 역시도 적지 않은 업적을 이룬 의학자였지만 후배들이 치고 올라와서 자신이 잊힐까 봐 두려웠던 것입니다.

지방 대학에서 행정직원으로 일하던 헨리도 비슷한 문제를 경험하고 있었습니다. 업무 평가는 언제나 좋았지만 자신을 무시하는 듯한 교수들을 대하기가 어렵다고 하더군요. 헨리는 상담 중에도 "그분들에게 저는 그저 직원일 뿐이죠"라는 말을 몇 번이나 반복했습니다. 아무리 긍정적인 피드백을 받아도 직장에서 좀처럼 편안함을 느끼지 못했지요.

한눈에 보아도 매력적인 50대 여성 베스는 자신의 몸이 싫다고 했습니다. 베스는 자신이 못생겼다고 생각해서 거울을 잘 보지 않았고, 거울에 비친 자기 모습을 보면 실제로 메스꺼움을 느꼈습니다. 데이트 앱 등에서 주목을 받아도 자신의 외모에 대한 믿음은 좀처럼 바뀌지 않았습니다.

이 세 사례를 보면 아무리 주변에서 우리를 긍정적으로 평가하고 심지어 부러워하더라도 여전히 스스로 부족하다고 느끼는 일이 많다는 사실을 알 수 있습니다. 객관적으로 이미 성공했는데도 자신이 부족하다는 느낌을 억누르기 위해 점점 더 많은 것을 성취해야 하는 사람들, 실패가 두려워 도전을 회피하는 바람에 능력보다 성과를 못 내는 사람들, 일을 잘하는데도 남들을 속이고 있는 듯한 기분을 느끼는 완벽한 능력자들을 저는 수없이 만나왔습니다. 그리고 자신이 부족한 것처럼 느껴지는 고통에서 잠시라도 벗어나 편해지기 위해 음주, 과소비, 섭식장애에 빠지고 그런 습관 때문에 또다시 부끄러움을 느끼는 사람들도 보았습니다.

다행히 저는 사람들이 지속 가능한 행복의 길을 찾아가는 과정도 지켜보았습니다. 자신의 가치를 잃을 것 같다는 아르준의 두려움은 여섯 살짜리 손자와의 공놀이를 통해 사라졌습니다. 어느 날 아르준이 장난감 공에 머리를 맞자 손자가 쏜살같이 달려왔다더군요. "그때 정신을 차렸습니다. 할아버지로서 사랑받는 것만으로도 무척 행복하다는 걸 깨달았거든요."

헨리는 무료 급식소에서 자원봉사를 하며 충만감을 느끼게 되었습니다. "노숙자들을 돕고 나면 기분이 좋아져요. 훌륭한 자원봉사자들과 함께 있으면 교수님들이 저를 어떻게 생각하는지 신경이 쓰이지 않고, 급식소의 식사도 나쁘지 않거든요."

베스는 노래를 배우면서 타인에게 받아들여지는 기분과 소속감을 느끼게 되었습니다. "모두 음악에 빠진 사람들이라 서로를 보는 것만으로 기쁘죠. 이제 가사를 외우는 것만 걱정하면 되는데, 치매가 오기 전까지는 할 수 있겠죠."

조금만 시선을 돌려도 누구나 과도한 자기평가에 대한 치료제를 찾을 수 있습니다. 성공 혹은 실패, 자기 가치에 대한 끊임없는 판단

자존감 회복 훈련 1

내게 중요한 가치 찾기

다음은 사람들이 자기평가에 사용하는 일반적인 기준입니다. 자신을 다른 사람이나 내적 기준과 비교하면서 감정 기복이 생긴 적이 있는지, 이런 고민에 따라 자신을 높게 또는 낮게 평가한 적이 있는지 생각해보세요.

능력과 재능
- 나는 충분히 똑똑한가? 누가 더 똑똑한가?
- 나는 충분히 교육받았는가? 누가 교육을 더 받았는가?
- 나의 창의성과 재능은 충분한가?
- 나는 훌륭한 취향을 가지고 있는가?
- 나는 운동을 잘하는가? 나보다 잘하는 사람은 누구인가?

성취
- 나는 충분히 벌고 있는가? 누가 나보다 돈을 더 많이 버는가?
- 나는 충분히 존경받고 있는가? 다른 사람들은 더 존경받고 있는가?
- 누가 더 잘생기고, 더 예의 바르고, 더 성공한 자녀를 두었는가?
- 내 연인 또는 배우자는 외모가 출중하고 예의 바르고 성공한 사람인가? 나보다 더 나은 파트너를 둔 사람은 누구인가?
- 나는 직장에서 성공적으로 일하고 있는가?

소속 집단
- 나는 괜찮은 집안에서 태어났는가?
- 나는 좋은 대학을 다녔는가?
- 나는 핵심 그룹에 속하는가?
- 사람들이 나에게 충분히 관심을 기울이는가?
- 내가 속한 인종, 민족, 성별, 성적 지향에 대해 어떻게 느끼는가?
- 나는 내가 자랑스러운가?

관계
- 나는 좋은 친구인가?
- 나는 좋은 부모인가?
- 나는 괜찮은 자식인가?
- 나는 괜찮은 형제자매인가?
- 나는 좋은 동료인가?

가치관
- 나는 다정한가? 누가 나보다 더 다정한가?
- 나는 정직한가?
- 나는 너그러운가?
- 나는 사회 문제에 충분히 관심을 보이고 있는가?

신체적 특성
- 나는 충분히 매력적인가?
- 나는 날씬한 편인가?
- 나는 키가 큰 편인가?
- 나의 성적 매력은 충분한가?
- 나는 젊어 보이는 편인가?
- 나는 몸매가 좋은 편인가?

만약 정신적 또는 심리적 발전을 위해 노력하는 사람들이라면 다음처럼 다소 어이없고 이상해 보이는 항목을 중시할 수도 있습니다. 저나 제 동료들이 그러는 것처럼 말입니다.

영적 성장
- 누가 더 깨우친 사람인가?
- 누가 사회적 비교를 덜 하는가? 누가 자존심에 덜 휘둘리는가?
- 누가 자기평가에 덜 신경 쓰는가? 나 자신에 너무 몰두하고 있지는 않은가?

이 얼마나 어리석은지 깨달으면 현재를 음미할 수 있습니다. 과거의 실망과 상처로 인한 아픔을 치유하고 자신이 평범하다는 사실을 즐길 수 있습니다. 기꺼이 모험에 나서고, 타인과의 공통점을 수용하고, 감사함을 느끼고, 다른 사람들과 더 깊고 애정 어린 관계를 발전시킬 수 있습니다.

하지만 자기평가의 고통에서 벗어나려면 긍정적 자기감정을 유지하기 위해 사용해온 자존감 요소를 주의 깊게 살펴보아야 합니다.

자존감의 기준은 모두 다르다

많은 사람들로부터 승리와 패배, 자기평가의 기복에 관한 이야기를 들어오면서 저는 한 가지 결론에 이르렀습니다. 개인의 적합성, 가치, 성공을 측정하는 기준이 모두 다르다는 것입니다. 어떤 사람에게는 매우 중요한 기준이라도 다른 사람에게는 그렇지 않을 수 있습니다. 이 차이를 실제로 확인해보면 자기평가 결과를 덜 심각하게 받아들일 수 있습니다.

도널드를 예로 들어보죠. 그는 30대에 온라인 사업을 시작한 진취적인 사람이었지만 평생 자신이 부족하다는 느낌에 시달렸습니다. 어떤 성취도 부족한 기분을 오래 잊게해주지 못했지요. 멋진 여성과 사귀면서도 상대가 자신의 결점을 보고 떠날까 봐 두려워했고, 뛰어난 예술가가 되었지만 확고한 최고가 될 수 없다는 사실에 괴로워했습니다. 이런 불안감에서 벗어나기 위해 도널드는 성공하는 법을 알려주는 자기계발서를 많이 읽었고 책에서 소개한 조언에 따라 목표를 정리한 스크랩북을 만들었다고 했죠. 상담 초반에 그가 가져온 스크랩북 안에서 고급 자동차와 교외의 고급 저택 사진을 봤을 때 가슴이 철렁 내려앉았습니다. 이 상담은 시간이 좀 걸리겠다 싶었지요.

그래서 저는 약간의 모험을 해보기로 했습니다. 다행히 도널드가 저를 신뢰하는 것 같았으므로 그의 입장에서는 어리석어 보일 듯한 제 걱정을 들려주기로 한 것이지요. 그러면 자존감에 대한 집착이 얼마나 자의적인지 깨닫는 데 도움이 될 것 같았습니다.

마침 그즈음에 제가 집에서 10년 동안 사용했던 TV에 문제가 있었습니다. 저는 제 자신이 검소하고 똑똑하다고 생각했기 때문에 TV를 새로 사는 대신 직접 고쳐보기로 했습니다. 그래서 구글에 증상을 검색했고 전원 공급 장치가 고장났다는 결론에 이르렀습니다. 유튜브에서 관련 동영상을 보고 이베이에서 배송비 포함 9.95달러에 교체용 커패시터를 구입한 뒤 제가 얼마나 똑똑한지 증명할 준비를 마쳤지요. 그리고 조심스럽게 TV를 분해하면서 순서대로 사진도 찍어두고 문제의 부품을 제거했습니다. 하지만 납땜질이 제대로 되지 않아서 새로운 커패시터를 설치하려던 회로 기판이 망가지고 말았습니다. TV와 제 자존감이 모두 망가져버렸고, 저는 실패자가 된 것 같았습니다. TV를 새로 사기도 싫었죠. 아내는 아주 오랫동안 저의 짜증을 참아주었습니다.

아마 도널드라면 두 번 생각할 것 없이 새 텔레비전을 샀을 것입니다. 저는 이 일화를 통해 자신을 성공한 사람이라고 판단하는 기준이 저마다 엄청나게 다를 수 있다는 점을 알려주고 싶었습니다. 그가 좋은 집과 차를 성공의 기준으로 여기는 것처럼 저는 현명함과 검소함을 성공의 기준이라고 생각한다는 사실을 말입니다. 아니나 다를까, 도널드는 이렇게 되물었습니다. "농담하는 거죠? 왜 시간을 낭비해요? 어차피 새 텔레비전이 훨씬 더 좋은데다 요즘은 가격도 아주 싸잖아요."

도널드는 저의 이야기를 듣고 왜 자신은 경제적 성공의 상징을 중요하게 생각하는지, 그리고 왜 제가 현명한 절약에 그토록 목을 맸는지 궁금해했습니다. 더 나아가 스스로 '정말 중요한 것은 무엇일까?'라는 질문을 던지기 시작했죠. 덕분에 그는 비싼 저택을 사고 싶다고 갈망하며 일에 매달려 스트레스받는 시간을 줄이고 가족과 친구들에게 더 많은 에너지를 쏟게 되었습니다.

저는 '내게 중요한 가치 찾기' 연습에서 소개한 모든 고민에 어느 정도씩 사로잡혀 있습니다. 저만 그런 것이 아니라 이 책을 읽는 여러분도 그러리라 생각합니다. 그때 기억을 돌이켜봅시다. 당신이 중요하게 생각하는 기준에서 당신이 항상 앞서던가요? 덧붙이자면 저는 심리치료사들이 모여 있는 자리에서 "이 중에 자기평가에서 언제나 이기는 사람이 있나요?"라고 물어본 적이 있습니다. 놀랍게도 한 사람이 손을 들더군요. 저는 점심시간에 그 사람만은 피해야겠다고 생각했습니다.

우리는 시시때때로 기분이 좋아지기도 하고 나빠지기도 합니다. 자기가 중요하게 생각하는 특성이 자신에게 있다고 느끼다가도 또 다음 순간에는 그 특성이 자신에게 없다고 느끼기 때문입니다. 자존감이 상승할 때와 하락할 때의 느낌은 판이하게 다릅니다. 자기평가

> **자존감 회복 훈련 2**

자기평가의 롤러코스터 느껴보기

당신이 중요하게 여기는 가치가 인정받거나 받지 못했을 때 어떤 느낌이 드는지 탐구해봅시다. 오래 지속되지 않을 것이므로 단계마다 눈을 감고 그 느낌을 음미해보세요.

1. 목표를 달성했거나 어떤 일을 잘 해냈거나 다른 사람들에게 칭찬이나 인정을 받았을 때처럼 당신이 중시하는 자질이나 특성이 확인되었던 때를 떠올려보세요. 만족감을 느꼈을 때 신체 감각은 어땠나요? 그 감각을 반영하는 자세를 약간 과장되게 취해보세요. 그 감각이 느껴지는 신체 부위에 손을 얹고 더 명확하게 확인해볼 수도 있습니다.

2. 다음으로 당신이 중요하게 여기는 속성이나 특성이 부정당했던 정반대의 경우를 떠올려보세요. 목표를 달성하지 못했거나, 무언가를 제대로 해내지 못했거나, 비판받거나 거부당했을 때겠지요. 그때 몸에 어떤 변화가 일어나는지 주목해보세요. 그 감각을 반영하는 자세를 과장되게 취해보거나 그 감각이 느껴지는 부위에 손을 얹고 무너지는 기분을 확실히 느껴봅니다.

가 긍정적일 때는 한없이 즐겁지만, 그 반대일 때는 무척 불쾌하고 괴롭습니다. 자존감 상태에 따라 기분이 얼마나 요동치는지 생각해보면 우리가 자신을 긍정적으로 느끼기 위해 많은 시간을 보내는 것이 전혀 놀랍지 않습니다.

설상가상으로 우리는 한 가지 기준에만 매달리지 않습니다. 모든 면은 아니더라도 꽤 많은 측면에서 잘해내야 한다고 생각하지요. 똑똑하고 성공적이고 정직하고 친절하고 건강하고 창의적이며 성적 매력이 있고 부유해야 괜찮은 사람으로 인정받을 수 있다고 생각합니다. 이렇게 하나하나 나열해보면 사실상 거의 모든 측면에서 완벽하지 않으면 안 되는 것처럼 느껴지지요.

우리가 스스로 자기평가를 하고 있다는 사실을 언제나 명확하게 인지하는 것은 아닙니다. 실제로는 무척 은밀하게 벌어지는 경우가 훨씬 많습니다. 예를 들어서 자신이 똑똑하다고 생각한다면 이미 자신을 다른 사람들과 비교해서 평가했다는 의미입니다. 관대함, 인기, 정직성, 유머 감각, 건강, 창의성, 부 등 다른 모든 자질도 우월함과 열등함으로 평가할 수 있다면 사회적 비교를 기반으로 한 것입니다. 물론 자신에게 중요한 차원의 비교에만 관심이 있기는 합니다. 바로 앞의 사례에서 제 환자인 도널드가 자신은 생각해본 적도 없는 특성인 검소함이 제게는 매우 중요하다는 말을 듣고 놀랐죠.

영국의 철학자 버트런드 러셀Bertrand Russell은 우리의 잣대가 자주 늘어나서 끊임없이 부족함을 느끼게 한다며 이렇게 한탄했습니다. "영광을 원한다면 나폴레옹이 부럽겠지만, 나폴레옹은 카이사르를, 카이사르는 알렉산더를, 알렉산더는 실존하지도 않았던 헤라클레스를 부러워했을 것이다."

우리는 왜 이렇게 끝도 없는 사회적 비교에 시달릴까요? 다음 장에서 그 이유 중 하나인 우리의 신경생물학적 측면을 살펴보려 합니다. 다만 지금은 우리가 자신을 얼마나 자주 비교의 잣대 위에 올려놓는지, 그 강도가 얼마나 강한지, 누구 또는 무엇을 기준으로 삼는지를 깨닫는 것부터 시작하려 합니다.

긍정적인 자아상이 행복에 필수적이다?

이쯤에서 이런 생각이 들 수도 있습니다. "하지만 인생에서 앞서 나가려면 스스로를 좋게 평가해야 하잖아. 행복을 위해서도 높은 자기평가가 필요하지 않을까?" 언뜻 생각하면 타당한 말입니다. 스스로를 부정적으로 생각하면 문제가 발생하기 마련이니까요. 실제로 자신을 긍정적으로 생각하는 사람들은 대부분 생계를 잘 꾸려가고, 인간관계도 더 안정적이고, 문제에 휘말리지 않는 등 비교적 순조로운 삶을 살아간다는 증거도 있습니다.

하지만 이는 인과관계를 혼동한 것입니다. 자기평가가 긍정적이기 때문에 삶이 순탄한 것이 아니라 삶이 잘 풀릴 때 자기평가가 높아지는 부수적 효과가 나타나는 것이지요. 실제로 남달리 높은 자존감은 오만, 자만, 지나친 자신감, 공격적인 행동과 같은 문제와 관련이 있는 것으로 밝혀졌습니다. 따라서 자기평가가 높다고 해서 곧 행복하다는 뜻은 아닙니다.

또한 우리가 남과 자신을 비교하는 성향을 지니고 태어났다고 해서 거기에 구애될 필요는 없습니다. 우리 인간은 사랑, 유대감, 감사, 협력의 본능 또한 진화시켜왔으며, 이를 통해 자기평가와 사회적 비교의 고통에서 벗어날 수 있습니다. 사랑은 우리의 허황된 자아상을 무의미하게 만드는 따뜻함으로 우리를 채우며, 다른 사람들과 관계를 맺을 때 느끼는 연결의 감각은 성공이나 실패에 대한 염려를 해소해줍니다. 감사는 충족되지 않은 갈망에 대한 집착에서 벗어나게 해주며, 협력은 자기 집착보다 훨씬 더 많은 것을 성취하고 더 큰 즐거움을 누리게 해주지요. 모두가 이러한 감정을 경험해본 적이 있을 것입니다. 친한 친구와 이야기를 나누며 깊은 유대감을 느꼈던 순간, 자연 속에서 감사와 만족을 느꼈던 순간, 또는 팀의 일원이 되어 행복했던 순간을 떠올려보세요.

저는 오랫동안 인간의 심리를 연구해왔지만 지금도 자기평가로 인해 고통받으며 때로 큰 상처를 입습니다. 그것이 이 책을 쓴 이유이기도 합니다. 제 환자 중 많은 이들도 비슷한 고통을 겪고 있지요. 하지만 이런 걱정에 덜 사로잡히는 방법이 분명히 있습니다. 연약한 보통 사람으로 평범한 삶을 살면서 서로 더 깊이 교감하는 순간을 늘려 가는 것입니다.

오늘 하루 혹은 한 시간 만이라도 자기평가에 대한 걱정으로부터 벗어나보면 어떨까요? 매력적으로 보여야 한다는 생각으로 옷을 고르는 데 너무 많은 시간을 쓰거나 성실성을 증명하기 위해 늦게까지 일할 필요도 없이 그저 있는 그대로의 자신이 사랑스럽다고 느껴보는 것입니다. 이 과정은 쉽지 않지만 보람도 그만큼 큽니다. 저는 지금까지 해온 수많은 연구와 공부에도 불구하고 여전히 자기평가에 연연하는 스스로를 깨닫고 자주 실망합니다. 하지만 자기평가에서 자유로워지는 연습을 할수록 행복해지지요. 저는 심리학자로서 유능함을 증명하기보다 저를 찾아온 내담자가 진정한 행복을 느낄 수 있도록 돕는 편이 더 좋습니다. 전문가로 주목받을 기회를 찾아 전전긍긍하기보다는 동료들과 함께하는 프로젝트가 더 즐겁습니다. 바깥에서 성과로 인정을 받기 위해 애쓰기보다는 가족의 감정을 잘 알아차리고 저의 감정도 솔직하게 전달하면서 관계가 친밀해지는 편이 좋습니다. 저 혼자 두드러져서 주목받기 보다는 여러 사람 중 한 명으로 평범하게 살아가는 방식 말입니다. 그리고 이 방식을 추구한 덕분에 저는 더 행복해졌습니다. 이 책을 통해 여러분에게도 그 방식을 전하려 합니다.

"번뇌는 깨달음의 거름이다"

불교에서는 불필요한 고통을 초래하는 습관인 번뇌를 보리菩提, Bodhi, 즉 깨달음에 이르게 하는 거름 또는 비료로 봅니다. 말하자면 우리는 크고 작은 상실과 실망, 고통을 통해 더 현명해지고 더 성장할 수 있다는 뜻이지요. 따라서 앞으로 우리 일상에서 자기평가로 인해 불필요한 고통을 느끼게 되는 경우를 하나씩 살펴보려 합니다. 직장이나 학교, 가정, 온라인 커뮤니티 등 일상에서 자기평가를 하는 순간을 더 명확하게 인지할 수 있다면 그 평가를 덜 심각하게 받아들일 수 있을 테니까요.

부정적인 판단이나 자기평가의 좌절에 친숙해지는 법, 즉 고통을 받아들일 용기를 내는 법도 배울 것입니다. 이때 필요한 도구가 마음챙김과 자기 연민입니다. 이처럼 검증된 도구를 활용하면 새로운 자극으로 고통을 덮으려 하는 자신의 반응을 객관적으로 관찰하고 진정시킬 수 있습니다. '그런 말을 하지 말았어야 했는데' 하고 실수를 곱씹거나, '준비를 더 했으면 좋았을 텐데' 하며 일어난 일을 되돌리고 싶어 하거나, 일하다가도 TV를 보는 등 주의를 딴 데로 돌리거나, '누가 내 게시물에 좋아요를 눌렀는지 보자' 하는 식의 반응 말입니다. 이 과정을 충실하게 거쳐서 언제든 마음을 가라앉히는 방법을 익힌다면 더 이상 남들의 시선이나 엄격한 자기평가 때문에 두려워할 필요가 없습니다.

그다음으로 자신에게 실망감을 느낄 때마다 자기평가로 인한 감정의 변화를 면밀히 살펴봄으로써 곤경에 대한 인식을 높이는 연습을 할 것입니다. 실망감을 느낄 때마다 과거의 경험을 돌아보면서 슬픔과 상처, 수치심의 응어리를 서서히 풀어가는 과정입니다. 이 연습을 통해 자존감의 문제 요소와 자기 자신에 대해 품고 있던 환상, 문제 요소에 집착하지 않고 안정적인 행복의 길을 추구하는 방법을 찾을 수 있을 것입니다.

자기평가에 신경을 덜 쓰면 마음을 열고 다른 사람들과 깊은 관계를 맺을 수 있으며, 결과적으로 자신에게 정말로 중요한 것을 발견할 수 있습니다. 더 지속 가능한 행복을 위해 나아갈 수 있지요. 이 과정을 거쳐서 번뇌는 지혜의 거름이 됩니다. 물론 그 과정에서 자아상이 상향 조정되어서 한동안 바뀐 자아상을 기준으로 자기평가를 반복하게 되기도 합니다. 하지만 두려워할 필요는 없습니다. 새로운 평가가 그리 오래 지속되지 않을 테니까요. 다음번 자존감 추락으로 또 무언가를 배울 수 있을 것입니다.

이 책은 그 모험을 단계별로 안내할 것입니다. 다음 장에서 자기평가로 인한 고민의 근원을 살펴본 다음, 2부에서는 고질적인 자기평가의 본능을 인지하고 스스로에 대한 믿음을 가지는 기술을 배울 것입니다. 3부에서는 우리가 평소 자존감을 높이기 위해 추구하는 온갖 이상한 행동들을 살펴보려 합니다. 불필요하게 높은 성취를 추구하거나, 다른 사람의 호감과 존경을 받고 싶어하거나, 높은 지위를 나타내는 물건을 소유하고자 하는 일들 말입니다. 때로는 도덕적 우월감이나 연애도 여기에 포함되곤 합니다. 마지막으로 4부에서는 과거의 상처를 치유하고 자기평가 중독에서 벗어나 현명하게 살아가는 방법을 알아보려 합니다. 나의 평범함을 받아들이고 행복을 느끼는 법, 애정 어린 마음으로 외부 세계와 관계를 맺는 방법 등을 구체적으로 소개할 것입니다.

다만 한 가지 주의할 점이 있습니다. 우리가 집착하는 자기평가의 기준은 저마다 다르기 때문에 가장 중요하다고 느끼는 부분도 모두 다르다는 사실 말입니다. 그러므로 이 책에서 소개하는 여러 수행법 중에서도 저마다 마음에 잘 와닿는 방법이 조금씩 다를 것입니다. 자신을 깊이 돌아보면서 평소 느끼는 고민을 솔직하게 인정하고 가장 잘 맞는 방법을 여러 번 반복하여 연습해보세요. 또한 이 책을 읽다 보면 가까운 가족이나 친구에게 권하고 싶은 명상법이나 수행법을 발견할 수도 있을 텐데, 그런 조언을 건넬 때는 아주 조심스럽게 접근해야 한다는 점을 명심하세요. 이 책은 내면의 취약한 부분에 정면으로 다가가는 방법을 주로 소개하기 때문에 아직 준비가 되지 않은 사람에게는 선한 의도의 조언도 힘겹게 느껴질 수 있습니다.

이 여정은 직관에 어긋나는 것처럼 보이기도 하고 어렵기도 하지만 노력할 만한 가치가 있습니다. 당신이 얼마나 잘하고 있는지, 다른 사람들이 당신을 어떻게 생각하는지 걱정하지 않고 삶을 즐기는 방법을 배운다면 날마다 멋진 하루를 보낼 수 있을 테니까요.

2장
우리 안에서 상충하는 두 가지 본능

> 모든 동물은 평등하지만
> 어떤 동물은 다른 동물보다 더 평등하다.
> — 조지 오웰, 『동물농장』 中

저를 찾아오는 환자들은 상담 중에 자신이 얼마나 자주 남들과 스스로를 비교하고 평가하는지 깨닫고 충격을 받는 경우가 많습니다. 수시로, 심지어 무의식적으로 이루어지는 자기평가를 깨달으면 자신이 끊임없이 경쟁을 추구하고 사회적 비교에 사로잡혀 있는 사람 혹은 만성 불안에 시달리는 자기중심적인 사람처럼 느껴지기 때문입니다. 한 가지 위안이 되는 말을 덧붙이자면, 이는 저나 당신이 유독 이기적인 성격이기 때문이 아닙니다. 그저 우리 뇌가 그렇게 진화한 탓에 나타나는 자연스러운 현상이지요. 그리고 여기에는 해결책도 있습니다. 다른 사람과 관계를 맺는 능력을 강화하면 이런 원시적인 본능에서 벗어나 자유롭고 풍요로우며 행복한 삶을 살아갈 수 있지요.

패션모델이었던 후아니타의 경험을 예로 들어보겠습니다. 후아니타는 어려서부터 외모로 사람들의 관심을 받았습니다. 처음에는 그런 관심이 기꺼웠지만 나이가 들면서 일거리도 줄고 사람들의 주목을 받는 일도 줄어들어 패션계를 떠날 수밖에 없었습니다. 변화는 고통스럽고 견디기 힘들었습니다. 하지만 자기평가 문제를 깊이 탐구해본 뒤에는 그 변화에 감사를 느꼈습니다. 그 일을 계기로 더 행복한 삶을 누릴 수 있었기 때문이지요. 후아니타는 그 경험을 이렇게 표현했습니다.

"이전까지 저는 항상 그 자리에서 가장 예쁜 여자여야만 마음을 놓을 수 있었습니다. 주름이 늘거나 살이 찌거나 관심이 중심이 되지 못하면 당장 속이 상하고 불안해졌지요. 다른 사람은 거의 알아보지도 못할 변화였을 텐데 말이에요. 하지만 이제는 어디를 가든 친구들과 어울리거나 새로운 사람들을 알아가는 즐거움을 온전히 느낄 수 있게 되었습니다. 예전의 관심이 그리울 때도 있지만 지금이 훨씬 더 행복해요."

경쟁은 동물의 본성이다

한번은 남아프리카공화국의 크루거 국립공원을 방문한 적이 있었습니다. 경험 많은 동물학자들의 안내로 자연 서식지에 사는 사자, 코끼리, 기린, 코뿔소를 비롯해 다른 놀라운 동물들을 볼 수 있었지요. 저는 동물들의 무리를 살펴보다가 한 가지 패턴을 발견했습니다. 종을 불문하고 우두머리 수컷이 새끼를 낳을 가능성이 큰 암컷 무리에 둘러싸여 있는 모습이 보였거든요. 그리고 그들과 멀찍이 떨어진 곳에 인간으로 치면 농구와 비슷한 놀이를 하는 젊은 수컷 무리가 있었습니다. 그들은 언젠가 우두머리 수컷을 몰아내고 그 자리를 차지하기를 바라며 경쟁적인 활동을 통해 기량을 기르고 있었지요. 한편 암컷들은 인간으로 비유하면 런웨이 모델 같은 행동을 하며 우두머리와 다른 유망한 수컷들의 관심을 끌기 위해 경쟁하더군요.

동물학자들은 이 드라마에 아주 큰 이해관계가 걸려 있다고 말해주었습니다. 이 과정을 통해 누구의 DNA가 다음 세대로 전달될지 결정되니까요. 경쟁에 참여하지 않는 동물은 번식 기회를 얻지 못하므로 자신의 유전자를 남길 수 없습니다. 이렇게 오랜 시간이 흐르면 자연선택이 일어나 모든 동물이 사회적 지위와 매력에 대단히 신경을 쓰도록 진화하게 됩니다.

이런 본능은 사바나의 동물에만 국한된 것이 아닙니다. 조류, 어류, 파충류, 심지어 귀뚜라미에게도 비슷한 것이 있습니다. 우리 인간도 마찬가지입니다. 최상위 계층은 하위 계층이 엄두도 내지 못하는 특권을 누리는 덕분에 번식 성공률이 높고 자녀를 돌볼 수 있는 자원도 더 많지요. 남아프리카공화국 옆에 붙어 있는 에스와티니왕국에서는 이런 특권을 법으로 제정해서 아내가 14명, 자녀가 36명인 왕도 있었습니다.

이런 계층 구조는 동물들이 끊임없이 지위를 놓고 경쟁하게 만듭니다. 당연히 엄청난 스트레스를 유발하지요. 스탠퍼드대학교의 생물학 및 신경과 교수이자 유명한 신경내분비학자인 로버트 새폴스

키Robert Sapolsky는 수년간 아프리카에서 영장류를 연구한 끝에 "개코원숭이 무리에서 서열이 낮은 수컷이 되는 일 자체가 건강에 대단히 나쁜 요인이다"라는 결론을 내렸습니다. 물론 우리는 원숭이보다 훨씬 지능이 높아서 이 모든 것을 뛰어넘도록 진화했다고 생각할지도 모릅니다. 하지만 부유하고 힘 있는 남성들이 젊고 아름다운 여성을 아내로 맞아서 트로피처럼 과시하며 갈아치우기도 하고 예비 신부들이 약혼반지의 크기를 비교하는 모습을 보면, 우리가 포유류의 뿌리에서 크게 벗어나지 않았음을 알 수 있습니다.

인간에게 지금까지 남아 있는 진화의 산물은 사회적 지위에 대한 과시 외에도 한 가지 더 있습니다. 바로 사회적으로 거부당하는 상황에 대한 강력한 혐오감입니다. 인류가 아프리카 사바나에 살던 시절, 무리에서 거부당하는 상황은 곧 사형선고나 다름없었습니다. 우리는 먹을 것을 찾고 사냥을 하고 위험을 알리기 위해 서로가 필요하고, 인간 아기들은 어른들의 보살핌을 받아야만 살아남을 수 있으니까요.

무리에 속하고 싶다는 강력한 욕망은 오늘날 높은 인기를 갈구하고 주위의 인정과 사랑에 집착하는 행동으로 나타납니다. 그래서 우리의 행복감은 다른 사람들이 우리를 좋아하거나 원한다고 느끼는지에 쉽게 좌우됩니다. 파티에 초대받았을 때와 초대받지 못했을 때 기분이 어땠는지 생각해보세요. 토요일 밤에 집에 혼자 있다 보면 다른 친구들이 당신만 빼고 모이는지 궁금해지지 않나요? 파티에 가고 싶지는 않더라도 초대자 명단에 당신의 이름이 없으면 서운하지 않던가요?

우리를 살아남게 한 이타적 본능

진화심리학자들은 인간의 본성 중 어떤 부분이 생존을 위해 진화한 보편적 본능인지 연구해왔습니다. 그 연구 결과를 보면 자기평가와 사회적 비교의 근원을 조금이나마 이해할 수 있지요. 진화심리학자들은 생존을 위해 진화한 보편적 본능이 무조건 좋은 것이라거나, 다른 종이나 다른 문화에서도 나타나므로 무턱대고 그 본능을 충족시켜야 한다고 주장하지 않습니다. 오히려 도넛을 먹고 싶은 욕망을 처리하듯 이 본능을 현명하게 다루어야 한다고 말하지요. 우리 조상에게 지방과 당분은 매우 중요한 에너지원이었기 때문에 우리는 지금도 단것에 끌립니다. 하지만 그렇다고 종일 단것을 먹으면 조만간 건강에 심각한 문제가 생기겠지요.

진화심리학자들이 발견해낸 보편적 본능에는 높은 사회적 지위에 대한 욕망, 타인에 대한 지배욕, 집단에 받아들여지고자 하는 욕망, 성적 상대의 관심을 끌고자 하는 욕망 등이 있습니다. 이런 본능은 문화권을 막론하고 인간의 활동에 지대한 영향을 미치며 많은 갈등과 고통을 초래합니다. 다른 동물들은 이런 본능을 주로 외적 행동으로 표출하지만 우리 인간은 생각과 감정으로 이를 경험합니다. 즉 인간의 끊임없는 자기평가적 사고는 사회적 지위, 지배력, 호감도, 짝짓기의 성공도에 대한 뇌의 본능적 집착에 의해 촉발됩니다.

저와 상담했던 빈은 어렸을 때부터 체격도 작고 힘도 약해서 반 학생 때 급우들에게 괴롭힘을 당했고 체육 시간도 싫어했습니다. 그때의 영향으로 성인이 된 지금도 빈은 새로운 집단에 들어갈 때 매번

'내가 여기서 제일 마른 남자인가?' 하는 생각을 한다고 합니다. 체격이 더 작은 사람이 있을 때는 대화를 시작하기가 더 쉽고 새로운 사람들을 만나는 것이 더 즐겁다고 했지요.

빈과 마찬가지로 우리 모두 자신도 모르는 사이 본능적으로 의식하는 문제가 있습니다. 하지만 우리 내면에 있는 동물적 본능을 제대로 인식할 수만 있다면 그 본능에 휘둘리지 않을 수 있습니다. 예를 들어 키가 더 크거나 힘이 세거나 대단한 성과를 내는 사람이 되고 싶다고 생각한 적이 있다면 지배욕의 영향을 받은 것입니다. 누군가를 따돌리고 괴롭히거나 힘 있는 사람에게 이끌리거나 최고가 되고 싶다고 느끼는 경우도 마찬가지이지요. 성적 욕망도 무시할 수 없습니다. 남성은 큰 키와 떡 벌어진 어깨, 탄탄한 허리와 굵은 목소리를, 여성은 더 어려 보이고 피부가 매끄러우며 윤기가 나는 머리카락을 가지고 싶어 하며 그런 상대에게 끌립니다. 또한 호감이나 인정 욕구 때문에 다른 사람의 인정을 갈망하거나 거절을 두려워하는 상황이 자주 벌어지지요.

저는 심리치료사들을 위한 명상 수련회를 진행합니다. TV나 인터넷을 쓸 수 없는 자연 속에서 하루 대부분을 침묵으로 보내는데, 그러면 마음은 더 예민해지고 생각과 감정을 더 명확하게 인식하게 됩니다. 한번은 참석자들에게 얼마나 자주 자신을 다른 사람들과 비교하면서 기분이 달라지는지 알아보자고 제안했습니다. 그러자 저명한 임상심리학자 일레인 아론 Elaine Aron 이 용감하게 말했지요.

"여기 온 이후로 제 몸을 다른 분들의 몸과 비교해왔습니다. 어떤 분들과 비교할 때는 기분이 좋았지만 어떤 분들 옆에서는 그렇지 못했죠. 저는 별로 발전이 없는 것 같습니다."

비슷한 경험을 한 사람이 있는지 묻자 그 자리에 있던 모든 여성과 일부 남성이 손을 들더군요. 우리는 정말로 다른 영장류들과 공통점이 많습니다.

하지만 희망은 있습니다. 우리가 지닌 본능 중에는 개체에는 유용하지 않지만 종 전체, 즉 유전학적으로 유용한 것들이 있기 때문입니다. 자녀를 비롯한 가족 구성원들을 보살피고자 하는 욕구가 대표적입니다. 이런 돌봄이 개인의 생존 가능성을 높여주지는 않지만 대신 우리의 유전자가 살아남을 가능성은 매우 높아집니다. 영국의 생물학자 존 홀데인(John. B. S. Haldane)이 형제를 위해 목숨을 버릴 수 있느냐는 질문에 이런 명언을 남겼지요. "아니요, 하지만 적어도 두 명의 형제자매나 네 명의 사촌, 여덟 명의 조카를 위해서라면 그렇게 하겠습니다." 가슴이 따뜻해지는 대답은 아니지만 진화심리학적으로는 희망이 보이는 대답입니다. 우리 뇌는 단순히 경쟁에서 이겨서 유전자를 퍼뜨리려는 본능만으로 진화한 것이 아니라 동료와 협력하고 돌보려는 본능에 따라서도 진화했다는 사실을 알 수 있으니까요.

진화심리학자들은 우리 인간에게 가족을 돌보려는 성향 외에 상호 이타주의 본능도 있다는 사실을 밝혀냈습니다. 수렵채집 사회에서는 모두가 친족이고 어느 정도 유전자를 공유하므로 가진 것을 나누는 행동이 당연하다고 여길 수도 있습니다. 하지만 유전적 유사성이 적은 사람들 사이에서도 가진 것을 공유하는 경향이 있습니다. 나중에 남들도 자신에게 나누어주리라는 기대감에서 말이지요. 오늘 내가 잡아온 누를 조금 나누어주면서 남들도 다음 주에 가젤을 잡아서 나누어주기를 기대하는 것입니다. 많은 연구에 따르면 다른 사회적 동물들과 마찬가지로 우리 인간도 생물학적으로 뿌리 깊은 공정성 개념을 갖고 있어서, 이 본능에 힘입어 다른 이들과 협력 관계를 구축하는 데 도움이 된다고 합니다.

또한 인간은 평생 사랑하고 사랑받고 싶은 강력한 욕구도 지니고 있습니다. 이는 인간이 다른 동물과 달리 새끼를 돌보는 기간이 유독 길다는 특징에서 비롯된 것입니다. 인간의 아기는 독립적인 생존 기술이 없는 상태로 태어나기 때문에 부모는 자녀를 돌보려는 본능이 강해지고, 아이 역시도 양육과 보호를 받기 위해 어른에게 의지하려는 본능이 강합니다. 이처럼 사랑을 주고받는 능력은 높은 사회적 지위나 매력적인 외모보다 훨씬 더 안정적인 행복의 길로 우리를 이끌어줍니다. 나중에 자세히 살펴보겠지만 신체적, 정신적 안녕을 가장 잘 예측하는 단일 변수는 환경이나 외모가 아니라 배려하는 관계입니다.

내가 먹이를 주는 늑대가 이긴다

앞서 본 것처럼 우리는 생물학적으로 경쟁 본능을 지니고 있으며 사회적 지위를 의식할 수밖에 없기 때문에 갑자기 자기평가를 그만두기는 쉽지 않습니다. 그렇지만 협력 본능과 타인을 배려하는 능력, 집단의 일원이 되고자 하는 욕구를 활용하면 그 고민을 완화할 수 있습니다.

아메리카 원주민인 체로키족에 내려온다고 알려져 있는 전설을 보면 우리가 앞으로 나아갈 길을 짐작해볼 수 있습니다.

어느 노인이 손자에게 인생을 가르치며 이렇게 말했습니다.
"내 안에서는 늘 나쁜 늑대와 착한 늑대 두 마리가 아주 끔찍한 싸움을 벌이고 있단다. 나쁜 늑대는 분노, 시기, 슬픔, 후회, 탐욕, 오만, 자기 연민, 죄책감, 원망, 열등감, 거짓말, 그릇된 자부심, 우월감, 자존심을 의미하지. 착한 늑대는 기쁨, 평화, 사랑, 희망, 평온, 겸손, 친절, 자애, 공감, 관대함, 진실, 연민, 믿음을 의미한단다. 나뿐만 아니라 너와 다른 모든 사람의 내면에서도 똑같은 싸움이 벌어지고 있어."
"어떤 늑대가 이기나요?"
손자가 묻자, 할아버지는 이렇게 답했습니다.
"네가 먹이를 주는 늑대란다."

이 일화의 표현을 빌리자면 우리는 착한 늑대에게 더 많은 먹이를 주어서 사랑과 유대감에서 오는 충족감을 느낄 방법을 찾아야 합니다. 안전하고 배려가 오가는 관계는 기분을 좋게 만들 뿐만 아니라 신체적, 정서적 안정까지 제공하여 우리가 자유롭게 성장할 수 있는 발판이 되어줍니다. 우리는 서로 신뢰하는 관계에서 위협 대응 시스템이 완화되도록 진화했기 때문이지요. 따라서 배려하고 협력하며 사랑하는 늑대가 실제로 우리 안에 존재한다는 사실을 알아차리는 것이 우선입니다. 모든 변화는 여기서 출발합니다.
우리 안에 선한 늑대가 존재한다는 증거로 협력 본능을 들 수 있습니다. 다른 사람들의 관점을 이해하기 위해 노력하거나 타인이 이룬 성취가 부럽고 샘이 나더라도 내색하지 않고 지지해줄 때처럼 말입니다. 혹은 다른 사람들에게 무엇이 필요할지 고민하거나 다른 사람이 상황을 주도할 수 있도록 신경을 써주는 배려 본능도 있습니다. 아이와 동물을 돌보거나 도움이 필요한 친구를 보살피는 등 힘든 상황에 처한 사람을 도우려 하는 양육 본능도 있지요. 친절과 연민의 본능도 있습니다. 다른 사람을 기쁘게 해주려고 소중한 것을 나누어 주거나 자발적으로 시간을 내어 도와주는 행동 말입니다. 앞서 언급했던 공정성 본능도 있지요. 모든 이익을 혼자서 독차지하는 대신 양쪽이 모두 만족스러울 수 있도록 협상하거나 더 많이 얻어낼 수 있는데도 자제하는 경우가 그렇습니다. 마지막으로 관계 본능을 발휘해 다른 사람과의 관계를 회복하기 위해 먼저 사과하거나 용서하거나 그다지 주목받지 못하는 사람들도 소속감을 느낄 수 있도록 먼저 다가간 경험도 있을 것입니다.

이런 상황이나 행동이 익숙하지 않나요? 사랑과 배려의 늑대는 이미 당신 안에 살아 숨 쉬고 있습니다. 그저 그 본능을 활성화시키기만 하면 됩니다. 그것만으로도 기분이 놀랄 만큼 편안하고 좋아질 것입니다.

앞서 만나본 후아니타가 관심을 받아야 한다는 집착에서 벗어날 수 있었던 이유는 배려의 늑대를 키운 덕분이었습니다. 주름이 늘고 살이 찔 때마다 괴로워하기를 반복하던 후아니타는 젊음의 아름다움에 매달리는 것이 손해라는 사실을 깨달았습니다. 고통 속에서 허우적거리다가 "정말 중요한 것은 무엇일까? 인생을 어떻게 살아야 할까?" 하고 자문하게 된 것입니다. 답은 사랑으로 연결된 느낌을 받는 순간을 늘리는 것이었습니다. 후아니타는 관심의 중심이 되어 수치심과 부족함, 실패의 감정을 억누르려고 애쓰는 데 지쳐 있었습니다. 그래서 생각과 감정, 습관을 바꿈으로써 배려의 늑대를 단련하는 프로젝트에 착수했지요. 후아니타는 자신이 다른 사람들과 마찬가지로 지극히 평범하다는 사실에 주의를 기울이려고 노력했습니다(생각 바꾸기). 신체 변화로 인한 고통을 온전히 느끼면서 같은 문제로 힘들어하는 친구, 가족과도 솔직하게 소통했습니다(가슴으로 노력하기). 그리고 가급적 주위에 도움을 주려 애쓰면서 관대함의 기쁨을 경험했지요(습관 바꾸기). 후아니타는 이런 변화를 통해 올바른 방향으로 나아가고 있다고 느꼈습니다.

빈도 체격에 대한 집착을 줄이기 위해 비슷한 방법을 찾았습니다. 자신이 느끼는 고통을 곰곰이 돌아보던 빈은 다른 사람들과 마찬가지로 자신 역시 크고 강한 것을 중시한다는 사실을 깨달았습니다. 대부분의 수렵채집 사회에서 리더라는 단어는 '덩치 큰 사람'을 의미할 정도로 아주 강력한 본능이니까요. 하지만 마른 체격이 불리하다고 느끼는 것은 그만의 생각일 뿐, 빈에게는 괜찮은 직업과 친구, 연인이 있었습니다. 이런 사실을 깨닫자 어릴 적 덩치 큰 친구들에게 놀림을 받았던 일이나 체육 시간에 창피했던 순간들을 돌아보면서 당시 자신을 압도했던 상처와 분노, 두려움을 인지할 힘을 갖게 되었습니다. 그리고 새로운 곳에서 사람들을 만날 때마다 사람들의 체격을 살피는 대신 의식적으로 '어떻게 해야 사람들과 친해질 수 있을까?', '여기 있는 사람 중에 예전의 나처럼 힘들어하는 사람이 있을까?', '내가 다른 사람에게 도움을 줄 수 있을까?'라는 생각을 했습니다. 덕분에 체격에 대한 열등감에서 해방될 수 있었지요.

앞으로 사회적 비교, 인기, 짝짓기 성공에 대한 집착에서 벗어나 사고와 감정, 습관을 바꾸어 더 오래 지속되는 행복을 찾는 방법을 알아볼 것입니다. 그 첫 번째 단계는 당신과 타인 안에서 타인을 배려하는 본성, 즉 사랑의 늑대를 찾아보는 것입니다. 당신과 다른 사람들이 하루 중 언제 이타적으로 행동하는지, 언제 다른 사람의 필요에 신경을 쓰는지 살펴보세요. 뉴스를 볼 때 관대함이나 공정함, 용서에 관한 이야기에 주목해보세요. 인간의 품위를 보고 인식하는 시간을 갖는 것만으로도 배려 본능을 강화할 수 있습니다. 배려 본능을 키우면 다른 사람과도 잘 지낼 수 있고 경쟁에 대한 우려와 수치심, 무능감, 자기 의심을 극복할 수 있습니다. 과거에 경험한 거절과 실패로 인한 상처를 치유하는 데도 도움이 되지요.

앞에서도 말했지만 경쟁 본능은 매우 강력하기에 우리 안의 사랑의 늑대를 깨우기 위해서도 강력한 도구가 필요합니다. 그중 하나가 마음챙김 수련입니다. 다음 장에서는 마음챙김을 통해 우리가 타고난 본능을 뛰어넘어 집착에서 자유로워지는 방법을 알아볼 것입니다.

2부
나를 믿고 앞으로 나아가는 법

3장 마음챙김이 찾아주는 진정한 자유

> 지켜보기만 해도 많은 것을 알아낼 수 있다.
> — 요기 베라(야구선수)

    심장을 이식하고 화성에 로봇을 착륙시킬 수 있는 시대에도 여전히 우리 인간은 생물학적 본능에 좌우됩니다. 물론 서로를 돌보고 함께 어울리게 만드는 본능도 있지만 그 본능이 항상 작동하지는 않습니다. 그렇다면 어떻게 해야 남들만큼 잘해야 한다는 스트레스와 걱정에서 벗어날 수 있을까요? 어떻게 해야 언제 무너질지 모를 자기평가에서 행복을 구하지 않고 평화롭게 지금 이 순간을 음미하는 자유를 얻을 수 있을까요?

    이때 필요한 도구가 바로 마음챙김 수련입니다. 애초에 마음챙김 수행 자체가 자기 집착에서 해방되기 위해 만들어진 것입니다. 말하자면 인생의 기복에 덜 휘둘리기 위해서이지요. 시대를 초월하여 사람들은 자기평가로 인한 고통에 시달려왔고, 이를 해결하기 위해 다양한 문화권에서 여러 형태로 마음챙김 수련법이 개발되었습니다.

마음챙김 수련을 하면 '난 패배자야, 살이 1킬로그램이나 쪘어', '친구가 더 좋은 직장을 구할 때까지는 내 직장도 괜찮아 보였는데', '왜 생일 축하 문자가 더 많이 오지 않았을까?'처럼 광기에 가까운 자기평가를 알아차릴 수 있습니다. 감정을 수용하는 능력도 강화해주므로 파티에 초대받지 못해서 가라앉는 기분을 받아들일 수 있도록 해주며, 낙담할 때마다 냉장고를 뒤지는 행동처럼 잘못된 보상을 찾아 헤매지 않도록 도와줍니다. 또한 실패를 경험했을 때 포기하는 대신 새로운 대응책을 떠올릴 힘을 주고, 실망스러운 일이 있어도 이를 통찰의 기회로 삼아 자신이 잘못된 방향에서 행복을 찾고 있었음을 깨닫게 해줍니다.

저는 젊었을 때 우울증 때문에 처음으로 침묵 마음챙김 명상 수련회에 갔습니다. 대학 시절에 사귀었던 여자친구와 그녀의 전 남자친구에 얽힌 어떤 사연으로 인해 힘들어하던 시절이었지요. 여러모로 속상한 상황이었는데 그중 하나는 제 자존감이 완전히 무너졌다는 것이었습니다. '왜 내가 아니라 그 남자를 선택한 거지? 내가 부족했던 걸까?' 그런 생각으로 가득했죠. 명상의 효과는 강력했습니다. 여자친구 생각이 떠오를 때마다 고통스러웠지만 그 과정을 통해 저를 괴롭히던 우울감과 거리를 둘 수 있었기 때문입니다. 물론 그다음으로는 '네가 다시 내게 돌아온다면 좋을 텐데', '너 없이 어떻게 살지?' 같은 상처와 그리움, 수치심, 분노, 두려움이 밀려들었습니다. 하지만 수련회가 끝날 즈음에는 우울감에서 확실히 벗어날 수 있었지요. 여전히 많은 생각이 들긴 했지만 앞날이 막막하게 느껴지지는 않았습니다.

　이처럼 마음챙김은 우리의 감정과 이성을 자유롭게 해주는 도구입니다. 또한 자기평가의 덫에서 벗어날 수 있는 방법이기도 하지요. 이 장에서는 마음챙김을 생활화하기 위해 반드시 알아야 할 지식을 살펴볼 것입니다.

강아지를 대하듯 마음을 돌보기

마음챙김은 현재 경험을 우호적으로 받아들이고 인식하는 태도를 말합니다. '우호적 수용'이라는 말이 생소하게 느껴진다면 사랑스러운 강아지의 이미지를 떠올려보세요. 강아지의 이름은 데이지라고 해두겠습니다. 이제 데이지의 얼굴, 털, 몸통을 상상해보세요. 데이지를 상상하는 동안 어떤 느낌이 드나요? 과거에 개에게 물린 경험이 있지 않은 한 대부분의 사람들이 '오오' 하는 탄성과 함께 연민과 유사한 감정을 느낍니다. 데이지가 아무 때나 똥을 싸고 지시를 따르지 않더라도 '어리니까 사랑해주고 훈련시켜야지'라고 생각하겠지요. 그것이 바로 마음챙김을 실천할 때 우리 마음과 정신을 향해 가져야 할 배려와 사랑의 태도입니다.

　잠시 후 마음챙김을 연습해보면 알겠지만 우리 마음은 정말로 강아지처럼 부적절한 시점에 오줌과 똥을 싸고 우리 지시를 듣지 않습니다. 그러므로 마음이 통제되지 않는 순간에는 강아지를 대할 때와 같은 태도로 우리 마음을 대해야 합니다. 하지만 우리 대부분이 자신을 사랑하고 수용하기보다는 자책하고 꾸짖는 데 더 익숙하기 때문에 그런 태도를 기르기 위해서 연습이 필요합니다.

이쯤에서 간단한 수수께끼를 하나 내보겠습니다. 수영, 섹스, 미식의 공통점은 무엇일까요? 일단 세 가지 모두 감각적인 경험입니다. 모두 즐거운 경험이라고 말하는 사람도 있지만, 이는 물을 어떻게 생각하는지 혹은 함께하는 상대가 어떤지에 따라 달라지므로 완벽하게 옳은 대답이라고 하기는 어렵습니다. 정답은 말로 할 때와 실제 경험할 때가 아주 다르다는 것입니다. 마음챙김 역시도 그렇습니다. 우리가 생각하는 모든 것들이 마음챙김의 대상이 됩니다. 마음챙김을 연습하면 우리 마음이 어떻게 작동하는지 인지할 수 있고, 반사적으로 이루어지는 자기평가에서도 벗어날 수 있습니다. 과거 경험한 거부와 실패로 인한 상처를 치유하는 데도 도움이 됩니다.

마음챙김 호흡 명상법을 강의하다 보면 "머리가 너무 복잡하고, 생각을 멈출 수가 없었어요"라고 말하는 사람을 자주 만납니다. 하지만 좌절할 필요는 없습니다. 생각하는 능력은 우리의 가장 중요한 생존 기술입니다. 이를 통해 우리는 과거를 분석하고 전략을 세우며 미래를 계획할 수 있습니다. 호흡 연습 중에 머리가 생각으로 복잡해지는 것도 놀라운 일이 아닙니다. 마음챙김 수련의 목적은 생각을 멈추는 것이 아니라 인지과학자들이 "메타인지적 인식"이라고 부르는 능력, 즉 머릿속에 떠오르는 생각이 그저 생각에 불과하다고 받아들이는 능력을 키우는 것입니다. 우리는 평소 생각을 생각으로 보지 않고 생각이 곧 현실이며 우리를 규정한다고 믿는 오류를 자주 범하기 때문에 이 경험은 아주 새롭게 느껴질 것입니다.

자존감 회복 훈련 3

마음챙김 호흡 연습하기

이 연습은 어떤 자세로 해도 좋지만 각성 상태를 유지해야 하므로 가급적 꼿꼿한 자세로 해보기를 추천합니다. 정수리 부분을 끈으로 묶고 위로 부드럽게 당겨 척추가 자연스럽게 쭉 펴진다고 상상해보세요. 이 연습의 효과를 제대로 느끼려면 15~20분 정도 지속하는 것이 좋습니다.

1. 먼저 눈을 감고 몸의 감각에 집중하면서 들숨과 날숨의 감각을 확인해보세요. 들숨의 시작부터 날숨의 끝 그리고 다음 호흡으로 넘어갈 때까지 호흡의 전체 주기를 따라가며 계속 호흡을 의식합니다.

2. 다른 생각이 끼어들 수도 있지만 괜찮습니다. 생각은 우리의 친구니까요. 뇌는 생각하도록 진화했으므로 당연한 일입니다. 생각을 억지로 멈추려 할 필요는 없지만 평소처럼 따라가지도 마세요. 만약 어떤 생각에 빠져들어 감각을 놓쳤다면 다시 호흡으로 주의를 돌리면 됩니다. 지금 이 순간의 감각에 주의를 기울이려 노력하면서, 의식에서 일어나는 모든 일을 애정 어린 태도로 받아들이려고 노력해보세요.

3. 가려움이나 통증 같은 불편함을 느낀다면 가려운 곳을 긁거나 자세를 바꾸는 대신 불쾌한 감각에 주의를 기울여보세요. 물론 너무 자제할 필요는 없습니다. 참기 어렵다면 자세를 바꾸어도 됩니다. 그저 어떤 감각에든 관심이나 호기심을 갖는 태도를 기르는 것이 핵심입니다.

4. 호흡을 이어가면서 내면에 어떤 생각이나 변화가 나타나는지 지켜보세요.

지금 이 순간의 감각에 주의를 기울여보면 자신의 생각이 광대한 하늘을 떠다니는 구름처럼 잠시 나타났다가 사라지는 현상이라는 사실을 깨닫게 됩니다. 그러면 생각에 매몰되지 않고 안도감을 느낄 수 있지요. 결국 우리를 괴롭히는 것은 우리의 생각이니까요. 지금 속상한 일을 잠시 떠올려보세요. 그 생각이 아니라면 지금 이 순간 당신이 괴로워했을까요? 당신이 지금 전쟁 한복판에 있거나 외과적 수술을 받은 직후가 아니라면 괴로움의 원인은 당신의 생각일 가능성이 큽니다. 지금 신체적 불편함을 느끼더라도 심하지 않다면 그 불편함이 영원히 지속되리라는 생각이 불편감보다 더 괴로움을 유발할 것입니다.

이처럼 문제의 근원이 우리의 생각에 있다는 관점으로 세상을 보면 거절이나 수치심, 자신이 기준 미달이라는 생각으로 인해 느끼는 고통을 크게 줄일 수 있습니다. 그런 고통의 원인은 결국 우리의 생각, 즉 현재 일어나는 일에 대한 우리의 해석에 있기 때문입니다. 따라서 이런 생각의 변화를 의식하면 우리의 생각 중 많은 부분이 이제는 쓸모없는 동물적 본능에서 출발한다는 사실을 알아차릴 수 있습니다.

제가 상담했던 환자인 에런은 처음 마음챙김 수련을 시작했을 때 자신의 마음이 하수구 같다는 사실을 깨닫고 크게 놀랐다고 합니다. 쉬지 않고 이어지는 생각이 전부 섹스와 남을 지배하고 싶다는 생각뿐이었거든요. 에런은 이렇게 말했습니다. "데이트하고 싶었던 여자들에게 무시당했다고 느꼈던 순간에 대한 생각을 멈출 수 없었습니다." 에런이 이런 생각을 흘러가게 내버려두는 방법을 익히고, 자신이 그저 본능에 따라 반응하고 있을 뿐 실제로는 형편없는 사람이 아니라는 사실을 깨닫기까지는 시간이 좀 걸렸습니다.

　때로는 마음챙김을 연습하면서 "가려움(또는 통증)이 저절로 없어졌어요"라고 말하는 사람도 있습니다. 이상한 일은 아닙니다. 마음챙김을 연습할수록 우리는 불편함을 잘 견디게 되기 때문입니다. 그리고 고통을 포함해서 자신의 모든 감정을 제대로 느낄 수 있어야 과거의 상처도 치유할 수 있습니다. 저는 명상 수련회 기간에 상처, 분노, 슬픔, 갈망과 같은 감정적 파도가 얼마나 강렬한지, 그리고 그 감정들이 알아서 생겨나고 지나가도록 내버려두면서도 동시에 그 감정을 경험할 수 있다는 사실을 알고 놀랐습니다. 1장에서 해보았던, 감정이 좋을 때와 나쁠 때의 신체 감각을 느끼는 연습이 기억나나요? 마음챙김 수련을 통해 실망이나 거절과 같은 고통스러운 감각을 덜 두려워하게 된다면 거리낄 것이 없습니다. 억지로 행복의 조각을 붙들고 비참한 기분을 피하려는 강박도 덜 느낄 것입니다.

　마음챙김 수련을 권하면 "저는 이런 거 잘 못해요"라며 자신감 부족을 내비치는 사람들도 있습니다. 우스꽝스럽게 느껴질 수도 있지만 마음챙김 수련을 얼마나 잘하는지를 자기 능력의 척도로 삼는 경우도 꽤 많습니다. 마음이 어지럽거나 졸리거나 불안할 때 스스로에게 나쁜 점수를 주는 것이지요. 이처럼 내 뜻대로 마음을 집중할 수 있어야 한다는 기대감은 마음챙김 수행의 가장 큰 걸림돌입니다. 우리가 자신의 의식을 전적으로 통제할 수 있다는 잘못된 믿음에서 비롯되는 문제이지요. 하지만 규칙적으로 마음챙김 수련을 해보면 마음이 얼마나 흐트러지기 쉬운지 알게 될 것입니다. 스리랑카의 불교 승려인 반테 구나라타나Banda Gunaratana 스님의 이야기가 이 점을 잘 표현합니다.

어느 순간 당신은 돌연 자신이 완전히 미쳤다는 충격적인 깨달음과 마주하게 될 것입니다. 당신의 마음이 언제나 절망적인 통제 불능 상태로, 언덕 아래로 질주하는 수레처럼 비명을 지르고 횡설수설하며 소란을 떨고 있다는 사실을 말입니다. 괜찮습니다. 어제보다 더 미친 건 아니니까요. 항상 이런 식이었는데 당신이 알아차리지 못했을 뿐입니다. 또한 주변의 다른 사람들보다 더 미친 것도 아닙니다.

제 환자인 시바니 역시도 처음 마음챙김 수련을 할 때 무척 힘들어했습니다. 교사이자 두 남자아이의 엄마였던 시바니는 항상 피곤에 시달렸고 하루 24시간이 부족했습니다. 가만히 앉아서 호흡을 느껴보려고 할 때마다 해야 할 일이 떠올라 가만히 있을 수가 없었습니다. 할 일도 제대로 마치지 못하고 명상도 번번이 실패했습니다. 하지만 계속해서 명상을 시도한 끝에 30분 정도만 앉아 있을 수 있다면 마음이 진정된다는 사실을 알아냈고, 이윽고 생각에 쫓기는 대신 감정이 일어나고 사라지는 과정, 목과 어깨가 긴장되는 순간을 알아차리기 시작했습니다. 생각보다도 훨씬 더 자주 스스로를 '직장 업무도 집안일도 제대로 못하고 있잖아', '명상도 참 못하지' 같은 식으로 가혹하게 비판한다는 사실을 알게 되었지요. 끊임없는 자기 압박이 문제를 해결해주지도 않았습니다. 결국 시바니는 내달리는 마음을 진정시키고 내면의 경험에 마음을 열어야 할 필요를 느꼈습니다. 생각의 흐름에서 벗어나 그 순간의 감각에 집중하는 연습을 하자 늘 시끄러웠던 자기평가의 목소리가 조금씩 조용해졌습니다. 덕분에 이제는 끊임없이 등 뒤를 따라오는 비판적인 평가를 그대로 믿지 않고 의심하는 힘이 생겼습니다. 생각을 사실이라고 믿는 대신 그저 흘려보낼 수 있게 된 것이지요.

현재의 경험에 집중하라

인지과학자들이 사용하는 개념 중에 "자기 언급"이라는 것이 있습니다. 쉽게 설명하면 자기 자신을 어떻게 인식하고 설명하는지를 의미하는데, 크게 서사 중심과 경험 중심의 두 가지로 구분됩니다. 타인과 자신을 비교하거나 자기 자신을 평가함으로써 감정의 기복을 만들어내는 원인은 서사 중심 자기 언급입니다. 자기 자신이 '똑똑하다' 또는 '멍청하다', '강하다' 또는 '약하다', '용감하다' 또는 '소심하다', '관대하다' 또는 '탐욕스럽다', '매력 있다' 또는 '매력 없다' 등 나는 어떠하다고 생각하는 것이 서사 중심 자기 언급입니다. 여기에 다른 사람으로부터 받은 피드백이 더해지면서 자기평가가 오르내리게 되지요.

　반면 경험 중심 자기 언급은 몸과 마음에서 일어나는 작용을 순간순간 알아차리는 것입니다. 마음챙김을 연습할 때 우리는 경험 중심 자기 언급을 맛봅니다. 우리는 들숨에 주의를 기울였다가 거리에서 나는 소리, 가려움, 날숨, 슬픔 등으로 주의를 옮기고 다시 들숨으로 돌아오지요. 경험 중심 자기 언급은 감정의 기저를 이루는 신체 감각과 마음을 스쳐가는 생각을 자각하는데 집중합니다. 다만 자신의 생각을 완전히 믿지 않고 생각이 왔다가 사라지는 양상을 그저 지켜보는 것이지요.

두 가지 자기 언급과 관련해 이제는 고전이 된 연구 하나를 살펴보겠습니다. 2007년 캐나다 토론토대학교의 연구진은 실험 참여자들을 반으로 나누어 8주 동안 한 집단에게만 마음챙김 훈련을 받도록 했습니다. 그 이후에 두 집단 모두에게 형용사를 불러주고 서사 중심 또는 경험 중심으로 반응하도록 가르쳤습니다. 서사 중심으로 반응하는 경우에는 불러주는 형용사가 나에게 무슨 의미인지 생각해보는 것이고, 경험 중심으로 반응할 때는 형용사를 듣는 순간의 반응에 주목하는 식이었지요. 그리고 두 집단이 형용사에 반응할 때 뇌에 무슨 일이 일어나는지 기능적 자기공명영상fMRI으로 확인했습니다.

그 결과 서사를 중심으로 반응한 집단에서는 내측 전전두피질이 활성화되는 것으로 나타났습니다. 내측 전전두피질은 자기 자신이나 자신과 비슷한 사람들의 특성, 미래의 포부를 생각할 때 특히 활성화되는 부위입니다. 주관적 경험을 시간의 흐름에 따라 연결하여 이야기를 만들어내지요. 다시 말해서 마음챙김 명상 훈련을 받은 집단이 경험 중심으로 생각할 때 내측 전전두피질이 훨씬 덜 활성화되었습니다. 이는 마음챙김 수련이 사회적 비교와 자기평가에 사로잡히는 만드는 서사 중심적 사고에서 벗어날 수 있도록 뇌를 훈련시켰다는 뜻입니다. 즉 마음챙김은 타인과 자신을 비교하고 어떤 일에 실패하거나 다른 사람들로부터 거부당하는 상황을 두려워하는 선천적 본능을 효과적으로 억누르는 해결책인 셈입니다.

마음챙김에도 연습이 필요하다

맨해튼에서 길을 잃은 한 여행자에 관한 이야기 하나를 해보겠습니다. 그는 공연장을 찾아 길을 헤매다가 턱시도를 입고 바이올린 케이스를 든 한 남자를 발견했습니다. 여행자는 음악가에게 달려가 물었지요. "좀 도와주세요. 카네기 홀에는 어떻게 가나요?" 음악가는 그를 위아래로 훑어보면서 생각에 잠기더니, 한참 만에 이렇게 답했습니다. "연습, 또 연습해야죠."

엉뚱하긴 하지만 뼈가 있는 농담입니다. 모든 기술이 그렇듯 마음챙김도 연습량에 따라 달라집니다. 마음챙김은 자기평가의 본능을 가라앉혀줄 뿐만 아니라 배려하는 본능을 활성화해주는 귀중한 기술이므로 시간을 들여 연마할 가치가 있습니다.

마음챙김을 연습하는 방법에는 여러 가지가 있습니다. 간단하게는 개를 산책시키거나 샤워를 하거나 점심을 먹는 등 일상적인 활동을 할 때 순간의 감각에 주의를 기울여보는 것입니다. 발이 땅에 닿는 감각, 몸에 떨어지는 물방울, 음식의 맛과 질감에 집중하는 것이지요. 이를 일상적 수행이라고 합니다. 하지만 더 깊은 의식의 변화를 경험하려면 따로 시간을 내어 앞서 소개한 호흡 알아차리기 훈련과 같은 정식 명상 수행을 해야 합니다. 매일 특정 시간에 명상을 하는 루틴을 만들어보세요. 명상 모임에 가입하거나 명상 친구를 사귀어 자신의 경험을 비교해보는 것도 도움이 됩니다. 헤드스페이스Headspace나 캄Calm, 인사이트 타이머Insight Timer 같은 앱을 이용해도 좋습니다. 명상은 길수록 효과가 크지만 하루에 15분만 해도 충분히

자존감 회복 훈련 4

부정적인 감정에 매몰되지 않는 법

마음챙김 수행 방법 가운데 제가 개인적으로 자기평가에 대한 걱정에서 벗어나는 데 매우 유용했던 방법을 소개하겠습니다. 감정의 변화를 의식적으로 인지하는 연습으로, 명상 중이든 일상적인 활동 중이든 본능적으로 자기평가를 할 때마다 그 사실을 알아차릴 수 있도록 도와줍니다.

1. '잘하고 있어', '그 사람들은 날 좋아해', '잘 안 됐네', '그 사람들은 나를 좋아하지 않아' 같은 생각이 들거나, 자신을 다른 사람과 비교할 때마다 느껴지는 신체 감각이 있나요? 내면의 성적표, 즉 자신이 잘하는지 또는 못하는지에 대한 판단을 관찰해보세요.

2. 자신에 대한 판단과 함께 느껴지는 신체 감각을 우호적으로 받아들이면서 현재의 경험을 있는 그대로 수용해보세요.

3. 만약 현재의 경험에 대해 부정적인 판단이 든다면 다른 곳으로 주의를 돌리거나 그 생각을 없애려고 애쓰는 대신, 뒤따르는 신체 감각을 열린 마음으로 받아들이면서 상처에 주의를 기울여보세요. 어떤 생각이 당신을 불편하게 하나요?

효과를 볼 수 있습니다.

   자기평가를 인식하는 연습을 해보면 처음에는 쉴 새 없이 스스로를 비판하거나 평가한다는 사실을 깨닫고 당황할 수도 있습니다. 하지만 자기평가가 올라가고 내려갈 때마다 신체적으로 어떤 변화가 일어나는지 감각에 집중하면 자기 판단에 덜 사로잡히게 됩니다. 머릿속에 만들어내는 서사보다는 지금 느끼는 경험을 중심으로 생각하기 때문입니다. 그리고 애정 어린 태도로 마음챙김을 연습할수록 자기평가가 떨어질 때의 불편함을 더 잘 견딜 수 있고, 그 고통이 곧 지나가리라는 믿음도 강해집니다. 자기평가와 판단의 어리석음에 사로잡혀 있을 때 자신에게 친절하게 군다면 이 과정이 더욱 쉬워질 것입니다.

다음 장에서는 마음챙김으로 얻을 수 있는 놀라운 변화를 살펴보려 합니다. 마음챙김 수련을 통해 경험 중심적으로 생각하게 되면 우리가 스스로를 바라보는 방식을 놀라울 정도로 바꿀 수 있습니다. 어쩌면 자신의 진짜 모습이 기존의 생각과 전혀 다르다는 사실을 알게 될지도 모릅니다.

4장 '나'라는 환상에서 벗어나자

"너는 누구니?"
애벌레가 묻자, 앨리스는 수줍어하며 대답했습니다.
"잘 모르겠어요. 오늘 아침에 일어났을 때는
제가 누군지 알고 있었는데
그 이후로 여러 번 변했던 것 같아요."
— 루이스 캐럴, 『이상한 나라의 앨리스』 中

스스로 세운 기준에 따라 자신을 평가하든 내가 타인보다 더 낫거나 못하다고 판단하든 비교 평가의 근저에는 한 가지 잘못된 생각이 깔려 있습니다. 바로 우리가 일관적이며 안정적이고 독립된 자아라는 생각이지요. 하지만 우리 마음을 주의 깊게 관찰해보면 이것이 크나큰 착각임을 깨달을 수 있습니다. 그러고 나면 아주 잘하려고 노력하거나 최고가 되기 위해 노력해야 한다는 스트레스에서 벗어날 수 있습니다. 한 가지 예로 제 환자였던 스테이시는 주말 마음챙김 수련회에 참석했다가 이런 깨달음을 얻었다고 합니다. "처음에는 이상했어요. 제가 얼마나 잘하고 있는지 덜 생각하게 되었죠. 그리고 제 의식을 하나의 과정으로, 그러니까 시간의 흐름에 따라 펼쳐지는 다양한 경험의 연속으로 느끼기 시작했어요. 그러면서 저 자신에 대해 그다지 걱정하지 않게 되었죠."

아니면 이 일화를 생각해보세요. 세계적인 명상 지도자 트루디 굿맨은 명상이 어땠느냐는 학생의 질문에 이렇게 답했다고 합니다. "음, 제 일부는 호흡에 주의를 기울이려고 노력했어요. 또 일부는 미래에 대한 공상에 빠졌고요. 그리고 다른 일부는 공상을 하는 자신을 비판했죠. 글쎄요, 한번 평의회에 물어봐야겠네요!"

두 가지 사례에 따르면 단일한 '나'는 존재하지 않습니다. 그렇다면 좋거나 나쁘거나, 자랑스럽거나 부끄럽거나, 성공하거나 실패하거나, 사랑받을 가치가 있거나 없는 것은 누구일까요?

'하나의 자아'는 존재하지 않는다

심리학자이자 목사인 노먼 피어스Norman Pierce는 역사적으로 다신교가 일반적이었다고 지적한 바 있습니다. 고대 그리스와 로마에는 각각 인간성의 다른 측면을 나타내는 여러 신들이 있었습니다. 가톨릭 전통에서는 각기 다른 덕목이나 특정한 본성을 상징하는 성인들을 숭배하지요. 티베트 불교에서는 중생의 고통을 덜어주기 위해 노력하는 보살이 비슷한 역할을 하며, 힌두교에서는 각기 개성이 다른 수천의 신을 받듭니다.

왜 일신교보다 다신교가 더 일반적일까요? 우리의 경험을 주의 깊게 들여다보면 일관적이고 통합된 하나의 '나'가 아니라 여러 부분이 생겨났다가 사라지는 양상이 발견되기 때문입니다. 즉 하나의 '나'는 존재하지 않고 그때마다 이런저런 감정과 생각, 태도가 우리를 지배하는 것입니다.

고고학자들은 4만~6만 년 전, 즉 구석기 중기에서 후기로 넘어가는 인류 문화의 빅뱅이 일어나기 전까지만 해도 인간에게 통상적인 자아감이 없었으리라고 추측합니다. 고생물학자들은 인류의 조상인 루시부터 그 후에 출현한 호모하빌리스, 호모에렉투스 그리고 현생 인류의 사촌인 네안데르탈인까지는 오늘날 대부분의 동물처럼 배고픔, 갈증, 추위, 더위, 성적 흥분에 반사적으로 반응하면서 살아갔다고 봅니다. 지금 우리가 지닌 것과는 매우 다른 의식을 지녔다는 뜻이지요.

듀크대학교의 심리학자 마크 리어리Mark Leary는 "고양이나 소, 나비는 가만히 앉아 있거나 풀을 뜯거나 이 꽃에서 저 꽃으로 날아다니는 중에 '내 주인이 내게 이 건조한 고양이 사료를 먹이는 이유가 궁금하다', '나는 무리에 있는 다른 소들보다 나을까?', '다음에는 어떤 꽃밭으로 날아가야 할까?' 하는 식으로 자신의 경험을 의식적으로 생각할 가능성은 작다"라고 지적합니다.

현생 인류인 호모사피엔스는 약 20만~30만 년 전에 등장했습니다. 시신을 매장하는 풍습은 일찌감치 나타났지만 그들이 오늘날 우리처럼 행동하고 생각하기까지는 수만 년이 걸렸습니다. 그리고 문화적 빅뱅으로 인해 인류는 정교한 도구를 만들고 구슬과 팔찌로 자신을 치장하며 예술을 창조하고 배를 건조하며 미래를 계획하기 시작했습니다. 이 시기에 이르면 인류는 자기 자신에 대해 생각하는 것처럼 행동하기 시작하지요. 다시 말해서 우리에게 고통을 안기는 서사적 자아는 비교적 최근에 만들어진 것입니다.

　기분에 따라 우리가 세상을 바라보고 행동하는 방식이 얼마나 달라지는지 생각해보세요. 화난 로널드는 슬픈 로널드와 다른 사람이며, 슬픈 로널드는 겁에 질린 로널드나 오만한 로널드, 인정 많은 로널드, 심지어 배고프거나 졸린 로널드와 닮은 점이 거의 없습니다. 제 아내가 증명해준 사실이죠. 사실 각각의 상태에서 저의 태도와 생각, 행동은 너무 달라서 이를 하나로 묶어주는 것은 사실상 이름과 신발 크기, 신분증뿐입니다. 진짜 로널드는 누구일까요? 이 중 어느 쪽이 좋은 로널드, 나쁜 로널드, 성공한 로널드, 실패한 로널드일까요? 이런 질문이 얼마나 무의미한지, 우리가 얼마나 불안정한 존재인지 깨달으면 자기평가적 판단에 휘둘리지 않을 수 있습니다.

　많은 이들이 자아가 일관적이지도, 안정적이지도 않다는 사실을 인정하기를 부끄러워합니다. 미성숙하거나 심각한 성격적 결함이 있는 사람들만 자아가 불안정하다고 생각하기 때문입니다. 물론 상사와 말다툼하다가 직장을 그만두거나 정욕에 휩쓸려 불륜에 빠지는 등 특정한 순간에 다른 자아 상태를 기억하지 못하고 어리석은 결정을 내리는 사람도 있고, 다중 성격 장애처럼 다른 자아 상태에서 무엇을 했는지 완전히 잊어버리는 장애도 있지만, 우리 대부분은 상상 이상으로 자아가 불안정합니다. 그래서 이런 말들을 하죠. "한편으로는 그 일을 하고 싶은데 너무 스트레스를 받을까 봐 걱정돼"라든가 "저녁을 먹으러 가고 싶은 마음도 있지만 집에서 일을 끝내야 할 것 같아" 같은 말을 해본 적 있지 않나요?

　다른 자아를 경험하는 일을 빙의처럼 묘사하는 문화권도 있습니다. 자아의 한 부분이 전체를 장악하는 느낌이니까요. 영혼 같은 외적 실체가 존재한다고 생각하지 않는 사람도 "내가 뭐에 홀렸는지 모르겠어요. 정말 어리석은 일이었어요"라는 말을 종종 사용하지요. 우리는 모두 그 느낌이 무엇인지 알고 있습니다.

이렇듯 자아의 여러 상태나 각 부분을 파악하면 우리가 오직 한 가지 방식으로 존재한다는 잘못된 고정관념에서 벗어날 수 있습니다. 그러면 자기평가에 대한 고민도 줄어들며 특정한 자아 상태와 자신을 동일시하지 않는 태도도 기를 수 있습니다. 저의 화난 부분이나 인정 많은 부분이 곧 저의 전부가 아님을 깨닫는 것입니다. 모든 자아는 선악이나 승패 혹은 가치와 무가치로 가를 수 없는, 끊임없이 변화하는 만화경 같은 경험의 일부입니다.

내 안의 그림자를 받아들여라

분석심리학의 창시자 카를 융Carl Jung은 우리가 '페르소나'라는 조각과 자기 자신을 동일시하는 반면 '그림자'라는 조각은 거부하는 경향이 있음을 알아차렸습니다. 간단히 말해서 긍정적인 자기감정을 느끼기 위해 저를 너그럽고 지적이고 근면한 존재(페르소나)로 보아야 한다면 탐욕스럽고 어리석고 게으른 제 모습(그림자)이 곤욕스럽게 느껴진다는 의미입니다. 그래서 우리는 자신이 외부로 내보이고 싶지 않은 부분을 숨기고 의식에서 완전히 차단하는 경향이 있습니다. 그러다 보면 다른 사람을 사칭하고 있는 듯한 느낌이 들기도 하지요. 자신이 원치 않는 부분이 존재하지 않는 누군가를 상정하고 있으니 말입니다.

당연하지만 우리가 회피하는 모습들은 긍정적인 자기평가의 근거로 삼는 속성들과 상반되는 것들입니다. 예를 들어 수많은 자신의 모습 중 그다지 똑똑하지도 창의적이지도 세상 물정에 밝지도 않은 부분을 거부하는 것입니다. 또한 우리는 속한 집단에서 거부당했다고 느끼거나, 슬픔 또는 사랑에 대한 갈망 같은 취약한 감정을 느끼거나, 분노나 욕망 같은 '원초적' 본능을 갖고 있다는 사실을 인정하기 힘들어합니다. 명상가나 영적 수련을 쌓는 사람들은 경쟁심과 지위나 자아상에 대한 집착을 숨기고 싶어하고요.

자아의 어떤 부분만 인정하고 다른 부분은 떨쳐버리고자 한다면 우리는 그림자 부분이 드러나지 않도록 항상 경계해야 합니다. 그러자면 당연히 적지 않은 스트레스에 시달리게 되고 그로 인해 인간관계가 엉망이 될 수도 있습니다. 자신이 부정했던 부분을 다른 사람들이 언급하면 특히 마음이 상하기 때문입니다. 나는 스스로가 공정하고 너그러운 사람이라고 생각하는데 가까운 친구나 가족으로부터 이기적이라고 지적받으면 화가 나겠죠.

또한 그림자를 외면하면 자신의 장점을 강조하는 가식적 행동을 취하게 됩니다. 사람들이 자신의 장점을 알아주었으면 하는 마음에 자신의 그림자와 정반대 모습을 보이려 하니까요. 이런 행동은 주변 사람들의 경쟁 충동을 자극해서 결국 그 집단에 속한 모두가 자신의 긍정적 속성을 증명하기 위해 그림자를 숨기는 심각한 부작용까지 불러옵니다. 생각만 해도 진이 빠지는 일이지요.

미국의 가족 심리치료사 리처드 슈워츠Richard Schwartz 박사는 사람들이 자신의 다양한 자아를 통합할 수 있게 돕는 내면 가족 시스템 internal family system, IFS 심리치료법을 개발했습니다. 그는 우리 모두에게 취약하고 상처받은 부분이 있다고 지적합니다. 그는 이 부분을 "유배자"라고 부르는데, 우리는 평소 이 부분을 잘 인식하지 못합니다.

저의 경험을 예로 들어보겠습니다. 저는 열두 살 무렵 여름 캠프를 갔다가 유난히 덩치 큰 아이에게 조롱을 당했던 적이 있습니다. 그 아이는 모두의 앞에서 자신이 모든 면에서 저보다 낫다고 의기양양하게 선언하더군요. 제가 자신보다 나은 점을 한 가지만 대보라는 말에 속으로는 '내가 너보다 똑똑해, 이 덩치만 큰 원숭이 자식아'라고 생각하면서도 저는 한마디도 못 했습니다. 그날 저 자신이 얼마나 작고 연약하게 느껴졌는지 모릅니다. 저는 이후로 가능한 모든 방법을 동원해 연약한 부분이 드러나지 않도록 행동했습니다. 동시에 유능하고 성공한 사람처럼 보이려고 상당한 투자를 하게 되었지요. 제가 그 유배된 부분을 더 편안하게 받아들이기까지는 오랜 시간이 걸렸고, 지금도 그 부분과는 여전히 대화가 잘 오가지 않습니다.

아이러니하지만 저는 제 연약한 부분을 보호하기 위해 발달한 저의 경쟁적인 부분 역시도 불편하다고 느낍니다. 수업 시간에 똑똑해 보이기 위해 언제나 손을 들고 답을 알고 있다고 과시했던 일, 저녁 식사 자리에서 중동 지역 갈등에 대해 제가 아는 것이 옳다고 집요하게 주장했던 일이 자랑스럽지는 않습니다.

선불교에서는 우리가 자신을 어디까지 받아들일 수 있는지가 곧 자유의 경계라고 합니다. 결국 우리의 목표는 완벽한 상태에 도달하는 것이 아니라 결점까지 포함한 자신의 모든 부분을 편안하게 받아들이는 데 있습니다. 우리가 자신의 결점을 받아들이고 더 나아가 그 결점을 감추려 노력하지 않는 법을 배우면 우리는 더 행복하고 친절해집니다. 이러한 자유와 행복에 대한 은유를 담고 있는 유럽의 동화를 하나 소개하겠습니다.

왕국이 위기에 처했습니다. 농작물이 죽어가고, 여자들은 불임이 되고, 전염병이 창궐했지요. 해결책이 절실한 왕은 세 아들을 불러들였습니다. 첫째, 둘째 왕자는 건장한 말을 탄 용맹한 기사로 늠름하기 이를 데 없는 모습으로 나타났으나, 막내 왕자는 어리바리하고 나약한 데다 비쩍 마른 모습이었습니다. 왕은 "너희 중 하나가 왕국을 회복시킬 수 있다면 그 왕자에게 왕위를 물려주고 나는 물러나겠다"라고 선언했지요.
늠름한 두 왕자는 답을 찾기 위해 동쪽과 서쪽으로 달려갔지만, 셋째 왕자는 근처를 어슬렁거리다 우물에 빠져버렸습니다. 우물 벽을 오르지 못해 바닥에 갇혀 있던 셋째 왕자는 미끌거리고 못생긴 개구리를 만났지요. 불운한 청년은 개구리에게 자신의 곤란한 처지를 털어놓았습니다. 그런데 알고 보니 이 개구리는 현명하고 인자한 현자였습니다. 현자는 마법의 힘이 담긴 황금 반지를 건네주었고, 셋째 왕자는 그 덕분에 우물 밖으로 나가 왕국을 파멸에서 구할 수 있었습니다.

동화가 인기를 끄는 이유는 보편적인 심리적 경험으로 공감을 불러일으키기 때문입니다. 이 동화를 지금까지 우리가 이야기해왔던 자아의 여러 부분과 연관해 살펴보면 왕과 늠름한 두 왕자는 우리의 강점, 즉 우리가 자신에 대해 좋은 감정을 느끼기 위해 의지하는 부분을 의미합니다. 그들은 잘생기고 강하고 건강하지요. 연약한 셋째 왕자는 그림자나 유배자, 즉 우리가 부끄러워하고 숨기거나 부정하려고 하는 부분입니다. 결국 우리가 자신의 중요한 부분을 차단하고 부정하기 때문에 '왕국', 즉 우리의 마음과 정신이 잘 돌아가지 않는다는 이야기인 셈입니다. 이 맥락에서 결말은 이렇게 해석될 수 있습니다. 자아의 분리된 부분을 받아들이고 존중하면 자신의 온전한 모습을 되찾고 활력을 얻을 수 있다고 말입니다. 구원은 우리가 조금도 기대하지 않았던 곳, 즉 우물 밑바닥에서 찾아옵니다.

현재 대학 3학년생인 에디의 사례를 살펴봅시다. 에디는 초등학교 때부터 힘이 약하고 운동을 잘하지 못해 자주 괴롭힘을 당했습니다. 에디는 자신의 나약한 면을 버리고 싶어서 중학생 때부터 무술을 배우기 시작했고 고등학생 때는 레슬링 대표팀 선수가 되었습니다. 대학에서는 역도 선수로 활동해서 더는 아무도 그를 건드릴 수 없었지요. 하지만 약점을 숨기는 데에는 대가가 따랐습니다. 여자친구는 본모습을 숨기는 에디에게 불만을 표했습니다. "넌 힘든 일이 있어도 뭐가 문제인지 말해주지 않잖아. 그저 비디오 게임에만 빠져 있고." 또 에디는 사람들 앞에 나가 말할 일이 생기면 목소리가 떨릴까 봐 몹시 불안해했습니다. 의사는 속 쓰림으로 병원을 찾아온 에디를 진찰하다가 증상의 원인이 스트레스라는 사실을 파악하고 학생상담센터로 보냈습니다. 에디는 상담을 통해 자신의 강인한 겉모습 이면에 괴롭힘을 당할까 봐 두려워하는 연약한 아이가 있다는 사실을 깨달았지요. 그가 자신의 유배된 부분을 인정할수록 자기 자신이나 주위 사람들에게 가장한 모습을 보일 이유가 사라졌습니다. 자신의 연약한 면에 대한 두려움이 약해지면서 마음이 편안해지고 속쓰림도 줄었으며 여자친구와도 좋은 관계를 유지할 수 있게 되었습니다.

우리는 생각하는 대로 세상을 본다

자신이 어떠한 존재이고 그 역할을 잘하고 있는지 등을 판단하려면 말을 기반으로 할 수밖에 없습니다. 가령 제가 미국인, 남편, 아버지, 심리학자, 자연 애호가, 나이 든 남자라는 생각 그리고 이런 역할을 잘하거나 못한다는 판단은 모두 언어를 거쳐야 확고해집니다. 철학에서는 이를 구성주의라고 합니다. 인간은 외부에 이미 존재하는 세계를 있는 그대로 인식하는 것이 아니라 경험으로부터 세계를 구성한다는 관점이지요.

마음챙김은 바로 그 관점을 깨닫게 해줍니다. 세계가 원래 그렇게 되어 있는 것이 아님을 인식하고 우리가 직접 세계를 만들어내는 과정을 명확하게 관찰하는 것입니다. 그러면 자신이 어떤 존재라는 확고한 믿음이 약해지면서 태도가 유연해지고 자기 자신에 대한 판단으로 기분이 오르락내리락 널뛰는 일도 줄어듭니다.

마음챙김을 통해 우리 마음을 자세히 들여다보면 우리가 여러 구성 요소로 정체성을 만들어내는 과정을 볼 수 있습니다. 이 '정체성

'구성 프로젝트'는 우리의 감각 기관이 세상과 연결되면서 보고 듣고 냄새 맡고 맛보고 만지는 등의 감각적인 접촉에서 시작됩니다. 하지만 마음은 단순히 감각을 받아들이는 수준에만 머무르지 않고 즉시 감각을 지각으로 조직화합니다. 가령 위의 그림을 본 사람들은 대부분 '얼굴'을 그린 것이라고 생각합니다. '볼링공'이라고 말하는 사람도 있지요. 정답이 어느 쪽이든 간에 이 응답에서 우리가 도출할 수 있는 결론은 매우 흥미롭습니다. 우리의 마음이 가정과 과거의 경험에 기반하여 누락된 정보를 즉각적으로 채우고 있다는 것입니다. 이 그림이 얼굴을 그린 것이라면 코나 입이 부족하고, 볼링공으로 보려 해도 세 번째 구멍이 없으니 어느 쪽이든 완벽한 정보는 아닌 셈입니다.

이처럼 우리의 지각은 과거의 경험이나 믿음, 가정에 의해 짙게 채색되기 때문에 신뢰하기 어렵습니다. 법정에서 상충되는 증언을 하는 목격자들을 생각해보세요. 이 때문에 한 인지과학자는 "내가 믿지 않았다면 보지 못했을 것이다"라고 말했고, 20세기 프랑스 태생의 미국 소설가 아나이스 닌Anaïs Nin은 "우리는 세상을 있는 그대로 보지 않고 마치 우리를 보듯이 본다"라고 말했습니다.

우리의 지각을 신뢰할 수 없다는 사실을 확인해볼 수 있는 또 다른 그림을 살펴봅시다. 위의 그림이 어떻게 보이나요? 오리라고 하는

사람도, 토끼라고 하는 사람도 있습니다. 둘 다로 보이지만 어느 한쪽이 먼저 보이는 사람도 있지요. 그리고 그에 따라 이 그림에 대한 인상이 다르게 느껴질 것입니다. 그림의 해석을 두고도 이렇게 의견이 분분한데 우리가 보고 느끼는 것이 언제나 정확하다고 장담할 수 있을까요?

그런데 우리 뇌는 본 것이 무엇인지 파악하는 데서 그치지 않습니다. 감각을 지각으로 정리한 다음에 느낌을 추가하지요. 그래서 우리는 지각을 유쾌하거나 불쾌하게 혹은 무감하게 경험합니다. 거의 동시에 즐거운 경험은 붙들고, 불쾌한 경험은 밀어내고, 무감한 경험은 무시하려 합니다. 이러한 지각에 대한 반응과 그에 따른 성향은 우리의 정체성, 성격, 자아감을 구성하는 데 큰 역할을 합니다. 이는 특히 청소년에게서 가장 분명하게 나타납니다. 청소년에게 자기소개를 해보라고 하면 "저는 힙합을 정말 좋아해요", "저는 책을 싫어합니다", "저는 운동을 좋아해요", "저는 큰 파티는 별로 좋아하지 않아요"처럼 어떤 대상에 대한 호불호를 표현하는 대답이 돌아옵니다. 청소년들은 자신이 좋아하는 것과 싫어하는 것을 바탕으로 자신의 정체성을 구성하고 '나는 테니스를 정말 잘해', '나는 그림을 못 그려', '나는 수학을 잘해', '나는 수영을 정말 못해' 같은 자기평가적 사고로 이를 뒷받침하기 때문이지요. 성장기를 지나 성숙해지면 달라질 것이라고 생각하겠지만 실제로는 성인들도 대부분 좋아하는 것과 싫어하는 것, 자기 능력에 대한 평가를 바탕으로 정체성을 구성합니다. 예를 들어서 학문적으로 많은 업적을 이룬 사람이라면 아무래도 똑똑함을 중요하게 생각하겠지요.

　이런 식으로 현실과 자아감을 구축하는 마음을 명확하게 인식할수록 우리는 자신과 타인, 주변 세계에 대한 편협한 관점에서 점점 더 자유로워집니다. 그리고 이런 판단에서 멀어지면 자신이 얼마나 뛰어난지 다른 사람들과 어떻게 비교되는지 덜 걱정하게 됩니다.

버거운 감정과 직면하는 법

선불교의 가르침이 담긴 유명한 이야기가 있습니다. 어느 잔인한 장군이 부대를 이끌고 마을을 공격해서 선량한 사람들을 죽이고 농작물과 건물도 모조리 파괴했습니다. 그러던 중 장군은 주민들이 존경하는 선사가 있다는 소문을 듣고 절의 본당을 찾아갑니다. 선사는 본당 한가운데 방석 위에 앉아 명상 중이었습니다. 장군은 선사의 머리 위로 피 묻은 검을 들어 보이며 "내가 눈 하나 깜짝하지 않고 이 검으로 당신을 벨 수 있다는 것을 모르겠소?"라고 물었습니다. 그러자 키 작은 노승이 고개를 들어 이렇게 답했지요. "그리고 저는 눈 하나 깜짝하지 않고 검에 베일 수 있습니다." 장군은 그 대답에 놀라 황급히 마을을 떠났다고 합니다.

이 이야기는 마음챙김 수행으로 얻을 수 있는 고통을 견디는 능력에 대해 알려줍니다. 그뿐만이 아닙니다. 어째서인지 이 선사는 자신의 안녕을 걱정하거나 자신이 중요하다는 생각에 사로잡히지도 않았습니다. 즉 자기평가로 인한 감정의 변화를 포함하여 우리가 감정을 다루는 방식에도 시사하는 바가 있습니다.

감정에는 신체적 감각, 생각, 이미지의 세 가지 요소가 있습니다. 분노를 예로 들어볼까요. 제가 매우 관대하게 대했던 친구가 이기적 행동으로 제 감정을 상하게 했다고 가정해봅시다. 평소대로라면 '내가 너에게 어떻게 해줬는데 나에게 그런 짓을 하다니 믿을 수가 없어'라는 생각이 들 것입니다. 그 생각이 들 때마다 분노가 강해지고 그럴수록 화를 부르는 또 다른 생각이 떠오르겠지요. 결과적으로 끝없이 화를 내게 됩니다.

하지만 마음챙김을 통해 경험에 초점을 맞추어서 과거 자신이 친구에게 해준 일을 떠올리며 화를 내는 대신 지금 느끼는 감각에 집중하면 상황은 다르게 흘러갑니다. 분노가 일면 등과 목 근육이 딱딱하게 굳고 심박수와 호흡수가 증가하면서 감정이 신체적으로 느껴질 것입니다. 그 감각에만 집중하면 분노뿐만 아니라 다른 고통스러운 감각도 좀 더 쉽게 견딜 수 있습니다. 감정을 받아들이는 연습을 계속하다 보면 모든 경험은 끊임없이 변화하고 이 감정도 영원히 지속되지 않는다는 사실을 깨닫게 되기 때문이지요.

물론 감각을 경험하는 중에도 이런저런 생각이 떠오를 것입니다. '내가 이런 대접을 받을 이유가 없다'라든가 '왜 이런 일을 겪어야 하는지 모르겠다' 하는 생각에 사로잡힐 수 있지요. 하지만 그 생각들

자존감 회복 훈련 5

신체 감각으로 감정 파악하기

신체 감각의 변화를 감지함으로써 자신의 감정을 파악하는 연습해보면 상대적으로 감정에 덜 휘둘리게 됩니다. 감각을 느껴보면서 기록을 남겨도 도움이 됩니다.

1. 먼저 눈을 감고 똑바로 앉아 호흡에 의식을 집중하는 마음챙김 명상으로 마음을 가라앉힙니다.

2. 슬픈 감정을 불러일으켜보세요. 슬픈 생각이나 이미지를 떠올리면 도움이 됩니다. 극도의 슬픔보다는 분명히 느껴질 정도의 슬픈 감정만 불러일으킨 다음, 그 감정을 유지하며 슬픔의 감각이 정확히 신체 어디에서 느껴지는지 찾아봅니다. 그 부분에 손을 부드럽게 올려보세요. 어떤 느낌인가요?

3. 이제 두려움이나 불안감을 불러일으키세요. 적당한 수준의 감정을 유지하면서 몸의 어느 부분에서 그 감정이 느껴지는지 주목하고, 그 부분을 만져보세요. 두려움이나 불안감의 감각은 어떻게 느껴지나요?

4. 다음으로 분노의 감정을 불러일으키세요. 그 감정을 유지하면서 그 감정이 몸의 어느 부분에서 느껴지는지 주목하고, 그 부분을 만져보세요.

을 그저 왔다가 사라지는 현상이라고 생각하면서 진지하게 받아들이지 않으면 강렬한 감정에 사로잡히지 않을 수 있습니다.

신경과학자 울프 싱어Wolf Singer가 말한 것처럼 이러한 복잡한 생각과 감정은 모두 "지휘자 없는 오케스트라"와 같은 뇌가 만들어 내는 결과물입니다. 마음챙김은 전체적인 경험이 덜 개인적으로 느껴지면서 자기 자신과 분노의 감정을 동일시하지 않게 해줍니다. 명상을 하면 고통스러운 느낌을 없애야 한다는 강박 없이 경험을 받아들이는 능력을 키울 수 있고, 동시에 생각을 자신과 동일시하지 않으며 그저 끊임없이 변화하는 사건으로 받아들일 수 있습니다. 그러면 심리학자들이 말하는 정서 내성, 즉 감정에 압도되거나 휩쓸리지 않으면서 강한 감정을 느낄 수 있는 능력을 개발할 수 있지요. 감정에 따라 행동하거나 회피하는 일 없이 잠시 멈추어서 숨을 고르고 감정을 위한 공간을 확보하는 능력을 키우게 됩니다.

앞 장에서 소개한 아들 둘을 둔 교사 시바니는 꾸준히 마음챙김을 수련하면서 감정적으로 덜 민감하게 반응할 수 있게 되었습니다. 이전에는 교실에서든 집에서든 문제가 생기면 반사적으로 튀어나오는 반응 때문에 어려움을 겪었지요. 주의력에 문제가 있는 아이가 수업을 방해하면 시바니는 '내가 학생들을 사로잡지 못하고 있구나, 나는 훈육 능력이 없어'라는 생각에 굴욕감을 느끼고는 소리를 질렀습니다. 큰아들이 동생을 놀렸을 때도 마찬가지였습니다. 마음챙김 수련을 할수록 시바니는 자신의 감정 변화를 잘 알아차리고 참을 수 있게 되었고, 반사적으로 소리치는 일이 줄었으며, 교실과 집안 분위기도 더 좋아졌습니다. 자기비판도 줄어들고 자기 자신과 학생, 자녀에게 더 온정적인 태도를 보이게 되었지요.

이처럼 강렬한 감정을 견딜 수 있게 되면 그 감정대로 행동할지 말지를 능동적으로 선택할 수 있습니다. 또한 긍정적인 자기평가가 무너질 때 느끼는 수치심, 거절, 무가치감 등을 견딜 수 있게 되지요. 그러면 이러한 감정을 피하려고 애쓰는 대신 과거의 상처를 치유하는 데 집중할 수 있습니다. 또한 내면의 생각, 감정, 감각에 마음을 열수록 이를 통제하기 위해 헛된 노력을 쏟는 일도 줄어듭니다. 이런 열린 마음과 유연한 태도를 지니면 다른 사람들과도 안정적으로 교류할 수 있게 되어 자기평가에 대한 집착을 버릴 수 있습니다.

우물에서 나가 더 넓은 세상을 경험하기

세계의 종교는 다양하지만 대체로 한 가지에는 같은 의견을 지니고 있습니다. 모든 문제는 자기 집착에서 발생한다는 것이지요. 자기 집착은 하나님과 연결되고, 성령의 손길을 받고, 알라를 알고, 열반에 도달하고, 무위자연無爲自然의 삶을 살지 못하도록 방해합니다. 또한 우리 자신의 고통과 다른 사람들의 고통을 애정 어린 마음으로 받아들이는 것도 방해하지요. 온종일 자신의 욕망과 이미지에 몰두하면 결과적으로 영적, 정신적 발전이 차단됩니다. 따라서 거의 모든 전통 종교에서는 흔히 '자아'라고 부르는 작고 이기적인 자기감과 신적인 존재나 대자연과 연결되어 있는 더 큰 '진정한 자기'를 구분합니다.

 비교종교학자들은 거의 모든 종교가 자기 초월적 해방 경험을 영감의 원천으로 삼는다고 지적합니다. 온 세상과 연결되어 있다고 느끼고, 분리된 자아나 개인적 정체성을 잊고 평화, 사랑, 기쁨, 경이로움을 느끼는 경험 말이지요. 실제로 황홀감을 의미하는 영어 단어

ecstasy는 '자신 바깥에 서 있다'라는 뜻의 그리스어에서 유래했습니다. 전통적으로 '자기 초월'이라는 용어는 종교적이거나 영적인 의미로 사용되었지만, 사실은 현실을 명확하게 보고 마음을 여는 것을 의미합니다. 자기 초월 상태에서 우리는 만물이 서로 연결되어 있다는 감각을 느낍니다. 생물학자가 생태계를 설명하거나 물리학자가 전체 계$_{system}$를 설명할 때 말하는 것처럼 자신과 세상을 끊임없이 변화하는 하나의 통합된 전체로 경험하지요. 이를 단순히 추상적인 지적 개념이 아니라 경험적으로 이해하면 깊은 감동과 경외감을 불러일으키는 깨달음을 얻게 됩니다. 지극히 세속적이고 과학적으로 우주를 이해했던 아인슈타인도 자기 초월을 우리의 가장 중요한 과제로 여겼습니다. 1950년에 지인에게 보낸 편지에서 이를 확인할 수 있지요.

> 인간은 우리가 "우주"라고 부르는 전체의 일부입니다. 하지만 우리는 우리 자신, 즉 우리의 생각과 감정을 나머지 존재들과는 별개의 것으로 경험합니다. 일종의 의식적 착시인 셈입니다. 이 착시는 감옥과 같아서 우리를 개인적인 욕망과 아주 가까운 몇몇 사람에 대한 애정에 갇히게 만듭니다. 그러므로 우리의 과제는 이 감옥에서 벗어나 모든 생명체와 아름다운 자연 전체를 포용하도록 연민의 범위를 넓히는 것입니다. 결국 인간의 진정한 가치는 자아에서 벗어난 정도와 의식에 의해 결정됩니다.

자기 초월을 위한 수행법은 전통마다 다르지만 공통적으로 자신의 욕망에만 얽매이지 말고 마음을 열어 다른 생명체를 사랑하라는 메시지를 담고 있습니다. 기도, 절, 종교 무용, 마음챙김 수행, 요가, 선문답 등 전 세계 거의 모든 종교가 자기 초월적 각성을 촉진하기 위한 수행법을 개발해왔습니다. 이렇게 얻은 통찰은 지위나 인기, 성취를 통해 행복을 추구하는 것이 어리석다는 조언으로 이어집니다. 그 대신 겸손함을 길러야 한다고 거의 모든 종교에서 놀랍도록 일관적으로 가르치고 있지요.

성공과 실패가 얼마나 유동적인지 알고 나면 어느 쪽에도 얽매이지 않게 됩니다. 오히려 지금 이 순간을 만끽하면서 다른 사람들 그리고 자연의 순환과 같은 영원한 실재와 연결되어 있다고 느낍니다. 또한 세상을 있는 그대로 명확하게 볼 수 있으므로 주기적으로 기복을 경험하는 당신 자신과 모든 사람에게 연민을 느끼지요.

우리 대부분은 우연히라도 이런 느낌을 맛본 적이 있습니다. 친구나 연인, 가족과 함께하면서 긴장이 완전히 풀린 채로 안전하며 편안한 친밀감을 느꼈던 경험이 있나요? 반려동물이나 아이, 도움이 필요한 사람을 돌보면서 따뜻하고 사랑스러운 느낌을 경험한 적은요? 자연이나 음악의 아름다움에 몰입하거나 성당에 들어갈 때 경외감을 느꼈던 적이 있나요? 이 모든 순간에 우리는 더 큰 무언가와 연결되어 있다는 감각을 느낍니다. 자신에게 매몰되지 않고 마음을 여는 법을 배우면 이러한 초월적 느낌을 더욱 자주 경험할 수 있습니다.

자기 집착을 초월하면 넓은 세계에 대한 감각에 위축되거나 압도당한다고 여길 수도 있지만 실제로는 그 반대입니다. 자기 초월을 통해 우리는 이전보다 더 유능해지고 목표도 쉽게 달성할 수 있으며,

> **자존감 회복 훈련 6**
>
> ## 자기 초월의 기쁨 맛보기
>
>
>
> 명상을 통해 자기평가의 변화에 따라 기분이 오르락내리락하는 모습을 지켜보면 그 기분이 그리 오래 지속되지 않는다는 사실을 알 수 있습니다. 겸손함을 느끼고 자기 초월을 경험해볼 수 있는 간단한 연습을 해봅시다. 매일 주기적으로 이 연습을 해보면 지혜롭고 동정심 많고 마음이 열린 존재가 되어 세상을 볼 수 있을 것입니다.
>
> 1. 우선 호흡을 따라가며 생각의 흐름을 가라앉히고 현재에 주의를 집중하세요. 호흡의 리듬과 몸의 감각을 느껴보세요.
>
> 2. 잠시 동안 자신이 매우 현명하고 자비로운 사람이라고 상상해보세요. 성취나 인정, 부와 성공, 인기나 존경 등 자존감을 높여주는 요인에 집착하는 다른 사람들을 향한 연민이 일어나면서 자신이 욕망이 일어났다 사라지는 과정을 열린 마음으로 지켜볼 수 있을 것입니다.

타인에 대한 사랑이 커질 뿐만 아니라 있는 그대로의 자신도 더 좋아할 수 있습니다.

문제는 우리의 생물학적인 본능 중 많은 부분이 우리를 경쟁과 더 좋은 것에 대한 갈망, 자존감을 높이려는 노력의 덫에 밀어넣는다는 점입니다. 그런 본능은 우리를 더 넓은 세상과 연결하는 대신 "이건 나에게 무슨 의미가 있을까?", "이렇게 하면 어떤 기분이 될까?"라고 계속 질문하게 만듭니다. 이런 충동은 우리 뇌에 아주 깊이 새겨져 있고 주위에서 쏟아지는 메시지에 의해 계속 강화되기 때문에 극복하기가 어렵습니다. 따라서 진정으로 자유로워지려면 자기 집착 본능을 다스리는 법을 배워야 하고, 동시에 더 넓은 세계와 연결되기 위해 자기 초월적인 태도를 기를 필요가 있습니다. 자기 집착은 자연스러운 반응이라는 점을 인식하고 스스로에게 더 다정해질 수 있다면 그 과정은 더 순조롭게 진행될 것입니다.

생물학적 경쟁 본능에서 벗어나 이전보다 더 행복해진 줄리언의 사례를 살펴보겠습니다. 줄리언은 가난한 동네에서 자랐지만 대학에서 문예창작을 전공한 후 회사에 취직해서 좋은 성과를 거뒀습니다. 그는 똑똑하고 말솜씨가 뛰어나며 성실하고 대인관계 능력도 뛰어났죠. 덕분에 금방 승진할 수 있었습니다. 하지만 이상하게도 모든 것이 공허하게 느껴졌고, 마흔이 되자 이런 의문이 들었습니다. "이게 전부일까?", "왜 나는 출세에 그토록 신경을 쓰는 걸까?", "모두가 나를 대단하다고 생각하는데 어째서 나는 외롭고 사기꾼 같은 기분이 들까?" 얼마간의 자기 성찰 끝에 그는 젊은 시절의 이상주의, 글을 쓸 때 느껴지는 살아 있다는 감각, 사회 정의에 대한 열정, 함께 글을 쓰는 동기들과 아이디어를 탐색하며 느꼈던 즐거움을 그리워한다는 사실을 깨달았습니다. 그리고 대가족 속에서 자라며 느꼈던 따뜻함도 그리웠지요. 하지만 직장은 그를 구속하는 것 같았습니다. 돈, 직위, 멋진 사무실, 여행, 부모님의 자부심, 그 모든 것이 왜 그렇게 중요했을까요?

줄리언은 살아 있는 느낌을 되찾으려면 먼저 자신을 현혹했던 것들을 이해해야 한다는 것을 깨달았습니다. 그것도 한두 가지가 아니었지요. 그가 상담에서 이렇게 이야기하더군요. "승진할 때마다 기분이 좋았어요. 더 이상 불쌍한 아이 같지 않았거든요. 또 좋은 직장이 없으면 누가 저와 사귀겠어요? 게다가 제가 지금보다 더 성공하지 못한다면 부모님이 실망하실 거예요. 성공한 자식이 저뿐이니까요." 줄리언은 고민 끝에 직장을 계속 다니기로 했지만, 그와 동시에 다시 삶의 생기를 되찾을 방법을 모색했습니다. 그 결과 이전처럼 모든 사람을 기쁘게 하거나 자신을 증명하기 위해 애쓰는 대신 주변 사람들과 더 솔직하게 관계를 맺고 정치적 참여 활동도 하면서 글을 쓰게 되었습니다.

  3부에서는 우리가 자신에 대해 좋은 감정을 느끼려고 매달리게 만드는 힘이 무엇인지 더 깊이 살펴볼 것입니다. 살아가면서 이런 본능을 포착하는 것 역시 우리의 목표입니다. 또한 이런 본능이 얼마나 비정상적이고 자기 파괴적인지 알아보고 이를 덜 심각하게 받아들이는 법을 배울 것입니다.

3부
나를 비판하는 습관 점검하기

5장

얼마나 성공해야 만족할 수 있을까?

사다리 꼭대기까지 올라가고서야
엉뚱한 벽을 올랐다는 사실을 깨닫는 것보다
더 고약한 일은 없을 것이다.

— 조지프 캠벨, 『영웅의 여정』 中

제가 초창기에 상담했던 환자 중에 경제적으로 매우 성공한 사람이 있었습니다. 얼마 전 석유 거래 사업을 3천만 달러에 매각했다더군요. 하지만 이런 엄청난 성과에도 불구하고 그는 허탈함에 빠져 있었습니다. 성인이 된 후 줄곧 사업을 일구어왔지만 그 사업체를 매각하자 인생의 의미나 별다른 목적의식을 느끼지 못했기 때문입니다. 가족 및 친구들과의 관계는 엉망이었고 석유 거래 외에는 다른 관심사도 거의 없었습니다.

갓 상담을 시작한 심리학자였던 저는 야심차게 '좋아, 이 환자와 함께 인생의 의미를 찾아보자'라고 생각했습니다. 하지만 상담 방향에 대한 치료사의 의견이 너무 확고할 때 그렇듯 우리는 잘 맞지 않았습니다. 그런데도 그는 극심한 고통을 겪고 있었던 까닭에 계속

상담을 받으러 왔지요. 그렇게 세 번째쯤 되었을까요. 갑자기 그가 달라진 듯했습니다. 이전처럼 의욕 없고 기운 빠진 모습이 아니라 활력이 넘치더군요. 무슨 일이 있었냐고 묻자 그가 이렇게 말했습니다. "3천만 달러를 투자해 5천만 달러 규모의 회사로 키울 수 있는 사업 계획이 막 떠올랐어요. 그러면 성공한 느낌이 들 것 같아요." 그 뒤로 그는 상담을 받으러 오지 않았습니다.

저는 이 상담에서 큰 깨달음을 얻었습니다. 제가 상담한 환자가 3천만 달러로 만족하지 못했다면 저 역시도 크게 다르지 않으리라는 생각 말이지요. 저에게도 더 높은 자리에 오르거나 돈을 더 많이 벌고 싶다는 환상이 있었지만 거기에 도달한다고 해도 큰 의미를 느끼지 못하리라는 사실을 깨달았습니다.

제 환자는 왜 3천만 달러로 만족하지 못했을까요? 왜 우리는 성과를 내고도 긍정적 자기감정을 느끼지 못할까요? 답부터 말하자면 자기애적 재조정, 즉 성과를 당연하게 여기고 긍정적 자기평가를 유지하기 위해 점점 더 많은 것을 필요로 하는 우리의 성향 때문입니다. 이 장에서는 자기애적 재조정이 어떤 과정을 거쳐 일어나는지 또한 이를 어떻게 다루어야 하는지 알아보겠습니다.

성취감이 오래가지 않는 이유

우리 모두가 처음에는 자신이 해낸 일에 자부심을 느낍니다. 어릴 적 걸음마를 배우거나 장난감 고리를 크기순으로 막대에 꽂는 데 성공했을 때 자신에 대해 상당한 만족감을 느끼고 누구에게나 자랑하려 했을 것입니다. 처음으로 혼자 자전거를 타거나 심부름을 갈 수 있게 되었을 때 기분이 어땠는지 기억하나요? 초등학교, 고등학교, 대학교를 졸업할 때는요? 취직했을 때, 처음으로 남자친구 혹은 여자친구를 사귀었을 때, 막 결혼했을 때, 자동차나 집을 샀을 때, 아이를 낳았을 때를 돌아봅시다. 우리 대부분은 이런 삶의 이정표에 도달하기 위해 열심히 노력하며 이를 달성하면 기분이 좋아집니다.

문제는 우리 인간이 바뀐 상황에 금방 익숙해진다는 것입니다. 우리는 무언가를 얻고 나면 곧 그 사실에 익숙해지고 그러면 자기감정의 기준이 다시 바뀝니다. 저는 정신 건강 전문가들을 대상으로 강의를 자주 진행합니다. 그들 모두 전문 학위를 취득하기 위해 열심히 노력한 분들이고, 그 결과 학위를 취득해서 그 자리에 참석한 것이죠. 하지만 제가 "전문 학위가 있어서 오늘 아침에 보람과 성취감을 느끼며 일어난 분이 있나요?"라고 물으면 모두가 웃습니다.

당신도 그렇게 느낀 적이 없는지 돌이켜보세요. 성과를 냈는데도 만족감이 금방 사라지거나, 다음에 어디로 가야 할지 헤맸던 적이 있나요? 고등학교를 졸업하고, 대학에 진학하고, 자동차나 집을 소유하고, 지금의 직장에 다니는 일이 처음 그랬던 것처럼 지금도 여전히 자랑스러운가요? 이러한 것들이 대단치 않다는 의미는 아닙니다. 그저 그 일들을 성취하더라도 오래지 않아 그 사실을 당연시하고 자신에 대해 자존감을 유지하기 위해 더 많은 것을 필요로 하게 된다는 뜻입니다.

무언가를 성취해도 머지않아 의미가 퇴색되는데, 왜 우리는 여전히 또 다른 성취를 추구할까요? 왜 다음 목표를 이루면 성공할 수 있다고 믿을까요? 답은 간단합니다. 감정은 상황에 따라 바뀌지만 우리는 그 감정이 지속되리라고 착각하기 때문입니다.

심리학자들은 흔히 "쾌락의 쳇바퀴"라는 표현을 씁니다. 돈이나 승진, 연애와 같은 외부 변화로 올라간 행복감이 시간이 지나면 원래 수준으로 돌아오는 심리 현상을 말하지요. 쳇바퀴라는 표현에는 아무리 달려도 결국 제자리에서 벗어날 수 없다는 의미가 담겨 있습니다. 우리는 분명 지적인 생명체이지만 우리가 추구하는 많은 것들이 쾌락의 쳇바퀴의 대상이 된다는 사실을 알아차리기는 쉽지 않습니다. 이직이나 승진으로 수입이 늘어나서 경제적으로 더 안정되었을 때 얼마나 기분이 좋았나요? 그 기분이 얼마나 지속되었나요? 복권 당첨자에 관한 연구 결과들이 입증해주듯이, 복권에 당첨된 순간에는 뛸 듯이 기쁘더라도 그 전의 행복 수준으로 돌아가기까지 그리 오래 걸리지 않습니다.

명성이나 인기도 마찬가지입니다. 유명한 록밴드 구성원들은 약물 남용과 무리한 스케줄, 문란한 성적 관계와 스캔들로 커리어를 망치는 일이 적지 않지요. 저는 이런 스타들을 치료하는 영국의 정신과 의사와 만나본 적이 있습니다. 그에게 록스타들이 일반인보다 정신적으로 잘 무너진다는 통념이 사실인지 묻자, 그는 "물론입니다. 늘 일어나는 일이죠"라고 답했습니다. 처음 음악을 시작할 무렵 그들은 대체로 형편이 넉넉하지 않은 평범한 사람들입니다. 그러다가 갑자기 부자가 되고, 모두가 멋지다고 생각해주고, 열성 팬들은 좋아하는 스타를 위해 무슨 일이든 하려 하죠. 이들은 새로운 삶에 열광

하지만 오래지 않아 그 유명세에 익숙해지면서 별 감흥을 느끼지 못합니다. 고급 식사나 전용 비행기, 고급 호텔, 열광적인 관중이나 마약, 섹스로도 행복을 느끼지 못하지요. 설상가상으로 이전까지는 일반인과 자신을 비교해왔지만 어느 순간부터는 자신과 다른 스타들을 비교하기 시작합니다. 그러면 끝이 없지요.

록스타의 딜레마를 보면 쾌락의 쳇바퀴가 어떻게 작용하는지 분명하게 알 수 있습니다. 우리는 새로운 성취를 이루고 기뻐하지만 금방 이에 익숙해져서 곧바로 그 이상의 기준을 만들어냅니다. 제 환자는 처음 백만 달러를 벌었을 때 기분이 꽤 좋았겠지만 이제 3천만 달러로도 만족하지 못하게 되었습니다. 긍정적 자기감정을 느끼게 해줄 성과를 추구하는 한, 우리는 끊임없이 더 많은 성과를 항상 필요로 하게 되어 있습니다.

이렇게 끊임없는 쾌락의 쳇바퀴에 빠져 있을 때는 이성적으로 과거부터 현재까지의 변화를 되새겨보는 활동이 도움이 됩니다. 지금까지의 자신의 인생을 돌아보면서 과거에 무슨 일이 있었고 당시에는 이러하게 느꼈지만 시간이 지나면서 어떻게 바뀌었는지를 돌아보는 것이지요. 끊임없이 새로운 성과를 추구해야 한다는 강박에서 벗어나려면 이전의 성공이 우리를 영원히 행복하게 해주지 못했다는 사실을 먼저 깨달아야 합니다.

과거의 경험을 차근차근 돌아보면 깨닫는 점이 있을 것입니다. 가장 큰 성공은 얼마나 오래 자존감을 유지해주었나요? 성취에 익숙해져서 자존감을 유지해주는 효과가 없어지는 자기애적 재조정을 경험한 적이 있나요?

자존감 회복 훈련 7

긍정적 감정의 지속 기간 돌아보기

과거 경험한 성공으로부터 얻은 성취감이 얼마나 지속되었는지 돌아보며 다음의 표를 작성해보세요. 첫 번째 열에는 인생의 여러 시점에서 자신을 긍정적으로 느끼게 해준 성과, 성공, 개인적인 목표와 이정표를 적습니다. 두 번째 열에는 그것이 자신에게 얼마나 중요했는지 점수를 매겨 평가해보세요. 마지막 세 번째 열에는 그 성취감이 얼마나 지속되었는지 기록합니다. 저는 80세 이후에는 성공을 통해 긍정적인 자기평가를 얻으려는 시도를 하지 않는 편이 바람직하다고 생각하지만, 필요하다면 80세 이후로도 표를 이어가도 됩니다. 어떻게 써야 할지 고민된다면 다음 페이지의 예시를 참고해보세요.

성과	중요도(1=약간, 5=매우)	긍정적 감정의 지속 기간
1~5세		
6~12세		
13~18세		

19~30세		

31~40세		

41~50세		

51~60세		

61~70세		

71~80세		

> 예시

긍정적 감정의 지속 기간 돌아보기

다음은 제가 지금까지의 삶과 성공 경험을 돌아보며 작성한 표입니다. 앞의 표를 어떻게 작성해야 할지 난감하다면 제가 작성한 표를 예시로 인생을 돌아보세요. 아래 예시처럼 꼭 명확하고 정확하게 써야 할 필요는 없습니다. 또한 저는 이 표에서 연령 범위를 크게 유아, 어린이, 청소년, 청년, 장년, 중년, 노년으로 나누었지만 이 방식에 구애될 필요는 없습니다. 자신의 상황에 맞게 연령 범위를 조정해도 됩니다. 인생의 큰 변곡점을 기준으로 기간을 나누어도 도움이 될 것입니다.

성과	중요도(1=약간, 5=매우)	긍정적 감정의 지속 기간
1~5세		
걷기	5	아마 3주?
자전거 타기	4	몇 개월?
분명한 표현하기	5	60년 후에도 여전히 집착
6~12세		
입학	3	2주?
5학년 때 사귄 여자친구	5	싸우고 헤어질 때까지 6주간
불량한 아이들과 함께 유리창 깨기	2	잡히기 전까지 30분 동안
13~18세		
인기 있는 아이들과 어울리기	4	2개월
고등학교 때 사귄 여자친구	5	자존감이 요동쳤던 3년

운전면허 취득	4	2개월
좋은 대학 입학	5	3개월
19~30세		
대학 때 사귄 여자친구	5	자존감이 요동쳤던 3년
대학 졸업	3	2주
대학원 입학	4	2개월
심리치료사 자격 획득	4	2개월
31~40세		
결혼	4	2개월
자녀 출생	4	30년 이상 자아평가의 기복
클리닉 개원	3	35년 이상 자기평가의 기복
41~50세		
전문가로서의 발전	3	2개월씩
자녀의 성공에 대한 뿌듯함	3	한 번에 1주일, 그때그때 다름
가족의 필요 충족시키기	4	몇 시간 정도, 그때그때 다름
51~60세		
책 출간	4	각각 1~2개월
강연	3	강연 후 하루
유명 인사들과의 만남	4	참석 후 몇 시간
61~70세		
적당한 몸매 유지	3	운동 후 몇 시간
만족스러운 결혼생활	4	다음 부부싸움 전까지 그때그때 다름
논리정연함	2	여전히 집착

저는 앞의 표를 완성하면서 성취의 효과가 얼마나 금방 사라지는지 깨달았습니다. 아내, 아이들 그리고 다른 사람들과 좋은 관계를 유지할 수 있어 정말 감사하고 심리학자라서 만족스러우며 건강할 때 행복하지만 약간의 실패만으로도 이전에는 매력적이었던 성과가 더는 그렇게 느껴지지 않는다는 사실을 깨달았지요. 이처럼 성공에 익숙해지면 성취감이 습관화되면서 힘을 잃고 실망스러운 일이 생겼을 때 가라앉는 마음을 주체하기가 힘들어집니다. 고통을 떨치고 다시 긍정적인 기분을 느끼기 위해 새로운 성취를 갈망하지만 항상 달성 가능한 일은 아니니까요.

심지어 우리의 운명 역시도 변덕스럽습니다. 한참 록이 유행하다가도 그다음 해에는 아이돌 노래가 유행하는 식입니다. 록스타들에게는 그리 좋은 소식이 아니죠. 좋은 직장에 다니거나 사업이 잘되다가도 상황이 바뀌어서 해고되거나 망하기도 합니다. 운 좋게 투자를 받았는데 그 후에 시장이 침체될 수도 있지요. 따라서 우리는 단순히 성취감이 낮아지는 것뿐만 아니라 상황이 좋지 않아질 때에도 대비를 해야 합니다. 현재의 위치에서 추락하는 일은 성공에 익숙해지는 것보다 훨씬 더 고통스럽지만 피할 수도 없습니다. 스무 살 이후로 몸에 어떤 변화가 있는지 느낀 적이 있나요? 그 모든 변화를 환영하고 받아들였나요? 가끔 이 주제에 대해 사람들과 이야기할 때면 저는 "여기서 누가 죽게 될까요?"라고 질문하곤 합니다. 보통 약 20퍼센트만 손을 들지요. 사실 모든 인간은 언젠가 죽을 운명인데도요! 우리는 질병, 노화, 장애는 물론이고 죽음에 대해 생각하고 싶어 하지 않지만 그런 미래는 언젠가 닥쳐오기 마련입니다.

잠시 반짝 성과를 내서 자기평가가 높아질 수 있고 특히 운이 좋아서 좌절을 피한다 해도 결국 우리는 모두 퇴보할 것입니다. 정점을 찍으면 하락을 피할 수 없지요. 양로원에서 휠체어를 탄 채 횡설수설하는 노부인이 한때 유명한 핵물리학자였다는 말을 듣고 적잖이 충격을 받은 적이 있었습니다. 하지만 이런 현실을 직시하면 삶을 지금보다 더 즐길 수 있습니다. 다행히 우리에게는 끝없이 성공을 추구하는 대신 더 만족스럽고 신뢰할 수 있는 행복의 길이 많으니까요.

의미 있는 목표 찾는 법

인생을 살면서 무언가를 얻거나 이기려고 노력하지 않는다면 대체 어디서 즐거움을 얻어야 할까요? 성취에 중독되어 있다면 이런 의문이 가장 먼저 들 것입니다. 하지만 한번 곰곰이 생각해봅시다. 시험에 합격하기 위해서 또는 승진을 위해서 밤을 새워 공부하거나 일하는 데 어떤 의미가 있나요? 그 노력과 행동이 부질없다는 뜻이 아니라, 그로 인해 무엇을 얻을 수 있는지, 정말로 내게 중요한 것은 무엇인지 먼저 찾아야 한다는 것입니다. 그런 맥락에서 퓰리처상을 수상한 미국의 시인 메리 올리버Mary Oliver는 우리에게 이런 질문을 던졌습니다. "말해보라, 하나뿐인 소중한 미지의 삶을 어떻게 살 것인가?"

자신에게 정말로 중요한 가치가 무엇인지 찾는 방법에는 여러 가지가 있습니다. 자신의 묘비나 부고를 상상하며 "뭐라고 적으면 좋을까?" 하고 자문해보는 것이 한 가지 방법이지요. 예를 들어 '그는 좋은 친구(어머니, 아버지, 딸, 아들, 아내, 남편)였습니다'이거나, '그는 배움을 사랑했고 끝없는 호기심을 지닌 사람이었습니다'일 수도 있고, '그는 세상을 바꾸고 싶어 했습니다' 혹은 '그는 즐겁게 사는 법을 알았습니다'일 수도 있습니다. 일이나 학업, 인간관계, 개인적 성장, 여가 등 다양한 영역에서 자신의 포부를 생각해보면 도움이 됩니다.

또는 인생에서 가장 의미 있고 소중히 여겨지는 순간을 떠올려보아도 좋습니다. 친구와 친밀하게 교감을 나누던 순간일 수도 있고, 아이가 태어난 순간일 수도, 피아노 연주나 명상을 할 때였을 수도 있습니다. 의미 있다고 느꼈던 순간들에 공통점이 있나요? 타인, 자연, 영성과의 교감이거나 예술적 표현이나 새로운 사실의 발견 혹은 즐거움의 추구일 수도 있을 것입니다.

자신에게 정말로 중요한 것을 탐색하다 보면 자신에게 진정으로 의미 있게 느껴지는 가치와 활동을 발견할 수 있습니다. 비록 모두가 원하는 것처럼 안정적이고 일관된 하나의 자아를 찾을 정도까지는 이르지 못하더라도, 이러한 가치와 활동은 자존감을 유지하려고 노력하는 것보다 훨씬 더 큰 보상을 가져다줍니다. 따라서 다음에 어떤 일을 성취하려고 할 때, 자기평가보다 더 나은 다른 이유를 위해서 그 일을 할 수 있는지를 먼저 고민해보세요. 그러면 그 일을 훨씬 더 즐겁게 되고 결과적으로 성과도 더 좋아질 것입니다.

제 친구 어맨다가 이 실험을 해보았다더군요. 어맨다는 블로그에 글을 자주 썼지만 그 과정에서 심적으로 고통이 컸다고 합니다. "글을 쓸 때마다 머릿속의 비평가가 제 글을 평가해요. 글이 괜찮은 것 같으면 자부심에 차서 '그래, 내가 글을 꽤 잘 쓰지'라고 생각하면서

자존감 회복 훈련 8

더 나은 목표 찾아보기

긍정적인 자기감정을 느끼기 위해 무엇을 추구하고 있는지 아래의 표에 정리한 다음, 각 항목 옆에 그것이 어떻게 자신을 긍정적으로 느끼게 해주는지 적어보세요. 그리고 같은 일을 하면서도 자존감 향상이 아니라 다른 목표를 위해 노력할 수 있을지 숙고해봅시다.

예를 들어 저는 심리치료사들을 위해 강연하는 일을 좋아합니다. 당연히 강의를 들으러 오는 사람들이 많거나 강의가 좋았다고 말해주는 사람이 많을 때 더 힘이 나지요. 반대의 경우에는 기운이 빠지고요. 여기까지만 보면 오로지 칭찬을 받기 위해서 강의하는 것처럼 보이지만, 치료사들이 내담자에게 적절한 도움을 줄 수 있도록 돕고 싶다는 목적으로 강의를 할 수도 있습니다. 이렇게 의식적으로 자기평가 대신 다른 목적에 집중하려고 노력하면 그 과정을 훨씬 즐길 수 있고 결과적으로 더 나은 강연자가 될 수 있겠지요.

성과	자기평가적 목표	더 나은 대체 목표
콘퍼런스 참석	호감을 사고, 존중받고, 똑똑한 느낌	임상의와 환자들의 필요에 초점 맞추기

게시물을 올려요. 하지만 그 뒤에도 '좋아요'나 댓글을 계속 확인하고, 피드백을 받을 때마다 기분이 오르락내리락하죠." 어맨다는 이런 감정 기복에 지쳐서 자신에게 다른 사람들의 반응보다 중요한 것이 무엇인지 고민하기 시작했습니다. 답은 간단했습니다. 글을 쓰는 행위 자체에서 느끼는 즐거움이었지요. 재미있는 아이디어를 살려 가벼운 글을 쓰고 싶을 때도 있었고, 슈퍼마켓에서 겪은 끔찍한 인종차별에 대한 글처럼 정치적 또는 사회적 변화를 추구하고 싶을 때도 있었습니다. 그래서 휴대전화의 알림을 끄고 댓글을 하루에 한 번만 확인하는 습관을 들이기 위해 노력했습니다. 그렇게 진정으로 이루고 싶은 목표에 집중할수록 '좋아요'를 몇 개나 받았는지 신경을 덜 쓰게 되었고, 글쓰기는 더 즐거워졌습니다. 다른 사람들이 자신의 글을 좋아해주었으면 하는 바람을 완전히 떨쳐버릴 수는 없지만 글을 쓰는 일이 훨씬 즐거워졌다고 합니다.

평균보다 더 낫다는 착각

앞에서 살펴본 것처럼 한 번의 성취를 통해 자존감을 지속적으로 높게 유지하기란 사실상 불가능합니다. 또한 계속해서 새로운 성취를 추구하는 데에도 한계가 있지요. 그래서 사람들은 때로 다른 접근법을 시도하기도 합니다. 그중 가장 흔한 방법이 자신과 타인에게 거짓말을 하는 것으로, 이를 우월감 환상 또는 워비곤 호수 효과라고 부릅니다. 워비곤 호수는 1970년대 미국의 라디오쇼에 등장하는 가상의 마을로, 이곳의 모든 여성은 강하고 모든 남성은 잘생기고 모든 아이들은 평균 이상이라고 묘사됩니다. 즉 타인에 비해 자신의 성취와 능력을 과대평가하는 경향을 가리키지요. 실제로 대부분의 사람들이 자신은 거의 모든 부분에서 평균 이상이라고 생각합니다. 이는 그저 지어낸 이야기가 아닙니다. 이와 관련해 다양한 집단을 대상으로 한 착각 연구를 잠시 살펴보겠습니다.

- SAT 출제 기관인 칼리지보드에서 실시한 대규모 연구에서는 고등학생의 70퍼센트가 자신의 리더십 능력이 중앙값 이상이라고 평가했고, 85퍼센트는 다른 사람들과 어울리는 능력이 중앙값 이상, 25퍼센트는 상위 1퍼센트에 속한다고 스스로를 평가했습니다.

- 미국 심리학회 학술지인 『성격 및 사회심리학 저널』에 발표된 연구에 따르면 대학생들에게 긍정적 특성과 부정적 특성의 항목을 각 20개씩 제시하고 자신과 '평균적인 대학생'을 평가하도록 요청하자, 40개 특성 중 38개 항목에서 자신을 평균 이상이라고 평가했습니다.

- 스탠퍼드 MBA 학생의 87퍼센트는 자신의 학업 성적이 중앙값 이상이라고 평가했습니다.

- 코넬대학교, 캘리포니아대학교 버클리 캠퍼스, 하버드 교육대학원에서 교수직을 역임했던 교육연구자 캐스린 크로스Kathryn Patricia Cross의 연구에 따르면 대학교수의 96퍼센트는 자신이 동료 교수들보다 더 나은 교육자라고 생각합니다.

- 스톡홀름대학교의 명예 교수인 올라 스벤슨Ola Svenson의 연구에 따르면 미국 운전자의 93퍼센트가 자신은 평균 이상으로 안전하게 운전한다고 평가했습니다.
- 주간지 『US 뉴스&월드 리포트』에 실린 연구에서는 1천 명의 미국인을 대상으로 자신과 특정 유명인 중 누가 천국에 갈 가능성이 더 높다고 생각하는지 물어보았습니다. 그 결과 87퍼센트가 자신이 선택받을 것이라고 답했으며, 본인들 다음으로 천국에 갈 가능성이 높은 유명인을 묻는 질문에는 79퍼센트가 테레사 수녀를 뽑았습니다.

이 외에도 우리가 자신의 능력을 과대평가하는 또 다른 중요한 영역이 있습니다. 바로 객관성입니다. 우리 대부분은 자신을 정확하게 평가하는 능력이 평균 이상이라고 생각합니다!

사회심리학 연구에서 등장한 개념으로 더닝 크루거 효과라는 것이 있습니다. 인간의 실제 능력은 자신이 생각하는 능력 수준에 반비례하는 경향을 가리키는 말이지요. 즉 어떤 일에 정말 능숙한 사람들은 자기 능력을 과소평가하는 경향이 있는 반면, 덜 숙련된 사람들은 자기 능력을 과대평가하는 경향이 있다고 합니다. 이 점을 참고하면 우리의 자기평가가 언제 부풀려지는지 짐작해볼 수 있을 것입니다.

이런 이유로 어떤 분야에서 우리보다 재능이 뛰어난 사람을 만나면 우리는 그 사람이 틀림없이 비범할 것이라고 가정합니다. 우리가 평균 이하일 리가 결코 없기 때문이지요. 시험에서 평균보다 더 좋은 성적을 냈다는 말을 들으면 자신이 똑똑하다고 결론을 내리고요. 하지만 시험 성적이 나빴다는 말을 들으면 시험이 지나치게 어려웠거나 운이 나빴을 뿐이라고 생각합니다.

윤리적 측면에서도 이런 왜곡을 관찰할 수 있습니다. 우리가 부도덕하게 행동할 때 외부 조건 탓으로 돌리며 '다들 그러잖아' 또는 '나는 그저 지시를 따랐을 뿐이야'라고 생각하는 경향이 있습니다. 집단 활동에서 결과가 긍정적일 때는 자신의 기여도를 과대평가하지만 결과가 좋지 않을 때는 자신의 기여도를 과소평가합니다. 프로젝트가 성공했을 때 자신이 기여한 바를 충분히 인정받지 못했다고 느끼는 일이 많은 것도 그런 이유입니다.

데이터과학자 세스 스티븐스 다비도위츠Seth Stephens-Davidowitz가 고안한 간단한 실험을 통해 우리가 자신과 타인을 속이는 경향을 살펴볼 수 있습니다. 다음 질문에 대답해보세요.

1. 시험에서 부정행위를 한 적이 있나요?
2. 누군가를 죽이는 상상을 해본 적이 있나요?
3. 1번이나 2번에서 거짓말을 하고 싶은 유혹을 느꼈나요?

이 간단한 질답에서 알 수 있듯 자아상을 유지하기 위해 자신을 속이다 보면 거기에 쉽게 중독됩니다. 자기기만은 단기적으로는 기분을 좋게 할지 몰라도 장기적으로는 적지 않은 대가를 지불해야 합니다. 실제로 문제가 발생했을 때 대처 방법을 정하려면 정직한 자기 평가가 필요한데 이를 갖추지 못하기 때문이지요. 또한 자신의 왜곡된 판단이 실제 현실에 의해 끊임없이 위협받기 때문에 경계 상태를 유지하느라 스트레스를 받게 됩니다.

하지만 가장 고통스러운 대가는 망상이 무너졌을 때 찾아옵니다. 우월감 환상에 빠져 있던 사람들은 자신의 망상이 깨졌을 때 대체로 가혹하게 자기비판을 하는 경우가 많습니다. 자신이 다른 사람들과 크게 다를 바 없다고 생각하는 대신 자신이 패배자나 실패자라고 결론짓고 부끄러워하는 것입니다. 지속적으로 우리는 모두 특별해야 한다는 메시지를 듣고 있다면 이런 감정은 더욱 악화되지요.

우리는 특별해질 필요가 없다

우리가 특별해야 한다는 착각이나 자신이 평균보다 뛰어난 사람이라고 생각하는 습관을 고치는 방법은 간단합니다. 그럴 필요가 없다는 사실을 깨닫는 것입니다. 스스로의 평범함을 포용하고 자신과 다른 사람들이 다르지 않다는 사실을 인정하면 이 습관을 기를 수 있습니다.

이를 위한 구체적인 방법은 나중에 살펴보기로 하고, 지금은 간단한 사고실험을 해보겠습니다. 상상력을 발휘하고 다정한 늑대의 본성을 활성화해야 하므로 먼저 몇 분 동안 마음챙김 수련으로 마음을 가라앉힌 다음, 어느 날 눈을 떠보니 세상이 마법처럼 변해 있다고 상상해보세요. 우리 중 그 누구도 다른 사람보다 우월하거나 열등하지 않은 세계가 되었다고요. 물론 모습과 체격이 다르고 능력과 재능도 다르지만 그렇다고 어느 한 사람이 다른 사람보다 더 낫거나 못하다고 느끼지 않는 세계입니다. 모든 자원이 충분하고 모두가 가진 것을 기꺼이 나누며 우리 모두가 있는 그대로 사랑스러운 존재가 된 것이지요. 그러면 일을 하면서도 남들과 자신을 비교하지 않고 함께 일하는 지금 이 순간을 즐기게 될 것입니다. 해야 할 일이 생기면 모두 협력하고 서로의 도움에 감사를 느끼겠지요. 이렇게 평범한 나날을 보낸다면 기분이 어떨까요?

사고실험에서 그치지 말고 현실 세계에서도 자기평가나 사회적 비교에 덜 집중하고 공동의 목표를 위해 모두가 힘을 모을 수 있도록 오늘 하루 무엇을 할 수 있을지 생각해보세요. 어떻게 하면 다른 사람들과 더 가까워지고 더 큰 공동체의 일원이라는 기분을 더 느낄 수 있을까요?

앞에서 만났던 줄리언은 의도적으로 이런 변화를 시도한 덕택에 직장에서 느끼던 공허함을 극복하고 활기를 되찾을 수 있었습니다. 그는 가족 및 친구들과의 교류를 늘리고 다시 글을 쓰는 데 집중하는 외에도 고객이나 동료들과의 관계에 다르게 접근하려고 노력했습니다. 사람들을 만날 때마다 의도적으로 가진 것을 나누면서 다른 사람들을 도울 방법을 고민했지요. 의외로 방법은 간단했습니다. 누군가의 성과를 칭찬하는 이메일을 보내거나 오늘의 이익을 약간 포기하지만 관계를 발전시켜줄 계약 협상을 하는 등 별다른 노력이 필요하지 않은 경우가 많았습니다. 이러한 변화 덕분에 줄리언은 직장 동료들과 더 가까워졌고 업무적으로도 좋은 성과를 낼 수 있었습니다. 동료들은 새로운 프로젝트에 그를 참여시키고 싶어 했고 고객들도 그를 찾았지요.

　부끄럽지만 저는 어렸을 때부터 제가 특별하다는 생각에 빠져 있었습니다. 저는 학습 속도가 빨라서 제가 반에서 가장 똑똑한 아이라는 생각에 집착하느라 선생님께 자랑하는 것이 다른 아이들을 짜증나게 한다는 사실도 몰랐지요. 처음에는 저의 똑똑함을 과시하는 일이 재미있었고 그 덕분에 다른 불안감도 약해졌습니다. 하지만 그 특별함을 유지하기 위해 엄청난 스트레스를 받았고, 경쟁심으로 너무 많은 만남을 망쳤습니다.

　이것이 잘못된 습관이라는 사실을 깨닫고 제가 다른 사람들과 크게 다르지 않으며 더 커다란 공동체의 일원으로서 모두와 같은 목표에 동참할 수 있다는 사실을 깨달았을 때 마치 눈이 번쩍 뜨이는 것 같았습니다. 그렇게 하기가 그다지 어렵지도 않지요. 저 자신이라는 작은 단위에만 집중하지 않고 다른 사람들과 저의 공통점을 찾아보는 시간을 가져보는 것만으로도 충분했습니다. 그러자 뭐든 잘하고 멋지게 해내야 한다는 긴장에서 벗어나 다른 사람들과 함께 지내는 일이 정말 즐거워졌지요. 친구들과 노는 것도 재미있어졌고, 과제도 더 쉽고 빠르게 끝낼 수 있었습니다.

　마음의 자유를 얻는 방법은 많습니다. 이 방법 저 방법 실험해보면서 자신에게 가장 적합한 것을 찾으면 됩니다. 하지만 그 과정에서 우리는 많은 장애물에 부딪힙니다. 사랑받거나 인정받으려면 어떤 식으로든 특별해야 한다고 생각하게 만드는 메시지들이 도처에 널려 있기 때문입니다. 최근에는 소셜미디어를 통해 다른 사람들이 세심하게 선별해서 전시하는 성공한 모습, 멋진 시간을 보내는 모습을 보면서 부러움, 자신이 부족하다는 느낌, 소외감을 느끼는 일도 많아졌습니다. 다음 장에서는 이런 장애물이 우리를 어떻게 자기평가의 함정으로 끌어들이는지, 그리고 어떻게 해야 그 손아귀에서 벗어날 수 있을지 살펴보겠습니다.

6장
나를 증명해야 한다는 압박감을 떨쳐내는 법

"멈추지 않는 당신"
— 루프트한자 항공사 슬로건

1980년대 심리학자들은 갱단원, 임신한 청소년, 마약 중독자, 자녀를 학대하는 부모, 실직자 사이에 공통점이 있다고 주장했습니다. 바로 낮은 자존감이지요. 이 연구를 바탕으로 캘리포니아에서는 '자존감과 개인적 책임감 증진을 위한 태스크포스'를 설치했습니다. 긍정적인 자기감정이 일종의 '사회적 백신'으로 작용해 모든 문제를 예방할 수 있을 것이라고 생각했기 때문입니다. 캘리포니아주 정부는 자존감이 높은 사람들은 수입도 높을 것이므로 이 프로젝트를 실시하면 세수가 늘어나 결과적으로 주 정부의 예산도 풍족해지리라고 기대했습니다.

그러나 성과는 미미했습니다. 이 정책에 25만 달러 이상을 지출한 뒤에야 캘리포니아주 태스크포스는 사회적 병폐와 자존감 사이의 연관성이 매우 적다는 사실을 발견했습니다. 또한 낮은 자존감이 실제로 사회적 문제를 일으킨다는 과학적 증거도 찾을 수 없었습니다. 그럼에도 이 프로젝트는 폐기되지 않았고, 캘리포니아에서 시작해 미국 전역을 휩쓴 뒤 이윽고 전 세계로 퍼져나갔습니다.

1990년대 초가 되자 미국 전역의 학교에서 높은 자존감을 학습의 전제 조건으로 여기기 시작했습니다. 부모들은 "아이에게 얼마나 똑똑하고 재능이 넘치는지 반복해서 말해주세요"라는 조언을 들었습니다. 수천 개의 학교에서 학생의 자존감 함양을 중요한 사명으로 여기고 '자기 과학'이라는 수업을 실시했습니다. 구글에서 "학교 사명 선언문 자존감"이라는 키워드로 검색하면 나오는 결과가 236만 건에 달할 정도입니다.

이 운동은 곧 교육 현장을 넘어 성인들에게까지 빠르게 확산되었습니다. 경영 컨설턴트들은 "모두가 자신에 대해 자부심을 느끼는" 조직을 만들어야 한다고 주장했습니다. 심지어 농부들이 읽는 농업 전문 잡지에도 긍정적인 자아상을 개발하고 유지하는 방법을 알아야 성공할 수 있다는 기사가 실릴 정도였습니다. 잡초나 씨앗, 종자, 사료에 관한 정보가 아니라요.

오늘날에도 자존감을 높여야 한다고 주장하는 책은 엄청나게 많습니다. 아마존에서 검색해보니 10만 권이 넘더군요. 성인뿐만 아니라 아동이나 청소년을 대상으로 한 책도 적지 않습니다. 자신도 모르는 사이에 일생에 걸쳐 자신을 높이 평가하는 법을 배워야 한다고 주입받는 셈입니다. 그 결과 우리 모두가 자기 집착과 사회적 비교에 더욱 깊이 빠지게 되었습니다. 참으로 서글픈 결과입니다.

과도한 자존감은 부족한 것만 못하다

북한의 "위대한 영도자"였던 김정일은 자존감이 매우 높았던 것 같습니다. 공식 전기에 따르면 김정일이 북한에서 가장 높은 산꼭대기에서 태어났을 때 빙하가 열리며 신비로운 소리를 냈고 쌍무지개가 나타났다고 합니다. 또한 생후 3주 만에 걷기 시작했고 8주 만에 말을 했으며 대학생 때는 1,500권의 책을 썼다고 하지요. 스탈린, 마오쩌둥, 히틀러, 사담 후세인 역시 자신이 특별한 사람이라고 주장했습니다. 하지만 자세히 파헤쳐보면 이들이 주장하는 '특별함'은 사실이 아닌 부분이 많고 과도하게 부풀려졌다는 사실을 알 수 있습니다.

심리학계는 과도한 자존감이 정확히 어떻게 작용하는지를 놓고 논쟁 중입니다. 심리적 문제에 시달리는 환자들을 치료하는 임상심리학자들은 사람들이 거부, 비판, 수치심, 실패의 고통을 피하기 위해 자아상을 부풀려 회의감과 상처를 보상한다고 봅니다. 저 자신을 돌아보았을 때도 그렇고 많은 환자들에게서도 그런 모습이 보입니다. 여러분도 경험해보았을 수 있지만 실제로 자신이 부족하다는 느낌과 상처를 수용할 수 있는 안정적인 환경에서는 자신을 부풀리려는 욕구가 줄어든다는 사실도 알 수 있습니다.

하지만 사회심리학 연구에 따르면 자기 자신이 대단하다고 생각하는 사람, 즉 나르시시스트들은 진심으로 자신이 다른 사람들보다 낫다고 믿는 것으로 보입니다. 주어진 단어를 보고 연상되는 개념을 알아보는 검사에서 나르시시스트들은 '좋은', '멋진', '위대한', '옳은' 등의 단어와 '나'를 쉽게 연관지었습니다. 이런 사례를 보면 과도한 자존감과 실패에 대한 고통 사이에 별 연관성이 없어 보이기도 합니다. 그러나 환자를 자주 만나본 임상심리학자인 제 관점에서는 그저 검사의 민감도가 낮아서 자기 과장 아래 숨겨진 불안을 감지하지 못하는 것처럼 보입니다.

실제로 과도한 자기평가에는 여러 유형이 있습니다. 자신이 부족하다는 느낌을 보상하려는 나르시시스트가 있는가 하면 그냥 착각에 빠진 나르시시스트도 있지요. 세계 최고의 자존감 연구자로 손꼽히는 미국의 심리학자 로이 바우마이스터Roy Baumeister의 연구에 따르면 심리적 보상을 구하는 경우든 그저 착각에 빠진 경우든 간에 자신을 높게 평가하는 사람들은 자존감이 낮은 사람들보다 더 똑똑하지도 매력적이지도 우월하지도 않은 것으로 밝혀졌습니다. 본인만 그렇게 생각할 뿐입니다.

문제는 이런 착각의 결과가 현실에서 바람직하지 못한 양상으로 나타난다는 데 있습니다. 자존감이 지나치게 높은 어린이는 자제력이 부족하고 위험을 마다하지 않으며 더 어린 나이에 성관계를 할 가능성이 높습니다. 또한 친구를 괴롭히는 아이들을 보면 자신에 대한 확신이 높고 불안감은 낮은 경향이 있습니다. 성인이라고 나을 것도 없습니다. 프린스턴대학교의 정치학자들이 실시한 연구에 따르면 지정학적 갈등 시뮬레이션 게임에서는 자신에 대한 확신이 높은 사람일수록 질 확률이 높았다고 합니다. 지나치게 자신만만한 '리더들'이 성급하게 공격을 감행하여 두 진영 모두에 파괴적인 보복전을 초래하곤 했기 때문입니다. 조금만 성찰해보면 우리 자신의 감정과 생각에서도 이런 경향을 볼 수 있습니다.

| 자존감 회복 훈련 9 |

나에 대한 실망감을 완화하기

어떤 일을 제대로 해내지 못해서 부정적인 자기평가를 경험하고 있다면 자기평가를 높이려고 조급해하는 대신 같은 이유로 상처받고 있을 다른 사람들 이해하고 겸허함을 느끼는 연습을 해봅시다. 우리가 혼자가 아니라는 사실을 알면 자기평가에 대한 집착에서 조금이나마 자유로워질 수 있습니다.

1. 자신이 꽤 마음에 들었던 때를 떠올려보세요. 학교나 직장에서 성공을 거두었거나 새로운 연애를 시작했을 때 등일 것입니다. 그랬을 때 자신이 다른 사람들보다 우월하다고 느꼈나요?.

2. 이제 자기평가가 한 단계 낮아졌던 때를 떠올려보세요. 무언가에 실패했거나 실망했거나 거절당했거나 부끄러운 일이 있었기 때문일 것입니다.

3. 자기평가의 하락을 경험하면 우리는 주변 사람의 고통에 더 깊이 공감할 수 있습니다. 자신과 비슷하게 자존감이 떨어져 괴로워하는 사람을 보면 다가가서 안아주고 공감해주는 상상을 해보세요.

자존감을 높이려는 시도는 성공과도 관계가 없을뿐더러 실제로 우리를 불행하게 만듭니다. 다수의 연구에 따르면 자존감 향상 프로그램이 확산된 이후 미국인들은 이전보다 더 물질주의적이고 자기중심적, 나르시시즘 경향을 강하게 보이고 있습니다. 이 둘 사이의 직접적인 인과관계가 밝혀진 것은 아니지만 상관관계가 있는 것만은 분명합니다.

젊은 세대가 특히 이 변화의 영향을 가장 많이 받았습니다. 그 어느 때보다 많은 젊은이들이 복권에 당첨되고 인플루언서가 되고 30세에 부자가 되기를 꿈꾸며 행복해지려면 자존감을 높여야 한다고 믿지요. 미국의 여론조사 기관 퓨 리서치 센터에서 자존감 운동이 막 시작되었을 무렵 성장기를 보낸 밀레니얼 세대에게 인생 목표를 물어보자 부자가 되고 싶다는 응답이 81퍼센트, 유명해지고 싶다는 응답은 51퍼센트에 달했지만, 더 영적인 사람이 되고 싶다는 응답은 10퍼센트에 불과했습니다. 반면 밀레니얼 이전 세대에서 부자가 되고 싶다는 응답은 62퍼센트, 유명해지고 싶다는 응답은 29퍼센트에 불과했으며, 더 영적인 사람이 되고 싶다는 응답은 33퍼센트에 달했습니다. 이 문제는 비단 미국만의 일이 아닙니다. 영국의 한 여론조사에서 십 대 청소년들에게 '세상에서 가장 좋은 것'이 무엇인지 묻자, "유명인이 되는 것," "뛰어난 외모", "부자가 되는 것"이라는 답변이 가장 많았습니다.

코넬대학교의 역사학자 조앤 브룸버그Joan Brumberg는 지난 100년 동안 미국의 젊은 여성들이 남긴 개인 일기를 분석한 저서 『바디 프로젝트The Body Project』(2010)를 출간했습니다. 1890년대의 젊은 여성들이 개인적으로 남긴 기록을 살펴보면 사회에 기여하고 인격을 함양하며 상호 만족스러운 관계를 발전시키고자 하는 욕구를 볼 수 있었지요. 그러나 그로부터 100년 뒤인 1990년대 젊은 여성들의 목표는 살 빼기, 새로운 헤어스타일 찾기, 새 옷이나 화장품, 액세서리 구매하기가 되었습니다.

이런 추세가 반드시 자존감 향상 프로젝트 때문이라고 단정지을 수는 없습니다. 하지만 이러한 변화를 제대로 인지한다면 적어도 자기평가의 함정에 빠지지 않을 수 있을 것입니다.

우리가 소셜미디어에 올리는 거짓말들

흥미로운 사실은 우리의 목표가 부, 명성, 외모로 바뀌어가면서 우리 자신에 대한 평가도 급상승했다는 점입니다. 1951년에는 14~16세 청소년 중 12퍼센트만 '나는 중요한 사람이다'라고 생각했지만 1989년에는 그렇게 생각하는 청소년이 80퍼센트에 달했습니다. 또한 1976년에는 고등학생의 29퍼센트만 대학원이나 전문대학원에 진학할 것으로 예상했지만 2012년에는 58퍼센트에 달했습니다. 실제 진학률은 9퍼센트로 변함이 없었는데도 말이지요. 고등학생의 3분의 2가 장차 자신의 업무 수행 능력이 상위 20퍼센트 안에 들 것으로 예상합니다. 자존감 운동 이후 미국에서는 자신의 능력이 '평균'이라고 말하는 사람이 드물어졌습니다.

사회심리학자들의 연구에 따르면 이 변화에는 자존감 향상 운동뿐만 아니라 개인주의의 강조도 커다란 영향을 미친 것 같습니다. '자신에게 충실하기'와 '자신을 제일 중요하게 생각하기'가 매우 중요한 가치로 부상한 것이지요. 이렇게 말하면 당혹스러울 수도 있지만 사실 우리 모두의 내면에 엄청난 잠재력이나 '진정한 자아'가 있다는 생각 자체가 전형적인 미국식 사고입니다.

남아프리카공화국의 신학자 데즈먼드 투투Desmond Tutu는 아프리카 언어권에서는 "안녕하세요?"라는 질문에 일인칭 단수로 대답할 수 없다고 말합니다. "우리는 잘 지내고 있습니다" 또는 "우리는 좀 힘들어요"라고 대답한다고 하네요. 실제로 수많은 과학적 연구를 통해 '우리', 즉 공동체의 일원이 되면 자신만이 특별해야 한다거나 아주 뛰어나야 한다는 걱정에서 자유로워질 수 있다고 밝혀졌습니다. 그들은 이미 그 사실을 알고 있었던 것입니다.

하지만 우리는 자기중심적인 사고에서 쉽게 벗어나지 못하고 겉으로 보이는 모습에 연연합니다. 페이스북이나 인스타그램 같은 소셜미디어를 보면 친구들은 모두 카리브해에서 멋진 시간을 보내고 근사한 식사를 하며 쉴 새 없이 파티를 즐기는 것처럼 보입니다. 반면 구글 검색의 자동 완성 기능은 사람들이 혼자 하는 생각을 엿볼 수 있게 해줍니다. 구글에 "이게 정상일까, 만약…"이라고 입력해보니 자동 완성 기능으로 "혼자 있고 싶다면", "죽이고 싶다면", "혼자 살고 싶다면", "바람피우고 싶다면", "온종일 자고 싶다면" 등이 뜨더군요. 겉으로 보이는 모습과 실제로 하는 생각의 차이가 얼마나 극명한지 알 수 있었습니다.

소셜미디어에서 우리 자신을 근사하게 꾸미기 위해 지어내는 거짓말은 너무 많아서 일일이 나열하기가 불가능할 정도입니다. 단적인 예로 정치, 외교, 문화, 예술 등 학식 있는 내용을 다루는 잡지『애틀랜틱』과 가십, 범죄 뉴스 같은 선정적인 내용을 다루는 대중지『내셔널 인콰이어러』는 발행 부수와 구글 검색 건수가 비슷합니다. 하지만 페이스북에서 '좋아요'를 받는 수는『애틀랜틱』이 27배 더 많습니다. 데이터과학자 세스 스티븐스 다비도위츠는 이 모든 사실을 종합하여 다음과 같은 결론을 내렸습니다.

> 페이스북 세계에서는 평균적인 성인이 행복한 결혼 생활을 하고 카리브해에서 휴가를 보내며 『애틀랜틱』을 정독하는 것처럼 보인다.
> 하지만 현실 세계에서는 많은 사람이 화가 난 상태로 슈퍼마켓 계산대에 줄을 선 채 『내셔널 인콰이어러』를 들여다보고 몇 년 동안 잠자리를 하지 않은 배우자의 전화를 모른 척한다.

우리는 '좋아요'를 받거나 새로운 팔로워가 생길 때마다 올라가는 자기평가에 쉽게 중독됩니다. 동시에 소셜미디어에 더 많이 노출될수록 자신이 다른 사람들만큼 성공하지 못했고 부족하다는 생각에 빠져들지요. 결국에는 자기평가의 상승을 절실히 원하는 결말에 이릅니다.

완벽한 셀카 사진에 대한 욕망도 여기에서 비롯된 것입니다. 2013년 올해의 단어는 '셀카'였습니다. 제가 구글에 '멋진 셀카 찍는 법'을 검색했더니 무려 1,010만 개의 동영상이 나오더군요. 줌$_{Zoom}$처럼 영상을 통한 소통이 늘어나면서 줌 신체이형장애*가 폭발적으로 증가하여 화면에서 이상하게 보이는 얼굴 부위를 성형하는 사람들도 늘어났습니다. 또한 매치, 틴더, 범블 같은 데이팅 앱을 사용해본 사람이라면 온종일 앱을 확인하면서 감정이 오르락내리락했던 경험이 있을 것입니다. 소셜미디어에서 자신을 다른 사람과 비교하

---

* 자기 외모에 심각한 결함이 있다는 생각에 사로잡히는 증상.

면서 부족하다고 느끼거나 화면으로 보이는 자신의 이미지를 걱정하거나 데이팅 앱을 확인하느라 스트레스를 받는 사람은 당신만이 아닙니다. 이는 현대 기술이 영장류의 본성과 충돌하면서 나타나는 자연스러운 결과입니다. 우리 모두 이 문제를 함께 겪고 있지요.

소셜미디어로 인한 자기애 중독을 해결하는 방법은 뒤에서 살펴볼 것입니다. 하지만 당장은 소셜미디어를 들여다보면서 경험하는 감정의 기복을 인식해보고 사용 시간을 줄이는 것도 고려해보세요. 또한 소셜미디어를 보며 기분이 가라앉을 때마다 다른 사람들도 비슷한 고통을 겪고 있다는 사실을 떠올려보면 외로움이 덜할 것입니다.

자존감보다 자제력에 집중하라

미국의 심리학자 로이 바우마이스터는 연구 문헌들을 검토한 후 "자존감 향상 운동의 경과를 살펴본 결과, 자존감은 잊고 자기통제와 자기 훈련에 더 집중하라고 권고하고 싶다"라는 결론을 내렸습니다. 자존감 향상 운동이 오히려 역효과를 낸 것처럼 보이기 때문입니다. 우리는 노력하지 않아도 보상이 주어지기를 기대하고 우리의 성과가 기대에 미치지 못할 때 실망감과 수치심을 느끼도록 훈련되었습니다. 스타덤, 유명세, 부에 모든 관심이 쏠리는 세상에서 '정상', '평균', '평범함'은 실패처럼 느껴집니다.

저는 한 가지 해결책으로 아이들의 자존감을 높여주려고 굳이 애쓰지 말라는 조언을 하고 싶습니다. 아이들이 거둔 성과를 칭찬하지

> 자존감 회복 훈련 10

최고가 되어야 한다는 환상 간파하기

우리가 일상에서 흔히 마주치는 '최고가 되어야 한다'는 메시지를 민감하게 알아차리는 연습을 해봅시다. 며칠 간 반복해보면 사고방식을 바꾸는 데 도움이 됩니다.

1. 지난 일주일간 당신이 칭찬을 들었거나 비판을 받았던 순간을 떠올려봅니다. '나는 특별해, 더 인정받을 자격이 있어' 혹은 '난 아직 부족해' 같은 내면의 목소리가 들릴 것입니다. 각각의 판단이 들 때 함께 떠오르는 감정을 관찰하세요.

2. 당신이 중요하게 생각하는 영역에서 당신이 얼마나 유능하고 특별해야 하는지 생각해보세요. 실망, 거절, 실패, 수치심이 느껴진다면 당신은 '마땅히 이러해야 한다'라고 생각하는 환상을 가지고 있는 것입니다. 그 환상을 추적해보세요.

말라는 뜻이 아닙니다. 목표 달성을 위한 노력을 강조하고 타인을 배려하며, 우리 모두 이길 때도 있고 질 때도 있으며 인생이 뜻대로 흘러가지 않을 때도 있다는 것을 가르쳐주자는 뜻입니다. 우리 어른도 성공하지 못하거나 원하는 바를 얻지 못할 때 낙담한다는 사실을 알려줌으로써, 아이들을 추켜세워주는 것과는 다른 방식으로 마음을 다독여주어야 합니다. 우리를 자기평가에 중독시키면서 자신의 내면과 타인이 광고하는 외적 모습을 끝없이 비교하게 만드는 소셜 미디어의 유해성을 깨닫게 해주려고 노력하는 방법도 있습니다.

그렇다면 성인인 우리 자신은 어떻게 해야 자기평가와 같은 문화적 영향에서 자유로워질 수 있을까요? 최고가 되어야 한다는 메시지를 예리하게 파악하는 능력을 기르면 큰 도움이 됩니다. 이런 메시지를 더 명확하게 파악할수록 시류에 휩쓸리지 않고 때로는 역행할 기회도 얻을 수 있지요.

이런 영향을 분명하게 파악하면 거기에 휘둘릴 가능성이 줄어듭니다. 그리고 거기에 덜 휘둘릴수록 더 행복하고 자신과 타인 모두에게 더 친절해질 가능성이 큽니다.

평범함 속에서 평안을 찾기

우리 모두가 같은 처지라는 사실을 되새기는 것도 도움이 됩니다. 남들보다 뛰어나야 한다는 고통을 혼자만 겪는 것이 아님을 깨달으면 평균 이상이 되어야 한다는 고통에 시달리지 않게 됩니다. 물론 경쟁에서 이겨야 하는 중요한 일이나 최선을 다해야 하는 상황도 있습니다. 하지만 잘해야 한다는 압박 없이 그저 평범하게 즐기기만 해도 괜찮을 때도 많습니다. 있는 그대로의 자신이 사랑스럽고 가치 있다고 느끼고 자신을 증명해야 한다는 압박에서 벗어나는 것입니다. 주위의 시선에 구애받지 않고 자신에게 정말로 중요한 것에 집중한다면 당신의 삶은 훨씬 나아질 것입니다.

저를 찾아온 환자들은 평범함의 기쁨을 맛보는 연습을 시작한 후로 토요일 밤에 외출하는 대신 수족관을 청소하거나 자녀들과 공놀이를 하고 장거리 달리기, 독서처럼 자신을 돌보는 시간을 가졌습니

자존감 회복 훈련 11

평범함에서 기쁨 찾아보기

있는 그대로의 모습으로도 괜찮은 상황을 알아차리는 연습을 해보면 평범함에서도 기쁨을 찾을 수 있습니다. 주기적으로 아래 연습을 해보세요.

1. 지난 일주일 동안 특히 잘해야 한다는 강박을 느꼈던 활동을 떠올려보세요. 평균 이상이 되려고 노력했거나 스스로 세운 기준에 부응하려고 노력했던 활동은 무엇이었나요?

2. 평범한 사람이라면 그 활동의 결과가 어땠을지 생각해보세요. 자기감정이 일시적으로 나빠지는 것 이상으로 심각한 문제가 있었을까요?

3. 이제 경쟁할 필요가 없거나 기준을 충족할 필요가 없는 활동을 떠올려보세요. 단순히 친구들과 어울리거나 재미 삼아 취미 활동을 하는 시간이 대표적입니다. 그런 활동을 할 때는 더 잘하려는 욕심이 안 들던가요?

4. 마지막으로 아이스크림을 먹거나 영화를 보거나 물놀이를 하면서 시원한 물살을 느낄 때처럼 판단하지 않고 그저 현재를 즐겼던 순간이 있는지 떠올려보세요.

다. 무언가를 증명하려 하지 않고 평범한 일을 즐기는 자유를 누렸지요.

평범함의 기쁨을 느끼면 소셜미디어 중독에서도 벗어날 수 있습니다. 막 마흔이 된 앙투안은 지난 4년간 사귀었던 남자친구와 헤어진 후 온라인 데이트 앱을 시작하면서 자기감정이 크게 요동쳤습니다. 흥미로운 남자가 반응을 보이면 자신이 매력적이라고 느껴졌지만 상대가 연락을 끊으면 친구가 없어 집에 혼자 있을 때와 똑같은 기분이 들었습니다. 전 남자친구가 뭔가 멋진 일을 하고 있다는 글을 올리면 몸이 움츠러들고 사라지고 싶었지요. 자존감이 올라갈 때는 좋았지만 떨어질 때는 끔찍했습니다. '나한테 무슨 문제가 있나?', '어째서 나는 자신감이 없을까?', '다시 사랑받는 기분을 느낄 수 있을까?' 하는 생각이 들었습니다. 그러던 중 앙투안은 자신이 평생 특별함에 중독되어 운동, 직업, 인기 등 거의 모든 면에서 남들보다 낫다는 느낌을 쫓아다녔다는 사실을 깨달았습니다.

그래서 앙투안은 특별해져야 한다는 환상을 버려보기로 했습니다. 친구와 가족에게 자신이 얼마나 불안정한지 알리고 다른 사람들도 자신과 마찬가지로 더 나아지기 위해 애쓰고 있다는 사실을 되새겼습니다. 동시에 '지금 나 자신을 증명할 필요 없이 할 수 있는 활동은 무엇이 있을까?'라고 자문하는 습관을 들였지요. 그렇게 산책하기, 방 정리하기, 저녁 요리하기, 친구에게 전화하기 같은 활동을 하자 마음이 편안해졌고, 데이트 앱에서 자신에게 관심을 보이는 사람이 없을 때 느끼는 두려움이 줄어들었으며, 친구와 가족, 동료, 심지어 낯선 사람에게도 마음을 열고 더 가까워졌습니다. 반드시 승자가 되어야만 만족감이 드는 것은 아니라는 점을 깨달은 덕분입니다.

7장 보여지는 모습에 집착하지 말라

> 우리는 좋아하지도 않는 사람에게 잘 보이기 위해 없는 돈으로 불필요한 물건을 산다.
>
> — 윌 로저스(미국 코미디언)

제가 어렸을 때 아버지는 롱아일랜드 교외에 있는 우리집 진입로에서 제게 이렇게 설명했습니다. "저 차가 캐딜락이야. 남들에게 자신이 저걸 살 만큼 부유하다는 것을 보여주려고 사는 차란다." 아버지는 경제학을 가르치면서 사회과학자의 눈으로 세상을 바라보는 분이었습니다. 그래서 여덟 살에 불과했던 제게 다음과 같이 심도 있는 이야기를 덧붙였습니다. "1899년에 경제학자 소스타인 베블런Thorstein Veblen이 『유한계급론』이라는 책에서 '과시적 소비'라는 용어를 최초로 사용했지. 베블런은 사람들이 물질적 필요를 충족시키기에 충분한 돈을 벌면 다른 사람에게 그럴 능력이 된다는 걸 보여주기 위해 물건을 구매함으로써 사회적 지위를 높이려 한다는 사실을 발견했단다."

수년이 지나서야 다른 아버지들은 초등학생인 아들에게 이런 식으로 말하지 않는다는 사실을 알게 되었습니다. 하지만 저는 아버지의 통찰력에 감사하고 있습니다. 덕분에 온갖 사회적 비교와 자기감정의 변화에 시달리면서도 과시적 소비의 덫에 걸린 적은 없기 때문입니다.

유명 브랜드 운동화, 명품 핸드백, 유행을 선도하는 청바지, 최신형 아이폰, 고급 자동차 등 과시적 소비는 어디에나 존재합니다. 우리 뇌가 그렇게 행동하도록 설계되어 있으며 멋진 모습을 보여주어야 한다는 온갖 광고에 둘러싸여 있기 때문입니다. 그 결과 수백만 명이 높은 지위를 상징하는 제품을 사야 한다는 강박감에 사로잡혀 무리한 소비를 하거나 과도한 노동에 시달립니다.

항공사들이 펼치는 마케팅 정책을 보면 지위에 대한 우리의 관심을 엿볼 수 있습니다. 어느 날 공항에서 비행기 탑승을 기다리는데 일등석 고객부터 탑승시키더군요. 다음으로 '이그제큐티브 플래티넘 플러스', '플래티넘', '골드', '실버' 승객들이 차례로 탑승한 후에야 저를 포함한 다른 일반석 승객들이 탑승할 수 있었습니다. 항공사는 충성도 높은 고객에게 특권의식이라는 지위를 팔고 있는 셈입니다.

우리가 쓸데없는 자랑에 집착하는 이유

과시적 소비는 인간의 보편적인 행태이며 심지어 새들도 그 함정에 자주 빠집니다. 수컷 공작새의 화려한 꼬리 깃털이 대표적입니다.

자존감 회복 훈련 12

과시적 소비 습관에서 벗어나기

소비가 일상화된 현대 사회에서는 도처에서 과시적 소비를 경험하기 쉽습니다. 따라서 소비 습관을 되돌아보면서 과시적 요소들을 하나씩 정리해보면 지출 결정이 자기평가와 얼마나 깊이 연관되어 있는지 알 수 있습니다. 다양한 각도에서 소비 습관을 돌아보고 조명하면서 스스로를 객관적으로 바라보고 평가하는 시간을 가져보세요.

1. 특정한 물건을 소유하거나 어떤 행동을 하면 다른 사람들이 교양이 없다고 생각하거나 너무 사치스럽다고 생각할까 봐 걱정해본 적이 있나요? 무언가를 과시하면서 자랑스러웠거나 부끄러웠던 경험을 떠올려본 다음, 그중에서 감정적으로 가장 큰 영향을 미친 기억을 몇 가지 추려봅니다. 아래 표의 첫 번째 칸에는 당신의 지위나 특권을 과시할 수 있어서 긍정적으로 생각되었던 물건이나 행동을, 두 번째 칸에는 그와 연관된 느낌을, 세 번째 칸에는 그 물건이나 행동이 어떤 자존감 기준과 연관이 있는지 적으세요.

과시적 소비 행동	감정	해당 자존감 영역
1.		
2.		
3.		
4.		
5.		

2. 이번에는 남들에게 자신이 지위에 대한 걱정에서 얼마나 자유로운지 증명하기 위해 했던 선택을 떠올려보세요. 낡은 차를 운전하거나 동네 식당에서 식사하기 등이 있을 것입니다. 두 번째

칸에는 그 행동을 했을 때의 느낌을, 세 번째 칸에는 그 선택과 관련된 자존감 기준을 적으세요.

과시적인 검소한 행동	감정	해당 자존감 영역
1.		
2.		
3.		
4.		
5.		

3. 마지막으로 지위에 대한 우려와 전혀 관련이 없는 선택을 살펴보며 과시욕에서 벗어나는 길을 찾아보세요. 당신이 다른 관심사 때문에 돈을 쓰는 경우는 언제인가요? 미적 아름다움, 유용성 또는 삶을 풍요롭게 해준다는 이유로 행동하는 일은 무엇인가요? 그로 인한 감정은 어땠는지 적으세요.

자존감에 영향을 미치지 않는 구매	그로 인한 감정
1.	
2.	
3.	
4.	
5.	

때로는 한 가지 행동에 대해 긍정적인 감정과 부정적인 감정을 동시에 느낄 수도 있습니다. 어딘가를 여행한 것이 멋지고 세련된 일이라고 생각하면서 동시에 특권을 누리고 있다는 사실에 부끄러움을 느끼는 것처럼 말입니다. 이처럼 자신의 과시적 소비 또는 검소함을 더 명확하게 볼수록 그 영향력은 줄어들고 물건을 사거나 사지 않을 합리적인 이유에 집중할 수 있게 됩니다.

꼬리 깃털을 크게 키우려면 상당한 생물학적 자원이 필요하고 움직일 때도 불편하며 포식자의 눈에도 잘 띕니다. 그런데 왜 수컷 공작새들은 큰 꼬리 깃털을 갖도록 진화했을까요? 암컷 공작새들에게 '나는 매우 강하고 건강해서 이 모든 자원을 꼬리 깃발에 쏟아부어도 살아남을 수 있다'라는 신호를 보내기 위함입니다. 전형적인 과시적 소비의 행태이지요. 또한 네게브 사막에 서식하는 회색 때까치 수컷들은 번식기가 찾아올 무렵이 되면 달팽이 같은 먹잇감과 깃털, 천 조각 같은 것들을 100여 개쯤 물어와서 자기 영역 안의 나뭇가지에 매달아 부를 과시합니다. 암컷들은 수집품을 훑어보며 가장 인상적인 물건을 가지고 있는 수컷을 선택하지요.

공작새나 회색 때까치와 마찬가지로 물질적인 과시를 통해 사회적 지위를 드러내고자 하는 우리의 욕구는 진화의 자연스러운 결과입니다. 번식 가능성을 높이려는 암컷은 과시하는 수컷에게 끌립니다. 따라서 과거 주로 남성이었던 어부들은 자신이 잡은 물고기가 얼마나 큰지, 농부들은 얼마나 큰 채소를 수확했는지, 사냥꾼은 얼마나 큰 동물을 잡았는지 자랑합니다. 과거에 비해 성평등이 증가했지만 그러한 집착은 크게 달라지지 않았습니다. 글래스고대학교에서 36개국 3천 여 명을 대상으로 한 최근 연구에서 여성들은 여전히 배우자를 고를 때 경제적 전망을 더 중시하고 남성들은 여성의 외모를 더 중시하는 것으로 나타났습니다. 여성의 소득 능력이 큰 성평등 사회에서도 말입니다.

게다가 어부, 농부, 사냥꾼들은 생존에 꼭 필요한 자원을 제공할 수 있다는 점을 과시했지만 현대의 지위 상징 중 다수는 공작새의 깃털처럼 쓸모없고 희귀하며 낭비에 불과한 것들입니다. 부유하거나 힘 있는 사람들만 그런 자원을 쓸 수 있다는 바로 그 이유에서 지위나 능력의 과시가 되지요.

제 친구 구스타보의 이야기를 잠시 해보겠습니다. 구스타보는 노동자 계층 출신으로 어릴 때는 과체중이어서 콤플렉스에 시달렸습니다. 30대가 되어 돈을 벌기 시작하자 그는 비싼 옷을 사고 스포츠카를 구입하고 유명 인사를 친구로 사귀기도 했습니다. 하지만 어느 것도 그의 부족한 느낌을 채워주지 못했지요. "저는 계속 화려한 물건과 멋진 휴가를 원했습니다. 월급의 3분의 1을 신용카드 이자로 내고 나서야 지출을 줄여야 한다는 걸 깨달았어요. 제가 바보처럼 느껴졌죠." 구스타보가 마흔이 되었을 때 행운이 찾아왔습니다. 그는 매력적이고 마음을 중시하는 여성과 교제하게 되었고 그녀의 격려로 명상을 시작하면서 자신의 감정에 더 가까이 다가갈 수 있었습니다. 처음에는 쉽지 않았습니다. "어렸을 때 느꼈던 슬픔과 수치심이 너무 많이 남아 있었어요. 가난해서 부끄러웠는데 뚱뚱하기까지 했죠." 그는 지위 상징으로 고통을 없애려는 노력을 멈추고 현재에 온전히 집중하는 법을 배우기 시작했습니다. "난생처음으로 밖에서 지저귀는 새소리, 친구들과의 저녁 식사, 집에서 요리하기 같은 소소한 것들에 감사하게 됐어요. 과시의 덫에 빠진 제가 바보처럼 느껴졌지요."

우리 모두가 간소한 삶을 살아야만 만족감을 느낄 수 있다는 뜻은 아닙니다. 하지만 우리가 구매하는 물건과 우리가 선택하는 삶의 방식을 신중하게 살펴보면 타인의 호감이나 자아상에 휘둘리지 않고 행동하는 데 도움이 됩니다.

반면에 과시적 소비의 위계적 특성에 불편함을 느끼고 오히려 다른 방식으로 과시하는 경우도 있습니다. 값비싼 브랜드가 아니라 실용적인 옷을 오랫동안 입고 고급스럽지 않은 자동차를 운전하고 고급 식당에서 식사하거나 비싼 호텔에 묵으려 하지 않는 것입니다. 이른바 과시적 검소함이지요. 하지만 이 역시 우리를 사회적 비교의 함정에 빠뜨리기는 마찬가지입니다. 따라서 단순히 지출의 많고 적음보다는 행위의 과시적 측면에 집중해서 자신을 돌아보는 것이 좋습니다.

열등감을 솔직하게 인정하라

사회심리학자들에 따르면 우리는 다른 사람을 만난 지 몇 분 안에 상대의 사회 계층, 즉 어떤 환경에서 나고 자랐는지 등을 판단한다고 합니다. 물론 기준은 시대와 장소에 따라 조금씩 달라집니다. 예를 들어 100년 전에는 부유한 백인들이 들판에서 일할 필요가 없다는 것을 보여주기 위해 새하얀 피부를 중요하게 여겼지만 요즘은 야외에서 여가를 보낼 정도로 여유가 있다는 신호를 보내기 위해 일부러 피부를 태우지요. 과거에 근육이 발달된 몸은 곧 노동 계급이라는 의미였지만 지금은 운동할 시간과 자원, 절제력이 있다는 뜻으로 통합니다. 사회 계층은 당신의 자아상과 사회적 비교에 어떤 영향을 미치나요?

자존감 회복 훈련 13

출신에 대한 감정 떨쳐내기

현실적인 성장 환경의 차이를 없앨 수는 없지만, 계층에 대한 우리의 판단이 자아상에 어떤 영향을 미치는지 알면 그 영향을 최소화할 수 있습니다. 자신의 경험을 돌아보면서 과거 느꼈던 감정을 탐구해보면 출신에 대한 우월감 또는 열등감이 완화되면서 다른 사람과 어울리기가 더욱 쉬워질 것입니다.

1. 자신의 경제적 또는 사회적 계층을 처음으로 의식하게 된 순간, 즉 다른 사람들이 당신이나 당신의 가족보다 가진 것이 더 많거나 더 적다는 사실을 처음 알게 된 순간을 떠올려보세요. 그때 어떤 감정을 느꼈나요?

2. 이번에는 평소에 사회 계층적으로 자신이 다른 사람보다 우월하거나 열등하다고 느꼈던 순간과 그때의 감정을 돌아보세요. 참고로 저는 제 계층이 더 높을 때는 죄책감을 느끼면서 상대가 저를 질투하지 않을까 두려웠고, 제 계층이 더 낮을 때는 무시당할까 봐 걱정했지요.

3. 이제 다른 사람 앞에서 당신의 사회 계층을 숨기거나 왜곡하기 위해 취했던 행동이나 언어적, 비언어적 신호들을 떠올려보세요. 자신의 지위를 말하지 않으려고 애쓰거나 자신과 어울리지 않는다고 느낀 자리에서 자연스럽게 행동하려고 노력했던 일 등이겠지요.

4. 당신과 하나 이상의 정체성을 공유하는 사람들과 교류하면서 그 정체성과 관련해 사회에서 받은 메시지나 느낌을 함께 탐구해보세요. 스스로가 남들보다 우월하다거나 열등하다는 사고방식에서 벗어나는 데 도움이 될 것입니다.

사회 계층에 대한 고민에 갇혀 있으면 불필요한 고통이 많이 초래됩니다. 저는 경제적으로 불우한 가정에서 성장했지만 교육이나 사업의 성공을 통해 더 부유한 사람들 사이에서 살게 된 환자들을 많이 만났습니다. 자신이 거기에 어울리지 않는다는 열등감에 시달리며 고통을 느끼는 사람이 정말 많았지요.

고등학교만 졸업한 부모님 아래서 자랐지만 학업에 재능을 보여 지금은 대학교에서 행정가로 일하는 조의 사례를 보겠습니다. 조는 자신이 하는 일을 좋아했지만 사회적으로는 늘 위화감을 느꼈습니다. 그가 속한 사회의 다른 일원들, 즉 교수나 동료 행정가, 학생들은 대체로 부유한 계층 출신이었기 때문이지요. 그는 주위 사람들이 자신은 모르는 주제에 관해 이야기를 하거나 자신이 그들과 다르게 행동할 때마다 그 사실을 의식하면서 매번 부끄러움을 느꼈습니다. 그리고 사람들이 자신의 출신을 알면 자신을 무시할 것이라고 상상했지요. 그러던 중 조는 한 동료에게 이 마음을 고백했습니다. "우리 아버지는 목수였고 우리 가족 중에 대학을 졸업한 사람은 저밖에 없어요. 저는 행정직원들보다 시설관리팀 직원들과 있을 때 더 편해요." 그 말을 입 밖으로 꺼내면서 그의 생각이 바뀌었습니다. '그래, 나는 예전 동네가 좋아. 옷도 원하는 대로 입고 말도 마음대로 할 수 있잖아. 직업이 뭔지 아무도 신경 쓰지 않고 이웃이면 바비큐 파티에 부르지.' 여전히 이질감을 느끼긴 했지만 조는 그후 직장에서 더 편안해졌고 더 이상 열등감을 느끼지 않게 되었습니다.

조처럼 자신의 출신 배경 때문에 고민하다가 자유로워진 환자들은 자신의 불편함을 인정하는 것부터 시작했습니다. "저는 글쓰기가 싫어요. 단어를 잘못 골라 쓸까 봐 두렵거든요"라든가 "사람들이 제가 들어본 적 없는 책이나 연극 이야기를 하면 견딜 수가 없어요"처럼 말입니다. 또한 "그 단어를 지금까지 한 번도 들어본 적이 없었어요"나 "제 부모님은 극장에 가본 적이 없는 것 같아요"와 같이 부족하게 느껴지는 자신의 배경을 더 솔직하게 인정할 때 기분이 나아지는 경우가 많았습니다. 물론 사회 계층, 인종, 민족, 성별, 국적, 성적 지향 같은 문제로 경멸적인 발언이나 미묘한 차별을 경험할 때는 자신의 배경이나 정체성을 불편하게 느낄 수밖에 없습니다. 그럴 때는 "노동자 계층을 그렇게 이야기하면 제가 폄하되는 기분이 들어요" 혹은 "그건 저를 불편하게 만드는 발언이네요"와 같은 식으로 문제를 지적해보세요.

한편 현대 사회에서는 바쁘다는 불평이 일종의 자랑처럼 통합니다. 몇 년 전 태국의 한 인류학자가 미국인 동료에게 편지를 보내면서 '매우 바쁘시길 바랍니다'라는 말로 끝맺었다고 합니다. 당황한 미국인이 전화를 걸어 무슨 뜻이냐고 묻자 태국인이 이렇게 설명했지요. "미국에서는 바쁘다는 것이 사회적 지위를 나타내는 것 같더군요. 환자는 의사를 기다리고, 변호사는 판사를 기다리고, 부사장은 CEO를 기다리죠. 당신이 높은 지위에 오르기를 바란다는 덕담이었습니다." 좀 과장하면 "잘 지내시죠?" 하는 질문에 "잘 지내고는 있는데 TV 인터뷰나 세계적인 리더들과 회의가 많아서 가족 얼굴을 볼 시간이 부족하네요"처럼 대답하는 식이라는 겁니다.

저 역시 이 함정에 자주 빠집니다. 기회를 놓칠까 봐 두려워서 업무 관련 약속을 너무 많이 잡거든요. 이는 자기평가의 하락을 막는 데 상당히 효과적입니다. 게다가 업무를 처리하느라 스트레스를 받고 일상적인 집안일을 처리할 시간이 없을 때면 마치 중요한 사람이 된 것 같은 기분이 듭니다. 물론 일시적이지요. 실망스러운 일이 닥치면 바로 무너지고, 그 바쁜 일정 때문에 가족이나 친구들과 충분한 시간을 보내지 못했다는 사실을 깨닫게 됩니다.

바쁘니까 중요한 사람이 된 것 같은 기분을 느낀 적이 있나요? 한가할 때 긴요하지 않거나 덜 중요한 사람처럼 느껴졌던 적은요? 이러한 패턴에 유념하면 꼭 필요하지 않은 약속을 거절하기가 더 쉬워지고 여유를 누릴 수 있습니다. 그러면 작은 일에도 감사하는 마음이 커지고 주변 사람과의 관계가 더욱 돈독해지며 새로운 경험에 열린 마음을 가질 수 있게 됩니다.

최신 유행이라는 함정을 피하는 법

패션 유행은 너무도 자주 바뀌어서 배우들이 입은 옷만 보고도 언제 적 영화인지 바로 가늠할 수 있을 정도입니다. 우리도 상황에 맞는 옷을 찾는 데 상당한 시간과 돈을 쏟아붓지요. 옷은 우리가 서로에게 어떻게 보이고 싶어 하는지와 많은 관련이 있기 때문입니다. 우리는 성적인 상대를 유혹하고 잠재 고객이나 고용주에게 깊은 인상을 남기고자 옷을 고릅니다. 소수자 집단에서는 핍박을 피하기 위해서 특정한 옷을 피하는 일도 있습니다. 일상에서도 유행을 따르지 않으면 경제적으로 여유롭지 못하거나 집단의 일원이 아니라는 신호로 받아들여집니다. 유행에 뒤처진 것 같거나 다른 사람들이 나를 어떻게 평가할지 걱정되어 옷을 고르면서 불안감을 느낀 적이 있나요? 옷차림이 상황에 맞지 않게 너무 과하거나 부족한 건 아닌지 걱정한 적이 있나요? 바로 그 불안감을 노리고 패션 컨설턴트들은 옷차림에 신경 쓰지 않으면 무안을 당할 것이라고 겁을 줍니다.

유행에 민감한 트렌드세터, 이른바 '힙스터'들을 예로 들어볼까요? 그들은 낙후된 동네에 살고 이상한 음식을 먹으며 남들이 조잡하다고 생각하는 옷을 입습니다. 겉으로 보기에 사회적 지위를 높여주는 방법처럼 보이지 않지요. 하지만 하버드대학교의 심리학자 스티븐 핑커Steven Pinker의 통찰에 따르면 꼭 그렇지도 않습니다.

> 중산층은 더 낮은 계층으로 오인받을 위험 때문에 하류층 스타일을 피한다. 하지만 상류층은 그런 중산층과 차별화하기 위해 하류층의 스타일을 적극적으로 채택한다. 상류층이 새로운 형태의 파격을 찾아 유행을 퍼뜨리면서 스타일은 아래 계층으로 흘러간다.

핵심은 우리 중 누구도 이런 걱정에서 자유롭지 못하다는 것입니다. 우리가 입는 옷, 사는 곳, 먹는 음식 등 사실상 우리가 하는 모든 일은 어느 정도 지위를 나타냅니다. 이를 완전히 초월할 수 있을지도 의문입니다. 수도승과 수녀들은 복장을 표준화하여 어느 정도 자유를 얻고 아이들에게는 교복을 입혀서 경제적으로나 심리적으로 도움을 주지만 그밖에도 계층을 알리는 신호를 보낼 기회는 많습니다.

그렇다면 옷이나 외모에 대한 과한 집착에서 벗어나려면 어떻게 해야 할까요? 한 가지 방법은 외모로 자신이나 다른 사람을 판단하는 자신을 발견할 때마다 이를 알아차리고, 외적인 모습에 상관없이 우리 모두가 크게 다를 바 없는 존재라는 사실을 상기하는 것입니다. 공공장소에서 다른 사람의 계층 신호에 스스로 어떻게 반응하는지 주의 깊게 살펴보세요. 누군가의 외모를 보고 무심코 '안전한 사람 같아', '점잖네', '중요한 사람 같아' 같은 긍정적인 판단을 내리거나 반대로 '위험한 사람이야', '역겹다' 같은 부정적인 판단을 내릴 때면, 그 사람도 당신과 마찬가지로 희망과 꿈, 성공과 실패, 기쁨과 슬픔을 가진 사람이라는 사실을 떠올려보세요.

때로는 일부러 부정적인 평가를 받는 위험을 감수해보는 것도 도움이 됩니다. 피트는 중학생 때 여드름이 많아 친구들에게 놀림을 받았던 경험 때문에 늘 유행하는 옷을 입고 흠잡을 데 없이 단장하고 다녔습니다. 하지만 중년이 되어 여드름이 사라진 지 오래인데도 여전히 멋진 옷을 사고 매일 아침 거울 앞에서 관리하고 노력하느라 스트레스를 받았습니다. 몸을 단장하느라 아침 식사를 할 시간도 없어서 가족에게 인사도 제대로 하지 못하고 늘 서둘러 출근했지요. 이 굴레에서 벗어나고 싶었던 피트는 한 가지 실험을 해보기로 합니다. 쉬는 날 일부러 면도도 하지 않고 머리도 빗지 않은 채 낡은 옷을 입고 외출한 것입니다. 처음에는 사람들이 어떻게 생각할지 불안했지만 얼마 지나지 않아 그런 건 별로 중요하지 않다는 사실을 깨달았습니다. 후줄근하다고 가게에서 쫓겨나는 일도 없었으며 다른 사람들 모두가 자기 생각에 빠져 남들의 외양을 관심 깊게 보지 않았던 것입니다. 이 경험 덕분에 피트는 외모 관리에 덜 까다로워졌고 가족과 더 많은 시간을 보낼 수 있었습니다.

사소한 일에도 품위가 있다

샌디에이고 주립대학교 심리학과 교수 진 트웽이Jean M. Twenge와 조지아대학교 심리학과 교수 키스 캠벨W. Keith Campbell의 연구에 따르면 1982년 미국의 CEO들은 평균적으로 근로자들보다 소득이 42배 높았다고 합니다. 그런데 2021년 기사에 따르면 JP모건체이스의 CEO는 일반 직원보다 395배나 많은 급여를 받았다고 하더군요. 이처럼 소득 격차가 큰 사회일수록 구성원들 간의 사회적 거리감이 더 커지고 출신 계층이 일상에서 더 큰 영향력을 발휘하는 것으로 밝혀졌습니다. 다시 말해 불평등이 심해질수록 우리는 다른 사람과 자신이 크게 다를 바 없는 존재라는 사실을 깨닫지 못하고 사회적으로 자신이 어느 계층에 속해 있는지 드러낼 필요성을 더 많이 느낍니다. 그 결과 구성원들 간에도 유대감을 잘 느끼지 못하고 지위를 나타내는 상징이 아주 중요해지지요.

개인주의가 덜한 문화에서는 상황이 다를 수 있습니다. 몇 년 전 제가 일본 교토의 기차역을 방문했을 때의 일입니다. 깔끔하게 다린 흰색 유니폼을 입은 남자가 흰색 공구 가방을 들고 나타나 에스컬레이터 손잡이를 청소하기 시작했습니다. 저는 에스컬레이터 손잡이를 전문적으로 청소하는 사람을 그날 처음 보았습니다. 그는 자기 일을 귀하게 여기는 것처럼 보였고 실제로 그 일을 제대로 해내는 데 전념했습니다. 이런 태도에서 분명히 배울 점이 있습니다.

학부모회에서 자원봉사를 하면서 복잡한 감정을 경험한 달리아의 사례를 보겠습니다. 아이들이 다니는 학교의 일을 돕는 것은 좋았지

> **자존감 회복 훈련 14**

작은 일에서 보람 찾아보기

화장실 청소, 서류 정리, 양식 작성 등 특별히 화려하지 않은 일을 할 때면 자신이 다른 사람들보다 못난 사람 같아서 억울하게 느껴질 때는 없었나요? 그럴 때 생각을 전환할 수 있는 효과적인 방법을 살펴보겠습니다.

1. 대단치 않아서 하기 싫거나 자신이 보잘것없는 사람처럼 느껴지는 일을 하기에 앞서, 먼저 마음챙김 명상으로 생각과 감정을 가라앉힙니다.

2. 일을 할 때 느껴지는 감각에 주의를 기울이세요. 설거지라면 손에 닿는 비눗물의 감각에, 쓰레기 줍기라면 몸을 구부리고 주울 때의 신체 감각을 느껴봅니다.

3. 이 일의 목적이 무엇인지, 어떻게 공공의 이익에 기여하고 있는지 생각해보세요. 지금 하는 일이 당신의 가치나 지위를 결정한다고 생각하는 대신, 현재 당신의 일과 역할이 가족이나 공동체를 위해 어떤 도움을 주고 있는지 초점을 바꾸어 생각해보세요. 그러면 사소한 일도 아주 다르게 느껴질 것입니다.

만 하는 일이 대부분 시시했기 때문에 달리아는 매번 '내가 봉투에 편지나 넣으려고 대학원에 다닌 건 아닌데', '프라이팬을 닦는 데 내 시간을 쓰면 안 되지' 같은 고민에 시달렸습니다. 자신처럼 전업주부가 아니라 직장을 다니는 다른 학부모들은 이런 허드렛일을 하지 않을 거라는 박탈감도 들었지요. 하지만 곧 이것이 자신의 선택이었고 공동체를 위해 봉사할 수 있는 시간이 있으니 행운이라고 생각을 바꾸었습니다. 그리고 당면한 과업에 더 온전히 몰두하려고 노력했지요. 자신에게 가장 중요한 것이 무엇인지 떠올리면서 자신의 가치관을 따르기로 했습니다. "냄비를 정성껏 닦는 데 집중했어요. 그리고 이렇게 되뇌었죠. '중요한 건 내 아이들과 지역사회를 돕는 거야. 그렇게 특별해 보이지 않아도 괜찮아.'"

경쟁 본능에서 자유로워지는 길

경제적 불평등이 커지면 물질적 성공에 대한 관심도 높아집니다. 그 일환으로 근래에는 사람들이 쇼핑한 물건을 자랑하는 '하울' 영상이 소셜미디어에서 큰 인기를 얻고 있지요. 실제로 18~23세의 미국인을 대상으로 한 설문조사에서 91퍼센트는 대량 소비 풍조에 문제가 없거나 경미하다고 답했습니다. 또 다른 연구에서는 십 대 소녀의 93퍼센트가 가장 좋아하는 활동으로 쇼핑을 꼽았습니다.

하지만 진정으로 행복해지고 싶다면 이런 추세에 맞서야 합니다. 물질주의에 관한 연구로 유명한 녹스칼리지 심리학 교수 팀 카서Tim Kasser는 물질적 가치에 집중할수록 다른 사람들과 갈등이 심해지고 사회적 비교를 더 많이 하며 타인에 대한 동정심이 감소한다고 경고합니다. 신체 건강이 나빠질 뿐만 아니라 기쁨, 열정, 감사, 마음의 평화 같은 긍정적인 감정도 줄어듭니다. 불안감과 우울감이 높아져 두통과 위장 장애에 시달리고 활력이 떨어지며 술과 담배 의존도가 높아지고 TV도 더 많이 보게 됩니다.

다시 말해 남들보다 열등하다는 감정은 고통을 부릅니다. 이를 증명하는 흥미로운 연구 결과도 있습니다. 하버드 공중보건대학원 교수 데이비드 헤멘웨이David Hemenway가 이끌었던 연구에 따르면 가난한 사회에 살고 있어서 지금보다 생활 수준이 낮아도 그 안에서는 부유층에 속한다면 어떻겠느냐고 묻자, 소득이 절반으로 줄어도 남들보다 잘사는 거라면 괜찮다고 대답한 피험자가 50퍼센트에 달했다고 합니다. 또한 러시아에 전해 내려오는 이야기에 따르면 염소를 기르는 이웃이 있는 남자가 지니를 만나자 이렇게 소원을 빌었다고 합니다. "이웃집 염소를 죽여주세요."

우리는 어떻게 해야 이런 본성에서 자유로워질 수 있을까요? 그 답은 우리 인간과 유전적으로 매우 가까운 침팬지와 보노보의 행동 연구를 통해 짐작해볼 수 있습니다. 침팬지 무리는 엄격한 위계질서에 따라 몸집이 크고 힘이 강한 우두머리 수컷이 이끌며, 우두머리는 희소 자원에 접근할 권한을 갖습니다. 영장류학자 프란스 드 발Frans de Waal과 프란스 란팅Frans Lanting은 침팬지 무리의 서열 관계에 관해 다음과 같이 설명합니다.

> 침팬지는 정교한 의식을 통해 한 개체가 다른 개체에게 자신의 지위를 전달한다. 특히 성체 수컷들 사이에서는 한 수컷은 말 그대로 끙끙거리며 흙바닥을 기는 반면, 다른 수컷은 두 발로 서서 가볍게 위협하는 행동을 보여주며 누구의 지위가 높은지 명확히 한다.

하지만 보노보는 다릅니다. 보노보는 이웃 집단 간의 갈등이 적고

자존감 회복 훈련 15

비교하는 습관을 버리기

우리는 숲속을 산책할 때 나무의 모양을 비교하거나 평가하지 않고 있는 그대로를 감상합니다. 하지만 같은 인간 사이에 있으면 이런 관점을 잃고 자신과 타인을 비교하며 좋고 나쁨, 우월함과 열등함을 판단합니다. 하버드대학교의 교수직을 버리고 수행을 위해 인도로 떠난 실험심리학자이자 위대한 스승 람 다스Ram Dass의 가르침을 따르면 이런 지위 판단에서 자유로워지는 힌트를 얻을 수 있습니다.

1. 잠시 눈을 감고 호흡에 주의를 기울이세요. 마음이 안정되면 숲속을 산책할 때 경험한 경치, 소리, 냄새를 떠올려보세요. 아마 동식물의 외양이나 좋고 나쁨을 판단하지 않고 다양성을 그대로 받아들였을 것입니다. 그때의 평정심을 느껴보세요.

2. 우리 모두가 숲속의 나무와 얼마나 비슷한지 생각해보세요. 무작위적인 출생, 유전, 문화적 영향, 행운과 불운이 우리를 지금의 모습으로 만든 것일 뿐 우리의 모습과 행동이 누군가의 공로나 과실이 아니라는 점을 되새겨보세요.

3. 하루종일 이런 태도를 유지하도록 노력해봅시다. 무언가를 판단하려는 생각이 떠오를 때마다 이렇게 자문해보세요. "내가 숲속의 나무도 이런 식으로 판단할까?"

암컷도 수컷만큼 중요하며 지배 서열이 훨씬 덜 두드러집니다. 성행위도 대단히 좋아해서 나이와 성별에 관계없이 서로 성기를 애무해주고 갈등이 일어날 수 있는 상황에서 긴장을 완화하기 위해서도 성행위를 합니다. 드 발은 "성행위는 보노보 사회의 접착제"라고 표현했지요. 특히 먹이를 먹는 시간에 성행위에 매우 열심인데 이는 갈등을 피하는 데 도움이 되는 것으로 보입니다. 당연히 보노보가 침팬지보다 협동 작업을 훨씬 더 잘합니다.

인간의 행동 패턴은 침팬지보다 보노보와 더 유사합니다. 좋은 소식이지요. 스스로 지위 신호를 덜 내보내고 타인을 판단하지 않으며 다른 사람과 자신의 공통점을 발견하는 연습을 반복하면 행복한 보노보처럼 경쟁을 상호 교류로 대체할 수 있습니다. 사회적 비교의 폭압과 강박에서 벗어나 타인과 더 잘 어울리고 스트레스와 피로, 불행에서 자유로워질 수 있습니다. 자신이 평소 어떤 판단을 내리고 있는지 충분히 주의를 기울인다면 자신에게 가장 큰 영향을 미치는 판단 요소를 알아차리고 대처하는 데 도움이 됩니다.

하지만 이런 판단을 내려놓기는 쉽지 않습니다. 남들보다 우월하다는 감정을 포함해 자신에 대한 긍정적 감정에 중독되기 쉽기 때문이지요. 다음 장에서 이러한 긍정적 감정 중독에서 벗어나는 방법을 알아보겠습니다.

8장
우리가 소셜미디어를 끊지 못하는 이유

담배를 끊기는 쉽다.
나는 수백 번도 넘게 끊었다.

— 마크 트웨인(작가)

바다 민달팽이를 본 적이 있나요? 이름은 같은 민달팽이이지만 육지에서 볼 수 있는 껍데기 없는 거대한 달팽이와는 다른 동물로, 형형색색으로 예쁘게 생긴 종도 많습니다. 하지만 그다지 똑똑하지는 않지요. 인간의 신경세포는 약 1천억 개인데 바다 민달팽이의 신경세포는 고작 2만 개 정도이니 말입니다. 그렇지만 중독이 가능할 만큼은 똑똑하지요.

유기체의 중독 능력은 기본적인 학습 원리에 기반을 두고 있어서 어떤 경험을 다른 경험보다 더 좋아하는 것에서 시작됩니다. 하지만 중독이 발생하려면 한 가지 능력이 더 필요합니다. 바로 기억입니다. '지난번에 그 일을 했을 때 기분이 좋았거나 나빴다'라고 기억할 수 있어야 합니다. 다만 단순한 습관과 중독은 다릅니다. 단기적으로는 기분이 좋지만 장기적으로는 나쁜 경우에 중독으로 분류됩니다.

자존감 향상은 중독 패턴에 완벽하게 부합합니다. 소셜미디어에서 '좋아요'를 받거나, 새 차를 사거나, 응원하는 팀이 이기거나, 사랑에 빠지거나, 자신이 좋은 사람처럼 생각되면 잠깐은 기분이 좋습니다. 하지만 곧 새로운 지위에 익숙해져서 그보다 아래로 떨어지지 않으려고 애쓰다 지치게 됩니다. 이러한 사태를 피하려면 어떻게 해야 할까요? 당연히 자존감을 더 올리면 됩니다! 무한히 말이지요.

자존감 중독에서 벗어나려면 먼저 우리가 불만족스러운 느낌을 피하기 위해 무심코 하는 생각이나 행동을 인지해야 합니다. 그다음 지금의 자신에게 만족감을 느끼는 법을 찾아야 하지요. 지금까지 살펴본 것처럼 말입니다. 이제 다음 단계로 넘어가보겠습니다. 바로 중독이 무엇인지 이해하고 자신을 비판하는 습관을 고치는 것입니다.

중독의 신경생물학적 메커니즘

본격적인 논의에 앞서 우리가 무언가에 중독되는 과정과 원리를 살펴보겠습니다. 중독은 단순히 정신적인 경험이 아니라 우리의 신체에서 물리적으로 발생하는 현상입니다. 동물 학습의 기본 원리에서부터 시작해볼까요? 동물은 어떤 행동 뒤에 즐거움을 경험하면 그 행동을 반복하고 불쾌함을 경험하면 그 행동을 피합니다. 이 사실이 밝혀진 지 100년은 족히 넘었지요. 정교한 인지 능력을 지닌 호모사피엔스, 즉 '슬기로운 인간'인 우리도 마찬가지입니다. 우리는 다른 동물과 마찬가지로 학습 원리에 따라 온갖 행동을 하도록 조건화될 수 있으며 이를 알아채지 못할 때도 많습니다. 따지고 보면 우리는 그렇게까지 슬기롭지는 않은 것 같습니다.

간단히 말하자면 어떤 느낌이 다른 느낌보다 훨씬 더 좋은 상황이 중독을 불러옵니다. 과학자들은 중독이 신경생물학적으로 어떻게 작용하는지 수십 년 동안 연구해왔습니다. 대단히 오래전인 1950년대에 맥길대학교의 심리학자 제임스 올즈James Olds와 신경과학자 피터 밀너Peter Milner는 쥐의 뇌에 전극을 심고 실험하던 중 뇌 깊숙한 곳에 있는 중격 영역이 쾌락을 담당한다는 사실을 발견했습니다. 이 영역에 전극을 심고 쥐가 레버를 누르면 이 부위로 약한 전류가 흐르게 하자, 쥐들이 그로 인한 쾌감 덕분에 금방 레버 누르는 법을 학습해서 시간당 2천 번까지도 눌러댔기 때문입니다. 이 자기자극self-stimulation에 대한 갈망이 너무 커서 쥐들이 먹이도 먹지 않고 레버를 누르는 바람에 굶어 죽지 않도록 강제로 장치에서 분리해야 할 정도였습니다.

이후 연애부터 마약에 이르기까지 모든 중독 행동에는 신경전달물질인 도파민이 관여한다는 사실이 추가로 밝혀졌습니다. 도파민이 분비되는 경로는 여러 가지가 있는데 그중 하나가 뇌의 중격 영역에 있는 기댐핵으로 향합니다. 보상 중추인 기댐핵은 음식이나 섹스, 자존감 상승 등으로 인한 긍정적 감정에 의해서도 활성화되지요. 즉 쾌락을 느끼기 위해 한없이 레버를 당기는 쥐처럼 우리 인간도 같은 원리로 중독 행동을 반복하는 것입니다.

남보다 뛰어나지 않아도
호감을 사는 사람의 비밀

긍정적인 감정을 불러일으키는 것이라면 무엇이든 중독을 불러올 수 있습니다. 특히 강력한 촉진제는 호감과 칭찬, 존경입니다. 앞에서 살펴본 것처럼 다른 사람들이 우리를 높이 평가해주었으면 하는 욕구는 생물학적 반응에 뿌리를 두고 있습니다. 우리는 생존을 위해 다른 사람에게 받아들여지기를 갈구하도록 진화했기 때문입니다. 그러므로 다른 사람에게 잘 보이고 사랑받고 싶은 갈망은 아주 일찍부터 시작되지요. 아이들은 4세 무렵이면 또래 중에 가장 인기 있는 아이를 확실하게 식별할 수 있습니다. 고등학생이 되면 인기에 따라 무리 지어 앉고 다른 아이들과는 말도 섞지 않습니다. 최근 이 또래의 학생이 제게 이렇게 말하더군요. "인기가 있으면 누구와도 사귈 수 있어요. 정말 기분 좋죠."

사회심리학자들에 따르면 인기를 얻는 방법에는 두 가지가 있습니다. 첫째는 지위와 관련된 것으로, 권력을 얻거나 뛰어나서 모방의 대상이 되거나 집단에 중요한 자질을 갖추는 방법입니다. 어린아이들 집단에서는 운동에 재능이 있거나 예쁘거나 웃기거나 배짱이 있거나 똑똑한 아이가 인기가 많지요. 청소년이 되면 섹시함, 대담함, 성 경험, 지위가 높은 여학생이나 남학생과 사귀기, 리더 역할이 추가됩니다. 둘째는 호감 가는 사람이 되는 것입니다. 친절하고 신뢰할 수 있으며 함께 있으면 즐거운 사람이 되는 것이지요. 이런 사람들은 다른 사람들과 잘 교류하고 유머 감각이 있으며 공정하고 예의 바르며 참을성이 있습니다. 대체로 행복하고 나눔에 능숙하지요.

연구에 따르면 첫 번째 방법으로 인기를 추구하는 사람들, 즉 명성, 권력, 부, 아름다움 같은 외적 보상을 중시하는 사람들은 불안, 우울, 불만과 같은 장기적인 고통을 더 많이 겪는다고 합니다. 반면 친밀하고 배려하며 개인적인 성장을 추구하면서 타인을 돕는, 즉 내적 보상 및 호감과 관련된 자질을 추구하는 두 번째 부류의 사람들은 감정적으로 더 행복하고 신체적으로 더 건강했습니다. 다시 말해서 다른 사람들과 진정한 관계를 구축한다면 다른 사람들보다 더 뛰어나지 않아도 인기를 얻을 수 있습니다.

문제는 우리가 소셜미디어라는 엄청나게 강력하고 극도로 중독적인 수단을 쓸 수 있게 되었다는 점입니다. 전통적 수단과 달리 짧은 시간 안에 엄청난 효과를 얻을 수 있지만 장기적으로는 우리를 비참하게 만드는 방법 말입니다.

페이스북의 탄생 신화는 유명합니다. 2000년대 초에 하버드대학교의 어느 2학년생이 페이스매시Facemash라는 웹사이트를 개설했습니다. 그는 대학 컴퓨터 시스템에 등록된 학부생들의 사진을 사용하여 두 장씩 매칭하고 그중 '더 섹시한' 사람을 선택하게 했습니다. 개설된 지 4시간 만에 450명이 이 웹사이트를 방문했고 조회수는 2만 2천 회에 달했습니다. 며칠 뒤 하버드대학교 교무처는 이 웹사이트를 폐쇄하고 개발자인 마크 저커버그의 징계 절차에 들어갔습니다. 저커버그는 이 일로 거의 퇴학당할 뻔했지요.

소셜미디어는 우리를 서로 연결해주는 장점이 있지만 한편으로는 우리의 자기감정에 영향을 미쳐서 대단히 중독성이 강하다는 단점도 있습니다. 약 36억 명의 사람들이 페이스북, 인스타그램, 유튜브에 올라온 다른 사람의 게시물에 '좋아요'를 누르며 몇 시간을 보내고는 합니다. 저커버그는 사람들이 '좋아요'를 받는 데 금방 중독될 것이며 이것이 수십억 달러 규모의 사업으로 이어질 수 있다는 사실을 일찌감치 알아차린 사람이지요.

소셜미디어 사용 경험은 실험실에서 재현하기가 매우 쉬워서 사용자의 뇌 활동에 관한 연구가 아주 많습니다. 예를 들어 2016년에 캘리포니아대학교 로스앤젤레스 캠퍼스의 심리학자들은 모의 인스타그램 피드를 보는 중인 십 대 청소년들의 뇌를 검사했습니다. 피험자들에게는 모의 피드가 피험자들이 제출한 사진과 '또래'들이 올린 사진으로 구성되었다고 설명했지만, 실제로는 연구진이 제공한 사진에 무작위로 조회 수를 붙인 것이었습니다. 자신의 사진이 '좋아요'를 받자 청소년들의 뇌에서 기댐핵과 함께 타인과의 관계에서 자신을 생각할 때 점화되는 영역이 활성화되었습니다. 소셜미디어에서 돌아오는 반응이 왜 그렇게 중요한지 묻자 한 청소년은 이렇게 대답했습니다. "유명해지는 것 같아서요. 멋지잖아요. 모두에게 알려지고 학교에서 가장 중요한 사람 같아지니까요."

다른 중독과 마찬가지로 소셜미디어 중독은 장기적으로 우리를 불행하게 만듭니다. 한 번도 만난 적 없는 사람들로부터 '좋아요'를 받으려고 우리 삶을 사진 찍고 포토샵으로 수정합니다. 그 시간은 실제로 우리에게 달콤한 흥분을 안겨주지요. 하지만 정작 우리 곁에 있는 사람들과 진정한 관계를 맺을 기회, 사랑하고 사랑받을 기회를 앗아가 결과적으로 우리를 외롭게 만들 수도 있습니다.

나의 중독 행동 인식하기

중독 치료는 문제를 인식하는 데서 출발합니다. 간단한 일처럼 들리지만 이조차도 쉽지 않을 때가 많습니다. 알코올 중독자는 비슷한 성향을 지닌 친구에 비하면 자신은 술을 덜 마시는 편이라고 생각하며, 저와 같은 정치 중독자는 케이블 뉴스를 시청하며 저녁 시간을 보내는 것이 단지 정보를 얻기 위해서라고 생각하는 경우가 많으니까요. 마찬가지로 자기평가 향상에 중독된 사람들은 그로 인한 고통을 쉽게 깨닫지 못합니다. 물속의 물고기와 같은 상황이지요. 어쨌든 다른 사람들도 온종일 휴대전화를 확인하니까요. 평균적인 미국인은 하루에 96회나 본다더군요.

게시물, 문자, 이메일 알림을 받을 때마다 우리는 흥분을 경험합니다. 자신에 대한 만족감을 주고 인기를 느끼게 하는 소식일까 싶어 가슴이 두근거립니다. 좋아요, 친구, 팔로워가 없다면 소셜미디어는 그다지 매력적이지 않을 것입니다. 문제는 긍정적인 관심을 받을 때마다 이 자극에 더욱 중독된다는 것입니다. 기댐핵을 활성화하는 도파민 분비는 소셜미디어를 더 갈망하게 만듭니다.

중독 행동을 고치고 싶다면 지금까지 앞에서 소개한 내용을 차근차근 읽고 진지하게 스스로를 돌아보기를 권합니다. 내게 중요한 가치가 인정받거나 부정당할 때 어떤 느낌이 드는지 탐구해보고 그런 자기평가가 얼마나 자주 일어나는지 이해하는 것입니다. 성공의 덧없음이나 우리 문화가 지속적으로 전달하는 상승 지향적 메시지, 과시적 소비의 영향력을 살펴보는 것 모두가 도움이 됩니다. 가급적 맑은 머리와 열린 마음을 유지하세요.

또한 중독 습관이 어떻게 생기는지도 알아둘 필요가 있습니다. 중독 습관에는 반복이 중요한 역할을 합니다. 2,500년 전 부처님의 말씀을 보면 현대의 신경생물학에서 하는 설명과 거의 유사하다는 사실을 알 수 있습니다.

> 마부가 처음으로 먼지 날리는 평원을 달리면 마차가 지나가는 대로 바큇자국이 난다. 다음에 지나갈 때도 마차가 그 자국을 따라 달리면 바큇자국이 깊어지면서 길이 나기 시작한다. 그 결과 다음에도 같은 길을 따라가기가 더욱 쉬워진다.

여기에 생존을 위해 사랑을 갈구하는 우리의 본능까지 고려하면 우리가 자기평가 향상에 더욱 쉽게 빠져드는 이유를 알 수 있습니다. 첫째, 어떤 행동이 즐거움이나 고통의 해소를 가져오면 바큇자국은 빠르게 깊어집니다. 둘째, 우리가 생물학적으로 지위를 높이거나 호감을 얻고자 하는 경향이 있는 것처럼 특정한 행동을 하려는 본능을 타고났다면 반복을 많이 하지 않아도 자국이 깊이 파입니다. 마지막으로, 간헐적이고 예측할 수 없는 보상은 특히 파인 자국이 오래 유지되게 합니다. 그리고 자존감 향상의 보상은 슬롯머신 상금처럼 이따금씩 주어지지요. 이런 이유를 하나하나 살펴보면 자존감을 높이고자 하는 중독에서 벗어나기가 쉽지 않을 것 같습니다. 하지만 방법이 없는 것은 아닙니다. 이제부터 자존감 향상 중독에서 벗어날 수 있는 실질적이고 구체적인 방법을 알아보겠습니다.

촉발 요인을 피하라

흡연부터 도박에 이르기까지 모든 중독의 치료법은 기본적으로 동일합니다. 문제를 인정한 후 문제 행동을 촉발하는 요인을 파악하고 그에 대한 노출을 제한하는 것입니다.

따라서 긍정적인 자기평가를 갈구하는 자존감 향상 행동을 인식했다면 그다음으로 촉발 요인을 알아내야 합니다. 우리는 실망감을 느끼거나 거부당하거나 부끄러움을 느끼거나 실패한 직후에 자기평가를 끌어올리고 싶어합니다. 이런 순간들을 완전히 피할 방법은 없지만, 통제할 수 있는 요인이라면 가급적 노출되지 않도록 피하는 것이 좋습니다. 자신에게 쏟아지는 인기와 관심을 확인하기 위해 소셜미디어를 보는 행위나 외모에 대한 강박으로 체중계나 거울을 확인하는 행위가 대표적입니다. 이러한 행위를 하는 횟수를 줄이는 것이 핵심이지요. 소셜미디어 확인을 하루에 한 번으로 제한하고, 문자와 이메일 확인도 한 시간에 한 번 정도로 줄여보세요. 체중계를 볼 때마다 자기평가가 오르락내리락한다면 일주일에 한 번만 몸무게를 확인하는 것이 좋습니다. 종일 머리나 옷차림을 신경 쓰는 대신 아침에만 거울을 보고, 사업가라면 매출의 등락에 일희일비하지 않도록 판매 수치를 확인하는 시간을 제한하는 것도 좋습니다.

하지만 기준을 정해도 유혹이 너무 강해서 결국 그 행위를 하고 있는 자신을 발견할 때가 있습니다. 자존감 상승은 일시적이나마 추락의 고통을 즉각 지워줄 수 있기 때문입니다. 저도 패배감이나 부족함에 허우적거리다가 승리나 긍정, 애정의 표시 덕분에 고통이 씻겨나간 경험이 많습니다. 이처럼 자존감을 높이고자 하는 욕구는 타고난 본능과 학습된 행동이 어지럽게 뒤섞인 폭풍 같아서 거기에서 벗어나기 위해 추가적인 도움이 필요할 때가 많습니다.

워싱턴대학교의 중독 전문가인 앨런 말렛Alan Marlatt은 충동 서핑이라는 방법을 고안했습니다. 충동의 감각적, 신체적인 요소에 집중해보는 방법이지요. 예를 들어 배에서 허기를 먼저 느낀 다음에 냉장고로 가고 싶은 충동을 가슴, 어깨, 또는 다른 부위의 긴장으로 느끼는 것입니다. 이렇게 무언가를 하고 싶은 충동을 느끼는 신체 부위에 집중해보면 충동이 점차 강해져 최고조에 이르렀다가 잠잠해지는 파도와 같다는 것을 알 수 있습니다. 이 과정을 의식적으로 관찰하면 충동에 따라 행동할지 말지 선택할 수 있게 됩니다.

휴대전화로 문자나 이메일을 계속 확인하고 싶은 충동을 느끼거나, 소셜미디어를 확인하고 싶거나, 판매량을 모니터링하고 싶을 때처럼 자기평가를 높이기 위해 어떤 행동을 하고 싶을 때마다 충동 서핑을 해보세요. 오래 지속하면 습관을 바꿀 수도 있을 것입니다.

30대 초반의 그래픽 디자이너인 메건은 애인과 헤어지고 나서 9개월이 지나 이제는 다른 사람을 만나고 싶었지만 주로 집에서 일하는 탓에 다른 여성들을 자연스럽게 만날 수 있는 자리가 없었습니다. 그래서 데이트 앱을 이용하기 시작했고 이후로 롤러코스터를 타는 듯한 기분에 휩싸였습니다. 멋진 사람과 매칭되면 기분이 날아오를 듯 좋아지고 자신감과 낙관주의로 가득 차서 이런 생각을 했지요. "아주 좋아. 나는 재미있고 매력적이야. 곧 다시 연애할 수 있을 거야." 하지만 연락해오는 사람이 없거나 데이트 상대가 연락을 끊

| 자존감 회복 훈련 16 |

충동 서핑 연습하기

충동을 촉발하는 요인을 파악했다면 충동 서핑을 연습해보세요. 아래는 소셜미디어 중독을 예로 들었지만 그 외에도 다양한 촉발 요인에 응용하여 사용할 수 있습니다.

1. 눈을 감고 호흡하면서 긴장이나 불편함이 느껴지는 곳, 편안함이 느껴지는 곳이 어디인지 몸의 감각에 주목하세요.

2. 최근에 자존감을 높이기 위해 스마트폰이나 컴퓨터를 확인하고 싶었던 순간을 떠올려보세요. 어떤 소식을 놓칠까 봐 걱정되어서, 프로젝트가 어떻게 진행되는지 궁금해서, 호감을 사기 위해 즉각 답장해야 한다고 느꼈을 때가 대표적입니다.

3. 충동이 정점에 도달하기 직전, 즉 기기를 잡기 직전의 충동을 몸으로 느끼면서 그 경계에서 균형을 유지해보세요. 호흡을 하면서 그 경험에 빠져보세요.

4. 감각이 느껴지는 신체 부위에 손을 대보세요. 긴장감, 압박감 또는 다른 감각이 느껴지나요? 호흡하면서 천천히 이완합니다.

5. 충동을 느끼는 동안에는 감각의 강도가 더 거세질 것입니다. 충동과 맞서 싸우거나 충동에 휘둘리지 말고 부드럽게 경험의 파도를 타세요.

6. 호흡을 서프보드 삼아 안정을 유지합니다. 기기를 확인하고 싶은 욕구를 그냥 흘려보내봅니다.

7. 마지막으로 자기평가를 높이기 위해 소셜미디어를 확인하는 대신 어떻게 시간을 보내면 좋을지 생각해보세요.

을 때면 기분이 가라앉았습니다. "난 한물간 데다 너무 뚱뚱해." 메건의 기분은 하루에도 몇 번씩 오르내렸고 계속 데이트 앱을 확인하고 싶은 충동을 느꼈습니다. 좋은 소식을 간절히 기다렸지만 보상은 간헐적으로만 주어졌지요.

메건은 충동 서핑을 연습하면서 충동을 느껴도 행동으로 옮기지 않고 넘기는 방법을 배웠습니다. 하루에 한 번, 퇴근하고 헬스장에 가기 전에만 앱을 확인하고 메시지에 답장하기로 정해서 촉발 요인을 멀리했지요. 운동은 스스로에 대한 좋은 감정과 나쁜 감정을 객관적으로 바라보는 데 도움이 되었고 자신을 돌본다는 긍정적인 느낌을 받게 해주었습니다.

고통을 외면할 때 중독이 찾아온다

촉발 요인을 피하는 방법은 한계가 있습니다. 무인도의 은둔자가 아닌 이상 자기평가를 부르는 촉발 요인은 어디에나 존재하기 때문입니다. 다른 사람과 접촉하거나 어떤 과업을 처리할 때마다 마음은 다시 판단을 내리기 시작합니다. 이럴 때는 어떻게 대응해야 좋을까요?

답은 간단합니다. 자극에서 강화로 이어지는 중독의 고리를 끊는 것입니다. 우리는 실망스러운 일을 겪은 직후에는 자기평가를 높이기 위한 행동을 취합니다. 하지만 이러한 실망감을 받아들이는 데 능숙해져서 상처를 받아도 열린 마음을 유지할 수 있다면 고통에서 벗어나기 위해 자기평가의 향상을 간절히 원하지는 않을 것입니다.

자존감 회복 훈련 17

자존감이 손상되었다면

✳

자기평가 하락에 대처할 힘을 키울 수 있는 명상 방법을 소개하겠습니다. 전체 과정에는 15~20분 정도 걸립니다. 등을 꼿꼿이 세우고 호흡하면서 마음챙김 명상을 한 다음 순서대로 따라 해보세요.

1. 최근에 실패하거나 거절당하거나 수치심을 느꼈던 상황을 떠올려보세요. 너무 심각한 사건보다는 감정이 적당히 일어날 정도의 사건이 좋습니다. 이때 실망감이 몸에서 어떻게 느껴지는지 주목하고 불편한 부위에 손을 얹으세요.

2. 이제 그 신체 감각을 느끼면서 천천히 호흡하세요. '괜찮아, 다들 넘어지니까' 하는 마음으로 친절하게 감각을 느껴보세요.

3. '정말 싫다', '언제 멈추려나?', '멍청한 짓이야'와 같은 혐오 반응이 생기면 그런 생각이 흘러가도록 내버려두고 상처나 실망감의 신체 감각으로 천천히 주의를 되돌리세요.

4. 불편감이 약해지면 그 감각을 조금 더 끌어올리려보세요. 다른 상처를 떠올려야 할 수도 있고 처음의 상처를 더 자세히 떠올려야 할 수도 있습니다. 불편함을 느끼는 중에도 스스로에게 다정하게 행동하는 방법을 익혀봅시다.

앞에서 소개한 가려움이나 통증에 주의를 기울이는 마음챙김 수련법을 기억하나요? 시간에 따라 내가 느끼는 감각이 달라진다는 사실을 깨달으면 불편감을 견디기가 쉬워집니다. 자신에 대해 부정적인 감정을 느낄 때도 같은 방법을 사용할 수 있습니다. 이 역시도 신체 감각으로 나타나기 때문에 감정의 신체적 감각을 인식하는 명상이 도움이 됩니다.

많은 사람이 자기평가의 하락을 받아들이는 연습을 할 때 감정적 고통에 강한 혐오 반응을 보입니다. 어쨌거나 우리는 사회적 비교에서 앞서고 남들에게 호감을 얻으며 자신이 좋은 사람이라고 느끼고 싶어 하도록 타고났기 때문입니다. 하지만 정기적으로 이 연습을 하면 자존감이 무너지는 고통 역시 다른 감정들과 마찬가지로 생각과 함께 찾아오는 신체 감각에 불과하다는 사실을 알게 될 것입니다. 저항 없이 감각에 마음을 열면 감각이 변화하기 때문에 연습 도중에 다시 감각을 끌어올리기 위해 억지로 노력해야 할 수도 있습니다.

대학 졸업 후 첫 직장으로 상업용 부동산 임대 회사에 취직한 이사벨라의 사례를 보겠습니다. 이사벨라는 직업을 얻는 데 필요한 자격증 시험은 통과했지만, 업무에서 거래가 불발될 때마다 자기 회의에 빠졌습니다. '너무 강하게 밀어붙이지 말았어야 했어', '건물주가 증축하지 않을 거라는 걸 미리 알았어야 했는데' 같은 생각을 했지요. 다행히 회복력이 좋아서 나쁜 소식을 들어도 곧바로 다음 일을 할 수 있었지만 스트레스가 심했기 때문에 실패의 감정을 견디는 연습을 시작했습니다. 처음에는 힘들었습니다. "바로 다시 일하지 않으면 일을 포기하게 될까 봐 두려워서 계속 매달렸지만, 가슴이 철렁 내려앉는 느낌이 들 때마다 너무 고통스러웠습니다. 그런 감각을 그만 느끼고 싶었어요." 상처의 감각을 받아들이고 모두가 실패와 실망을 겪는다는 사실을 떠올리자 조금씩 긴장을 풀 수 있었습니다. 이사벨라는 실패를 돌아보는 시간을 가짐으로써 오히려 더 맑은 머리와 덜 필사적인 태도로 업무로 돌아갈 수 있었고, 고통을 되돌아보면서 자신이 어떤 자존감 요소에 휘둘리고 있는지 파악할 수 있었습니다. "어렸을 때 같은 반이었던 아이들 중에 가장 성공한 사람이 되고 싶은 욕심이 컸던 것 같아요. 다들 저를 성실하다고 생각했으면 하는 마음도 있었고요."

수치심, 실패, 거절의 고통을 받아들이고 자신에게 친절하게 행동할수록 고통을 지우기 위해 자기평가를 높이고자 하는 강박감이 줄어듭니다. 이러한 연습을 바탕으로 뒤에서는 고통스러울 때 자신을 사랑할 수 있는 방법, 오늘의 상처를 이용해 과거의 상처를 치유하는 법 등을 더 자세히 살펴보려 합니다.

지속 가능한 즐거움을 누리는 비법

지금까지 중독을 유발하는 촉발 요인에 대한 노출을 줄이고 상처를 받아들이며 욕구에 따라 행동하려는 충동을 견디는 방법을 알아보았습니다. 여기에 유용한 방법을 한 가지 더 소개하려 합니다. 중독 행동의 대안, 즉 더 긍정적인 결과를 가져오는 다른 행동을 찾아보는 것입니다. 흙먼지 날리는 평원에 지금까지 달렸던 길과 다른, 새로운 바큇자국을 남기는 것이지요. 하루의 실망감을 술로 달래는 습관이 있다면 공원 산책, 요가, 명상, 친구 방문 등을 시도해보는 식입니다. 과자 대신 과일을 먹는 습관을, 담배 대신 껌을 씹는 습관을 기르는 것도 좋겠지요. 페이스북이나 인스타그램에서 '좋아요'를 확인하고 싶은 충동을 느낀다면 친구에게 전화를 걸거나 가족과 시간을 보내세요. 앞에서 소개한 메건은 이를 응용해서 운동하러 가기 전에만 데이트 앱을 확인하는 방법을 썼습니다. 자존감을 높이기 위해 새로운 데이트를 기다리는 중독 행위에 매달리기보다 지속 가능한 행복의 길을 찾으려 한 것입니다.

그렇다면 왜 우리는 처음부터 이런 지속 가능한 쾌락을 찾지 않고, 중독 행동을 하게 될까요? 여기에도 우리의 생물학적 성향이 강하게 작용합니다. 행복에는 크게 두 가지 유형이 있습니다. 하나는 도파민이 기댐핵으로 쇄도하고 아드레날린이 혈관을 타고 흐르는 흥분이 주는 행복입니다. 약물, 알코올, 낭만적 사랑, 거친 모험, 섹스, 자기평가 상승에서 오는 것이 이 행복입니다. 이 행복은 매우 즐겁고 때로는 단점이 거의 없을 수도 있습니다. 쾌락을 기반으로 하는 이 행복을 심리학자들은 헤도니아$_{hedonia}$라고 부릅니다.

또 다른 형태의 행복인 에우다이모니아$_{eudaimonia}$는 삶에 대한 더 깊은 만족감을 가리킵니다. 즉각적인 쾌감보다는 심신의 안녕과 삶의 의미를 구하며 만족하는 상태입니다. 아픈 친구의 손을 잡아주거나, 꽃을 감상하거나, 교회나 사원에 들어가며 경외감을 느낄 때 에우다이모니아를 경험하는 것입니다. 짜릿한 흥분감이 아니라 깊은 의미를 느끼는 순간들이지요. 평범함을 수용하는 데서 오는 행복이라고 할 수 있습니다.

헤도니아, 즉 쾌락적 행복은 비교적 쉽게 얻을 수 있고 중독성이 강하기 때문에 쉽게 빠져들게 됩니다. 그렇다고 해서 멋진 섹스나 아이스크림, 음주, 복권 당첨, 1등 성적표에 문제가 있다는 말은 아닙니다. 다만 주의를 기울이지 않으면 쾌락적 행복만 추구하여 장기적으로는 만족감이 떨어진다는 사실을 알아야 합니다. 맥주, 과자, 담배 대신 다른 습관을 들이는 것처럼 자존감 향상의 추구를 대체할 습관을 길러보세요. 흥분보다 만족을 가져다주며 우리의 가치관에 따라 우리에게 가장 중요한 일을 하는 대안을 찾는 것입니다.

중독 치료사의 시조 격인 부처님 역시 두 가지 형태의 행복에 관해 "사람들이 행복이라고 부르는 것을 깨달은 이들은 고통이라고 합니다. 다른 사람들은 고통이라고 부르는 것이 행복이라는 것을 깨달은 이들은 압니다"라고 이야기했습니다. 마음챙김과 수행 경험을 쌓으면서 즐겁든 불쾌하든 지금 여기의 경험에 온전히 몰입하는 데서 오는 평화와 만족이 일시적인 쾌락보다 장기적인 충족감을 준다는 사실을 깨달았던 것입니다. 마음챙김 수련을 통해 고차원적인 의식을 발전시킬수록 우리는 만족감과 성취감을 느끼며 현재에 더 온전히 몰입할 수 있습니다. 사과 맛을 즐기는 것부터 자연이나 신과 교감하는 것에 이르기까지 모든 경험을 생생하게 느낄 수 있게 되지요.

다음 장부터는 우리를 변화로 이끌어주는 마법과도 같은 인간관계에 대해 알아보려 합니다. 다른 사람들과 돈독한 관계를 맺으면 신체적, 정신적 행복을 확실하게 느낄 수 있고 사회적 비교와 인기에 대한 걱정이 극적으로 줄어듭니다. 자존감 중독에 대한 가장 강력한 해독제라 할 수 있지요.

4부

분노와 불안에서 벗어나 가까운 행복 찾기

9장 깊은 관계 속에 구원이 있다

> 2년 동안 사람들의 관심을 끌려고 노력하는 것보다
> 2개월 동안 사람들에게 관심을 보이는 것이
> 더 많은 친구를 사귈 수 있는 길이다.
> — 데일 카네기, 『데일 카네기 인간관계론』 中

 이성을 잃고 통제 불능 상태가 된 적이 있나요? 너무 화가 나서 아무 생각도 안 났던 순간을 떠올려봅시다. 언제 그런 감정을 느꼈나요? 아마도 다른 사람과의 관계에서 상처나 분노, 두려움을 느끼게 하는 말이나 행동을 마주했을 때 그랬을 가능성이 높습니다. 반대로 당신의 외모나 성격, 성공 여부와 별개로 안전하고 사랑받으며 안온하고 만족스러운 기분을 느꼈던 순간 역시 누군가와 깊은 관계를 맺었을 때일 가능성이 높습니다. 이처럼 인간관계는 자존감에 커다란 상처를 주고 자아상을 뒤흔들지만 다른 한편으로는 자기평가의 함정에서 우리를 구해주고 의미 있는 삶을 살게 해주기도 합니다. 이는 모두 우리가 어떤 인간관계를 추구하느냐에 달려 있지요.

터키에는 "어떤 길도 좋은 사람과 함께라면 길지 않다"라는 속담이 있습니다. 어떻게 하면 따뜻함과 만족감을 느끼게 하고 인생의 여정을 더 편안하게 만들어주는 관계를 얻을 수 있을까요? 그리고 우리를 힘들게 만드는 관계에 어떻게 대처해야 할까요?

연애와 자존감의 상관관계

맹목적이고 낭만적이었던 첫사랑을 기억하나요? 사랑에 빠지면 놀라울 정도로 상대가 완벽하게 느껴집니다. 그 사람의 머리카락, 손, 발, 웃음, 미소, 성격까지 모든 것이 근사하다고 느끼지요. 열정적인 연애는 인류라는 종을 지금까지 존속하게 한 강력한 동인이지만 우리가 그 감정에 목을 매는 이유는 단지 그뿐만이 아닙니다. 연애 감정에도 자기평가가 큰 영향을 미치기 때문입니다. 내가 당신을 매력적이고 특별한 사람이라고 생각하는데 당신 역시 나를 원한다면 나도 꽤 훌륭한 사람일 테니까요. 그렇게 생각하면 어린 시절부터 쌓여온 감정적 상처와 불안감이 갑자기 사라집니다. 나는 더 이상 식당에 혼자 앉아 있거나 토요일 밤에 혼자 집에 틀어박혀 있는 어리숙한 아이가 아닙니다. 당신이 훌륭하고 그런 당신이 나를 훌륭하다고 생각한다면 여기서 나의 자기평가 고민은 끝납니다.

연애로 인해 커다란 변화를 겪은 조이의 사례를 보겠습니다. 조이는 부모님의 애정 아래 행복한 어린 시절을 보냈지만 사춘기를 보내면서 문제가 생겼습니다. 성장기인데도 키가 쑥쑥 크지 않아 반에서 가장 키 작은 아이가 된 것입니다. 조이의 자기감정은 곤두박질쳤지요. 다른 아이들과 함께 있을 때면 자신이 꼬마처럼 느껴졌고 여학생에게 관심은 있었지만 항상 '저 애가 나를 좋아할 리 없어'라는 생각이 들었습니다. 성인이 되어 비싼 자동차와 옷을 사고 전 세계를 여행하면서 여러 언어를 유창하게 구사할 수 있게 되었지만 조이는 항상 자신이 부족하다고 느꼈습니다. 그러다 아름답고 활달한 멜라니를 만났지요. 놀랍게도 멜라니는 자신보다 키가 더 작은 조이와 사랑에 빠졌고 그로 인해 조이의 내면에서 대단한 변화가 일어났습니다. "어렸을 때 이후로 처음으로 제가 멋지게 느껴지고 자신감이 생겼어요."

하지만 이런 낭만적인 해결책은 일시적입니다. 상대를 이상화하는 감정이 그리 오래 지속되지 못하기 때문입니다. 상대가 내 연락에 응답하지 않거나 내 생일을 멋지게 축하해주지 않거나 내 농담에 웃어주지 않아 기분을 상하게 하면 조금씩 생각이 틀어지기 시작합니다. '어쩌면 그렇게 근사한 사람이 아니었던 걸지도 몰라' 하는 생각이 들지요. 그 순간부터는 그가 나를 원한다고 해서 모든 문제가 해결되지 않습니다. 평범하거나 그 이하인 사람이 나를 좋아해도 내 자아상에는 크게 도움이 되지 않기 때문이지요. 나는 상대를 계속 이상화하는데 상대는 더 이상 나를 좋아하지 않는다면 문제는 더 심각해집니다. '환상적인 파트너가 있으니 나는 대단한 사람이야'에서 '난 차인 사람이야'로 바뀔 테니까요.

이 외에도 불안정한 자존감 때문에 연애에 집착하는 사례는 무수히 많습니다. 상대를 붙들어놓기 위해 자신을 포기하거나 상대가 나를 버리지 못하도록 지배하고 통제하려 하기도 하지요. 안정적인 연애 관계에서도 '당신은 굉장히 멋져, 당신과 함께여서 정말 좋아'에서 '당신은 별로야, 함께 있으면 비참해져'로 바뀌는 데 많은 시간이 걸리지 않습니다. 심지어 자기 자신에 대해 긍정적인 감정을 느끼기 위해 연애를 한다면 상대를 명확하게 보지 못합니다. 상대의 실체가 아니라 순식간에 바뀔 수 있는 이미지와 연애를 하고 있으니까요.

조이와 멜라니도 그랬습니다. 일 년 정도 사귄 후 조이는 멜라니가 매력적이고 재미있고 활달하긴 하지만 '그렇게 똑똑한 건 아니네'라고 생각하기 시작했습니다. 모든 사람을 똑똑하거나 똑똑하지 않은 사람으로 분류하는 가정에서 자란 그는 멜라니가 후자에 속하는 건 아닌지 걱정하기 시작했습니다. 멜라니는 리얼리티 TV쇼를 시청하는 취미가 있었거든요. 멜라니에 대한 의심이 커지면서 조이는 다시 불안감을 느끼기 시작했습니다. 자신이 부족하다는 느낌이 강해졌지요.

앞에서 살펴보았듯이 고통을 빠르고 강력하게 쾌락으로 바꾸어주는 것이라면 무엇이든 우리를 중독시킬 수 있습니다. 그러므로 우리가 사랑하는 사람에게 집착하는 것도 놀라운 일이 아닙니다. 그래서 만나기 전에는 엄청나게 흥분하고 헤어지면 금단 현상에 빠지지요. 연애 관계를 유지하기 위해 어리석고 무모한 행동도 자주 할 뿐만 아니라 헤어진 지 한참 지난 후에도 페이스북에서 옛 애인을 찾아보면서 우리의 생활을 망가뜨리기를 반복합니다.

스토니브룩대학교의 심리학 교수 아서 애론Arthur Aron의 연구에 따르면 사랑하는 연인의 사진을 보는 사람의 뇌를 스캔하자 기댐핵과 연결된 도파민 생성 보상 영역의 활성화 수준이 증가하는 양상이 나타났습니다. 즉 연인의 사진을 보면 소셜미디어에서 '좋아요'를 받거나 마약을 했을 때와 같은 쾌감을 느낀다는 것입니다. 특히 상대가 매력적일수록 더 많이 활성화되었지요.

　말하자면 우리는 생물학적으로 연애에 중독되도록 만들어진 셈입니다. 연애 관계는 두 가지 기본적인 욕구, 즉 긍정적인 자기감정을 느끼고 싶은 욕구(집단에서 자신의 지위 높이기) 및 필요한 존재가 되고 싶은 욕구(무리에서 쫓겨나지 않기)와 강하게 맞닿아 있기 때문이지요. 그렇다고 연애 중독으로 인해 느끼는 고통을 그대로 감내해야 한다는 뜻은 아닙니다. 자존감 중독과 마찬가지로 연애 관계에 중독될 때도 탈출구는 있습니다. 이제 그 방법을 하나씩 살펴보도록 하겠습니다.

자기중심적 사랑에는 한계가 있다

조이는 멜라니와 헤어진 후 격동적이고 고통스러운 연애를 몇 번 경험했습니다. 하지만 매번 같은 전철을 밟았지요. 그는 여러 여성과 데이트를 했지만 번번이 연애 감정을 사그라들게 하는 결점을 발견하고 헤어지기를 반복했습니다. '세련된 느낌이 부족해', '케미가 맞지 않아', '성적인 매력이 없네' 같은 식이었지요. 그러다 정말 멋져 보이는 여자를 만나면 상대가 자신을 좋아하는 것 같은지 아닌지에 따라 자존감이 치솟거나 곤두박질치고는 했습니다. 수년간 기복을 겪던 중 그는 킴을 만났습니다. 킴은 특별히 멋지거나 똑똑하지 않아서 처음에는 큰 매력을 느끼지 못했지만 그녀에게는 남다른 매력이 있었습니다. 킴은 유난히 솔직하고 자기 성찰이 뛰어났고 조이에게도 같은 것을 요구했습니다. 덕분에 조이는 이전과 달리 완전히 마음을 열기 시작했고 자신이나 연애 상대가 특별하다는 생각에 기반하지 않은 유대감을 느꼈습니다. "이상하죠. 제가 슬프거나 불안하다고 인정할 때 킴은 오히려 저를 더 좋아해줘요. 우리는 몇 시간씩 서로의 눈을 바라보며 솔직한 대화를 나눠요." 가장 놀라운 점은 이것이었습니다. "다른 사람과 함께할 때와는 뭔가 좀 달라요. 킴과 제가 하나라고 생각하지 않는 것 같거든요. 우리는 장난도 많이 치고 새로운 시도도 많이 하고 포옹도 자주 해요."

고대 그리스인들은 보상 중추를 활성화하고 감정의 롤러코스터를 경험하게 하며 자존감과 밀접하게 얽혀 있는 열정적이고 중독적인 사랑을 에로스$_{eros}$라고 불렀습니다. 그리스 신화에서 에로스는 성적인 사랑과 미의 여신인 아프로디테의 아들입니다. 로마인들이 큐피드라고 불렀던 이 신은 꽤나 짓궂어서 아무것도 모르는 심장에 예상치 못한 화살을 쏘아 대어 신과 인간 모두에게 온갖 문제를 일으켰지요. 현대의 뇌과학 연구에 따르면 사람들이 열정적으로 연애할 때는 후방대상피질이라는 자기평가적 사고와 관련된 뇌 영역이 활성화되는 것으로 밝혀졌습니다. 이점을 고려하면 에로스가 상당히 자기중심적인 사랑이라는 것이 이해가 됩니다. 우리는 연인에 대해 많은 생각을 하지만 다른 중독과 마찬가지로 '나를 위해 무엇을 해줄 수 있는가?'라는 보이지 않는 의도가 있을 때가 많습니다.

자존감 회복 훈련 18

사랑과 자기평가 분리하기

연애 감정으로 자기평가를 높이려는 시도는 오래 지속되지 못할뿐더러 오히려 관계를 망칩니다. 따라서 깊고 안정적인 관계를 얻고 싶다면 이 두 가지를 분리해야 합니다. 잠시 눈을 감고 호흡에 주의를 기울여본 다음, 지금까지의 관계를 돌아봅시다.

1. 초기의 열정적 연애

초기 연애 관계에서 사랑하는 사람이 당신에게 관심을 보였을 때 자기감정이 어떻게 바뀌었는지 기억나요? 그때 당신의 자존감을 구성하는 요소와 불안 요소는 무엇이었으며, 상대가 애정을 표현했을 때 그 불안감은 어떻게 바뀌었는지 생각해보세요.

또한 이때 사랑하는 사람이 화를 내거나 당신에게 무관심했을 때 어떤 기분이었는지 떠올려보세요. 당신의 자기감정과 불안감이 어떻게 바뀌던가요?

2. 자기평가에 대한 걱정이 적었던 연애

자기평가에 대한 걱정이 적었던 연애 관계를 떠올려보고 그때 상대에게 어떤 감정을 느꼈는지 생각해보세요. 그 관계에 이끌렸던 이유와 멀어진 이유는 무엇인가요? 그 관계에서 자신에 대해 어떤 감정을 느꼈나요? 상대가 화를 내거나 당신에게 무관심했을 때 자신에 대해 어떤 감정을 느꼈나요? 이 관계가 다른 관계와 다르다고 느꼈다면 그 이유는 무엇인가요?

3. 현재의 사랑

지금 연애 중이라면 자기평가에 대한 걱정이 연애 관계에 영향을 미치고 있지는 않은지 돌아보세요. 함께 있다는 생각만으로도 자신이 매력적인 사람 같은 기분이 드나요? 연인이 썩 훌륭하지 않거나 실망스러우면 '타협한 것 같은' 느낌이 드나요?

그리스인은 모두가 안전한 관계로 가는, 에로스와 다른 유형의 사랑도 묘사했습니다. 여기에는 부모와 자녀 간의 애정을 비롯해 친구 간의 애정과 모든 사람에게 확장되는 이타적인 사랑과 종교적인 거룩한 사랑까지 의미하는 아가페$_{agape}$가 포함됩니다. 자존감에 크게 얽매이지 않는 관계에서도 정도의 차이는 있지만 이와 같은 유형의 사랑이 활성화됩니다. 연구에 따르면 자녀를 돌보는 어머니와 연인에게 집착하지 않는 사람은 자녀나 애인을 생각할 때 후방대상피질의 활성화 정도가 낮았다고 합니다. 실제로 다른 사람의 행복을 기원하며 사랑의 감정을 불러일으키는 자애 명상을 하면 열정적인 연애에 의해 활성화되는 보상 경로가 잠잠해집니다. 중독성이 낮고 만족스러우며 미친 것처럼 보이는 행동을 유발할 가능성이 낮은 방식으로 사랑하는 법을 배울 수 있는 것이지요.

그렇다고 연애나 섹스가 재미있거나 짜릿해서는 안 된다는 뜻은 아닙니다. 단지 자기평가에 대한 걱정을 완화할 수 있다면 관계를 안정적으로 유지할 수 있고 더욱 깊은 유대감을 느낄 수 있다는 뜻입니다.

솔직한 태도로 상대방을 존중하라

자존감 문제가 연애에 중요한 역할을 하는 것 같다면 좋은 신호는 아닙니다. 그렇다고 연인을 잘못 골랐다는 뜻은 아닙니다. 자기평가에 대한 걱정은 생물학적 요인에 기반하고 있으므로 완전히 없앨 수 없으며, 우리 역시 자신을 소중히 여기지 않는 사람과 함께하고 싶지 않을 것이기 때문입니다. 대신 안전한 관계를 구축할 수 있도록 생각과 감정, 습관을 개선하면 됩니다.

첫째, 솔직하고 과감하게 나약함을 보여주세요. 사랑이 넘치는 안전한 관계에서는 겉모습을 꾸미거나 수치심을 숨기고 강해 보이려고 애쓸 필요가 없습니다. 상대가 나를 제대로 보아주고 내 말을 잘 들어준다고 느끼기 때문입니다. 조이는 킴이 자신의 두려움과 갈망을 기쁘게 들여주며, 자신 역시 킴의 말을 들어줄 때 오히려 사랑과 보살핌을 받는다고 느낀다는 사실에 놀랐습니다. 그러므로 대화를 나눌 시간을 따로 마련해서 마음에 남는 일을 솔직히 이야기하고 상대의 이야기도 들어주세요. "상사가 내 아이디어를 좋아하지 않아서 기분이 상했어", "동생이 걱정돼", "집으로 오늘 길에 본 석양이 아름다웠어"와 같은 가벼운 이야기여도 괜찮습니다. 긴장으로 위축되어 생각과 감정을 속으로만 간직하고 싶은 충동이 일어나는 순간을 관찰해보고 솔직하게 털어놓을 방법을 모색해봅니다. 자신의 마음을 돌아보면서 어떤 두려움 때문에 속마음을 털어놓기가 힘든지 생각해보세요.

둘째, 상대와 함께하는 시간에는 상대에게 온전히 자신을 내어주세요. 마음챙김 수련을 통해 지금 이 순간에 주의를 기울이고 자기 자신을 내려놓는다고 생각하면 조금 더 쉬워집니다. 조이는 킴과 교제하면서 처음으로 이러한 경험을 하게 되었습니다. "저는 항상 경계를 늦추지 않고 제 일부를 숨기곤 했어요. 모든 걸 그대로 드러내는 킴과는 아주 달랐지요. 서로가 너무 가까워져서 제 자신이 사라질까 봐 두려울 때도 있지만 그냥 받아들이니까 아주 좋아요."

셋째, 상대에게 필요한 것이 무엇인지 생각해보고 그 필요를 충족시키는 데 집중해보는 것도 좋은 방법입니다. 지금 연애 중이라면 상대가 싫어하는 당신의 행동을 세 가지만 떠올려보세요. 제 아내는 제가 거만하게 말할 때, 중요한 이야기를 하는데 눈을 맞추지 않을 때, 처가 식구를 비난할 때 아주 싫어합니다. 다음으로 상대가 좋아하는 당신의 행동 세 가지를 생각해보세요. 저는 아내의 말을 경청하기, 침대 정리하기, 아내가 일을 마치기 전에 저녁 식사 준비하기가 떠오르더군요. 상대를 밀어내는 행동을 그만두고 상대의 마음에 쏙 드는 행동을 해야겠다고 결심하는 것만으로도 관계를 돈독히 하는 데 큰 도움이 됩니다.

다만 상대에게 필요한 것과 내게 필요한 것이 꼭 같지는 않다는 점을 명심해야 합니다. 상대는 상처받았을 때 혼자 있을 시간이 필요한 반면 당신은 즉시 대화하기를 원할 수 있습니다. 혹은 한 사람은 성관계를 통해 유대감을 느끼고 싶어 하는 반면에 다른 한 사람은 유대감을 느껴야만 성관계를 할 수도 있습니다. 안정적인 관계를 형성하고 싶다면 상대가 언제, 어떤 행동에 친밀감을 느끼는지 물어보고 그에 따라 반응해야 합니다. 그것만으로도 상대는 당신이 자신을 알아주고 사랑해준다고 느낄 것입니다. 그리고 상대가 당신이 원하거나 필요한 것을 묻는 데 서툴다면 과감하게 말해주세요.

넷째, 어떤 경우에도 상대를 진심으로 존중해주세요. 저는 다른 일에 집중하다가 아내에게 지시하는 듯한 말투를 써서 기분을 상하게 하는 일이 많았습니다. "신문 구독은 취소했어?"라든가 "의사가 뭐

자존감 회복 훈련 19

연애 관계에서 안정감 느껴보기

최선을 다해 상대와 소통하는 데 목적을 두고 상대와 함께 있을 때 다음의 세 가지 영역을 의식하려고 노력해보세요. 처음부터 세 가지를 모두 의식하려고 하면 매우 어려울 것입니다. 하나씩 번갈아가며 신경을 써보는 방식으로 시작해보세요.

1. 긴장감이나 압박감을 느낄 때와 편안하고 마음이 열린 느낌이 들 때 각각 어떤 생각과 감정, 감각이 느껴지는지 관찰하세요. 긴장될 때는 숨을 크게 쉬면서 몸을 이완시킵니다.

2. 상대의 표정, 자세, 몸짓을 주의 깊게 살펴보면서 매 순간 상대의 몸짓 언어, 말, 자세 변화에 당신의 몸이 어떻게 반응하는지 살피세요.

3. 상대와 서로 연결된 느낌이 드는지, 그 느낌이 어떻게 바뀌는지 관찰해봅니다. '우리'로 느껴지면서 서로 연결된 느낌이 들 때는 따뜻하고 안전하며 가까운 느낌을 받을 것입니다. 이러한 감각에 주목하면 상대가 내 감정을 느끼고 있으며 나 역시 그렇다는 사실을 감지할 수 있을 것입니다.

래?" 혹은 "영수증은 갖고 있어?" 하는 식으로 말입니다. 상대를 전혀 존중하지 않는 어조였지요. 심지어 저는 외적인 목표에 집중하느라 그 사실을 의식하지도 못했습니다. 대체로 자기평가에 대한 위협이 제 불안을 부추긴 탓이었지요. 무언가를 제대로 해내지 못해서 어리석거나 엉성하거나 멍청하게 느껴지고 싶지 않았거든요. 다행히도

제 아내는 좋은 스승이었습니다. 아내는 무례하게 말하고 나서 사과하는 것보다 처음부터 상냥하게 말하는 것이 더 효율적이라고 지적해주었습니다. 이처럼 다른 일에 집중할 때에도 상대와의 관계에 신경을 쓰면서 당신의 말투나 어조가 상대를 소외시키고 있지는 않은지, 당신이 자존감에 상처를 입어서 상대에게 심술궂게 굴고 있지는 않은지 돌아보세요. 단순히 일을 하는 것뿐만 아니라 동시에 관계도 유지해야 한다는 사실을 항상 염두에 두면 상대와 유대감을 쌓는 데 큰 도움이 됩니다.

관계를 원활히 조율해나가기 위해서는 연애 관계나 대인관계에 대한 마음챙김을 연습하는 것도 도움이 됩니다. 상대와 함께 있을 때 둘 사이에 일어나는 일을 주의 깊게 살피면서 무엇이 서로를 더 가깝게 또는 더 멀게 느껴지게 하는지 알아차리려고 노력해보는 것입니다. 마음챙김을 수련하다 보면 느끼게 되겠지만 마음이 평가 모드로 전환되어 자신이나 상대를 판단하고 있을 때는 상대와 단절되었다는 느낌을 받을 것입니다. 반대로 상대를 솔직하고 겸손하게 대하고, 서로 이해하고 이해받으려고 노력하면 더 가까워진 느낌을 받을 수 있습니다.

경쟁심이 박탈감을 부른다

타인과의 상호작용은 어쩔 수 없이 자기평가를 활성화합니다. 직장에서의 인간관계를 생각해보세요. 누가 더 좋은 아이디어를 냈는지,

누가 프로젝트에서 더 많은 일을 했는지, 상사가 누구를 가장 좋아하는지 경쟁이 벌어지면 협업은 물 건너간 것입니다.

현대의 많은 사람들이 과거의 귀족이나 왕보다 더 잘살고 있지만 여전히 주변 사람과 자신을 비교하며 박탈감을 느낍니다. 200년 전에 살았던 왕이나 여왕이 중앙난방과 에어컨, 항생제 같은 편의를 누리기 위해 얼마나 많은 돈을 썼을지 상상해보세요. 또 수백 년 전에 살았던 귀족들이 제철도 아닌 온갖 과일과 채소들이 진열된 현대 슈퍼마켓을 본다면 놀라움을 금치 못할 것입니다. 하지만 이 중 어떤 것도 동료의 연봉 인상액이 더 많거나 상사가 나의 공을 잊은 것처럼 보일 때 느끼는 박탈감을 막지 못합니다.

비슷한 고민은 우정과 가족 관계도 망칩니다. "아빠가 가장 좋아하는 자식은 항상 너였어. 나는 언제나 뒷전이었지" 같은 생각에 박탈감을 느꼈던 적이 있을 것입니다. 물론 뛰어난 성취를 이룬 사람을 '우리'의 일원으로 느끼고 진심으로 축하할 때도 있지만 대부분의 경우에는 다른 사람의 성공에 위축됩니다. 이런 우려는 직장에서든 가정에서든 유대감을 느끼는 데 방해가 되지요. 그렇다면 어떻게 해야 다른 사람들과 경쟁적 관계에서 벗어나 친밀한 관계를 구축할 수 있을까요?

초등학교 담임 교사인 키티의 사례를 보겠습니다. 키티는 학부모와 학생, 관리자들에게 좋은 평가를 받는 훌륭한 교사였지만 맞은편 교실의 담임 교사인 아이샤를 보면 늘 자신이 부족한 것처럼 느껴졌습니다. 아이샤는 항상 학교에 늦게까지 남아 아이들을 위한 프로젝트를 개발하고 교실 밖 게시판을 꾸몄습니다. 아이샤와 함께 있으면 키티는 모든 면에서 자신이 부족한 것 같았습니다. 그렇다고 아이샤를 따라잡기 위해 매일 늦게까지 학교에 남아서 경쟁하고 싶지도 않았지요. 그래서 아이샤와 함께 프로젝트를 진행해보기로 했습니다. 둘 다 같은 4학년 학생들을 가르치고 있었으므로 함께 기술 회사 견학을 계획하고 4학년 공통 웹사이트를 만들었습니다. 가외의 작업이 필요했지만 그럴 만한 가치가 있었지요. 경쟁자라고 느꼈던 상대와 친구이자 파트너 관계가 되면서 키티는 아이샤의 놀라운 성취를 더 쉽게 받아들이고 자신의 성과도 나쁘지 않다고 생각할 수 있었습니다.

친구나 가족, 동료와의 관계에서는 자신의 약한 모습까지 솔직하게 보여주는 방법이 도움이 됩니다. 특히 상대방이 자신을 선의로 대한다고 느낀다면 이 방법이 효과가 좋습니다. 협업을 시작한 후 키티는 아이샤에게 자신이 얼마나 부족하다고 느끼는지 털어놓았고, 아이샤는 뛰어난 변호사인 언니에 대한 자신의 열등감을 이야기해주었습니다. 깊이 있는 대화를 나누면서 키티는 자신과 아이샤 사이에 공통점이 많다는 사실을 알게 되었습니다.

상대방의 필요를 채워주는 행동도 효과적입니다. 상사가 비판적이거나 초조한 태도를 보인다면 당신이 무엇을 잘못했는지 고민하기보다는 상사가 받는 압박감을 파악하고 이를 해결할 수 있는 방법을 알아보거나 부드러운 유머와 친절한 태도로 지지해주세요. 상대의 감정이 나와 무관하다는 사실을 인식하면 모든 게 달라집니다.

당면한 과제와 동시에 상대방과의 관계를 생각하면서 앞서 살펴본 유대감 강화 연습을 해보는 것도 좋습니다. 함께 있을 때 자신과

자존감 회복 훈련 20

유대감 강화하기

직장이나 가정 등 우리가 속한 집단에서 유대감을 강화할 수 있는 방법을 소개하겠습니다. 우선 마음챙김 명상을 통해 감각과 생각을 정리한 다음 순서대로 따라 해보세요.

1. 평소 가족, 친구, 직장 동료와의 관계에서 당신의 경쟁자는 누구였는지 생각해보세요. 어떤 점이 당신의 경쟁심을 불러일으켰나요?

2. 그 사람과의 경쟁에서 졌다고 여겼던 상황을 떠올려보세요. 그때 몸에 일어나는 느낌이 인생의 다른 순간을 떠올리게 하지는 않나요? 이전에 같은 감정으로 힘들었던 때가 있었는지 돌이켜보고 잠시 그 느낌에 잠겨보세요.

3. 그 사람에게 졌다는 느낌으로 인해 당신의 어떤 자질이나 능력이 무가치해지는지 곰곰이 생각해보세요. 그 분야에서 그만큼 뛰어나지 않다면 당신은 어떤 사람일까요? 경쟁자가 당신보다 뛰어나거나 앞서 나가도 괜찮을까요?

4. 그 분야에서 일등이 되지 않아도 살아남을 수 있다고 가정하고 공동의 목표를 위해 경쟁자와 어떻게 협력할 수 있을지 생각해보세요. 두 사람 모두에게 중요한 것은 무엇인가요? 같은 팀이 될 방법이 있을까요?

상대방의 내면에서 어떤 일이 일어나는지, 무엇이 서로를 더 가까워지게 하거나 더 멀어지게 하는지 감지하려고 노력하는 것입니다. 이런 식의 관점 변화는 지속적인 연애 관계뿐만 아니라 취업 면접, 첫

데이트, 상견례 등 중요한 만남을 앞두고 불안감에 시달릴 때 특히 도움이 됩니다. 좋은 인상을 남기기 위해 애쓰기보다 관계를 형성하는 데 집중해보세요. 시인 마야 안젤루Maya Angelou가 "사람들은 당신이 한 말과 당신의 행동은 잊겠지만, 어떤 기분을 느끼게 했는지는 결코 잊지 않을 것입니다"라고 말한 것처럼 말입니다.

분노의 색안경을 벗고 있는 그대로 보기

자신이 부족하다는 느낌은 매우 고통스럽습니다. 그래서 우리는 자동적으로 방어 반응을 보이다가 다른 사람들과 안전한 관계를 형성하는 데 실패합니다. 거의 반사적으로 상대에게 분노하거나 비판적인 태도를 취하거나 자기중심적인 태도로 공격적인 반응을 보이게 되기 때문이지요.

우리는 자아상이 위협받을 때, 즉 비난받거나 수치심을 느낄 때 혹은 자신이 호감을 얻지 못하거나 매력이 부족하거나 무능하다고 느낄 때 화를 냅니다. 다른 동물들도 화를 내지만 신체적 공격을 받을 때나 먹이 혹은 짝을 두고 경쟁할 때, 다른 동물이 자신의 영역을 침범할 때에 국한됩니다. 다시 말하면 우리는 신체적 안전만큼이나 정신적 이미지를 열심히 방어하는 것이지요.

더 큰 문제를 불러올 것이 뻔한데도 공격적으로 행동하는 이유는 무엇일까요? 한 가지 이유는 모욕에 분노로 대응하면 기분이 상당히 좋아지기 때문입니다. 내가 옳다고 생각하는 분노의 순간에는 모든 것이 명확한 것처럼 보입니다. 나는 대단하고 상대는 끔찍하며 모든 것이 잘 풀릴 것 같지요. 불교에서는 분노의 뿌리에는 독이 있지만 꼭지에는 꿀이 묻어 있다고 묘사합니다. 분노를 품는 것은 자신을 불태우면서 상대방이 그 연기에 시달리기를 바라는 것과 같습니다. 우리가 적보다 훨씬 더 큰 대가를 치르게 되지요.

기준에 미치지 못한다는 생각 때문에 자주 분노에 휩싸였던 톰의 사례를 살펴보겠습니다. 자수성가한 사업가인 톰의 아버지는 어릴 때부터 아들을 채찍질하며 훈련시켰습니다. 격려의 말은 좀처럼 들을 수 없었지요. 심지어 사춘기 때 전학을 가게 되면서 학교에서 불량한 학생들에게 줄곧 괴롭힘을 당했습니다. 이런 경험 때문에 톰은 대학에 진학하면서 더는 다른 사람들에게 무시당하지 않겠다고 마음먹었지만 안타깝게도 그 결심은 역효과를 냈습니다. 톰은 직장에서 부조리한 일을 당하면 참지 않고 맞서다가 번번이 "나를 존중하지 않는다면 여기를 나가겠어"라며 일을 그만두었습니다. 하지만 실직할 때마다 자신이 실패자처럼 느껴졌습니다.

여러 번 일자리를 잃고 경력이 막막해지자 톰은 생각을 바꾸어보기로 했습니다. 다음 직장은 60대 사장이 운영하는 회사였는데, 한번은 톰의 주문 실수로 사장이 그를 과도하게 비난하는 일이 있었습니다. 톰은 치밀어오르는 분노를 억누르며 이렇게 자문했지요. "왜 이 일이 나를 힘들게 할까?" 사춘기 시절 학교에서 괴롭힘 당했던 일을 떠올랐습니다. 그리고 한 걸음 물러서서 이렇게 물었지요. "사장님은 왜 이렇게 심하게 화를 내는 거지?" 매출이 감소하고 경쟁에서 밀리고 있는데 사장은 실패를 원하지 않는다는 답을 얻기까지는 오래 걸리지 않았습니다. 이러한 사고의 변화를 거쳐 톰은 마침내 자신을 비난하는 사장을 있는 그대로 보게 되었습니다. 평소에는 점잖고 호인이지만 한편으로는 경쟁에서 패배할까 봐 두려워하는 사람으로 말이지요. 톰은 "죄송합니다. 왜 실수를 심각하게 생각하시는지 이해합니다"라고 말하는 것만으로도 사장과의 관계를 회복할 수 있었습니다.

톰처럼 스스로를 돌아보면서 자신이 느끼는 감정의 원인이 실제로는 다른 곳에서 출발한 것이며, 다른 사람의 행동이 오롯이 나 때문이 아니라는 사실을 알게 되면 속박에서 자유로워질 수 있습니다. 아주 오랫동안 시달려온 고통도 극복할 수 있지요.

분노뿐만 아니라 비판적인 태도도 관계에 큰 장애물이 됩니다. 단순히 남을 나쁘게 보기 때문이 아니라 그 태도가 확장되어 자기 자신까지도 비판적으로 보게 되기 때문입니다. 몹시 비판적인 태도를 지녔던 수잔나는 성경 공부를 하다가 이러한 깨달음을 얻었다고 합니다. "'남에게 대접을 받고자 하는 대로 너희도 남을 대접하라'는 말은 자연법칙 같아요. 다른 사람이 쓴 허술한 보고서를 보고 짜증을 내고 나면 저도 보고서를 쓰다가 실수할까 봐 전전긍긍하게 되더라고요." 그래서 수잔나는 마음속에서 비판적인 목소리가 일어나면 '또 시작이군'이라고 생각하며 가볍게 흘려보내는 연습을 했습니다. 자기 자신을 포함해서 모두가 불완전하지만 나름대로 고군분투하는 존재라고 생각하자 동료들과 소통하기도 쉬워졌고 스스로에게도 훨씬 친절해질 수 있었지요.

타인을 비판할 때는 자신이 남들보다 낫다고 생각하며 힘을 낼 수 있겠지만 그 순간이 지나고 나면 곧 비판적인 태도로 스스로를 물어뜯게 됩니다. 흔히 '황금률'이라고 부르는 "비판받지 않으려면 비판하지 말라"는 경구에는 자기 자신 또한 포함되는 것입니다.

자만심을 버리고 팀 플레이어 되기

당나라 시대의 일로 전해지는 유명한 이야기가 있습니다.

> 막강한 권력을 지닌 재상이 스님에게 자기중심주의에 대한 불교적 관점을 묻자, 스님은 "대체 무슨 멍청한 질문이랍니까?"라고 말했습니다. 재상이 벌컥 화를 내며 방어적인 말투로 "감히 내게 그렇게 말하다니!"라고 되받아치자 스님이 답했습니다. "대감, 그것이 바로 자기중심주의입니다."

자기중심적인 사람과의 대화는 쉽지 않습니다. 자신이 우월하다고 생각하는 사람과 함께 있으면 자신이 부족하게 느껴지거나 경쟁심이 들기도 하고 관계가 피곤해질 것 같다는 느낌을 받기 때문입니다. 자만심이 강한 사람들과는 협상도 어렵습니다. 그들은 양보하면 자신의 이미지가 손상된다고 생각하여 자신의 뜻대로 하라고 요구하는 경향이 있습니다. 연구에 따르면 자존감이 높은 사람(자신을 높게 평가하는 사람)은 지위 상징에 대한 위협을 받았을 때 자존감이 보통이거나 낮은 사람보다 공격적으로 변할 가능성이 더 높다고 합니다. 그리고 우리는 분노가 관계에 어떤 영향을 미치는지 잘 압니다.

자만심은 자신을 돋보이게 하려고 다른 사람들을 깎아내리는 행동을 하게 만들어 관계를 망치기도 합니다. 남성이 여성에게 거들먹거리며 설명하는 행동, 이른바 '맨스플레인mansplain'이 대표적인 예시입니다. 남성과 여성 간의 대화에서 남성이 여성에게 "이게 어떻게 돌아가는지 모르다니 믿을 수가 없네!"라는 식으로 무언가를 설명하는 모습을 본 적 있나요? 이는 관계를 확실히 망치는 길입니다.

벤처투자회사로부터 200만 달러를 투자받아 친환경 스타트업을 설립한 매기의 경험을 살펴보겠습니다. 매기는 스물아홉이라는 나이가 믿어지지 않을 만큼 똑똑하고 카리스마와 자신감이 넘치는 사람이었습니다. 그녀의 프레젠테이션을 들은 사람들은 금방 매기의 말에 설득되었지요. 그러나 엔지니어들이 현장에서는 실험실에서만큼 공정이 잘 작동하지 않는다는 점을 지적하면서부터 문제가 시작되었습니다. 매기는 엔지니어들에게 결과를 유출하지 말고 더 열심히 노력하라며 이렇게 압박했습니다. "작동되게 만들어요. 안 그러면 다른 사람을 찾을 겁니다." 회사가 망하고 나서야 매기는 자신의 자만심이 상황을 악화시켰다는 사실을 깨달았습니다. 나중에 완전히 소원해지지 않은 몇 안 되는 직원 중 한 명과 맥주를 마시러 갔을 때 진실을 들었습니다. "매기, 미안한 말인데 막판에 당신은 정말 재수없었어요. 다들 당신과 말도 하기 싫어했고 의욕도 없어졌죠."

매기는 그 직원의 조언을 깊이 생각했습니다. 그리고 다시 일어서서 다른 회사에 입사하면서 태도를 바꾸었지요. 매기는 최고가 되려고 노력하는 대신 팀 플레이어가 되었습니다. '무슨 일이 있든 함께

이기거나 지는 것이다'라는 태도를 취하자 사람들과 잘 어울리게 되었을 뿐만 아니라 자아상도 이전만큼 위태롭지 않았습니다.

열등감에서 벗어나 내 안의 그림자 탐색하기

자기중심적 태도와 반대로 자신이 부족하다는 느낌도 좋지 않습니다. 스스로를 낮게 평가하면 다른 사람이 자신을 거절할 것이라고 생각해서 부자연스럽게 행동하게 되기 때문입니다. 또한 호감이나 흥미를 얻으려 지나치게 애쓰거나 먼저 다가가기를 주저하게 되어 깊은 관계를 맺는 데 방해가 됩니다. "그 사람은 내게 전혀 관심 없을걸", "우린 진짜 친구였던 적도 없어"와 같은 생각을 하며 거절을 두려워하지요.

자신이 부족하다고 느끼면 잘못된 관계를 선택할 수도 있습니다. 다른 사람을 찾지 못할까 봐 두려워서 마음에 들지 않는 사람과 계속 어울리고, 직장에서도 더 적극인 지원자가 당신보다 돋보일까 봐 실력이 덜한 사람을 채용하게 되지요. 소속 집단을 고를 때도 마찬가지입니다. 인기 있는 사람처럼 보이고 싶어서 원치 않는데도 클럽에 가거나 갱단의 일원이 되어 우월한 기분을 느끼려고 하는 경우처럼 말입니다. 편견에 기초해 특정한 부류의 사람들을 차별하는 태도 역시 같은 이유 때문입니다. 특정한 인종이나 성별, 연령대, 국적 또는 경제적 계층보다 우월하다는 환상으로 자신이 부족하다는 느낌을 보상하려는 것이지요.

우월감이든 열등감이든 모두 안정적인 사회관계를 맺는 데 방해가 됩니다. 사실 우리 내면의 고민을 해결하기 위해 다른 사람과의 안전한 관계가 필수적이라는 점을 고려하면 단순한 방해물 이상이라고 볼 수 있을 것입니다.

앞서 우리 모두에게는 인정하기 싫어서 숨기고 사라졌으면 하는 성격 부분, 즉 그림자 또는 유배자가 있다고 설명했습니다. 우리의 그림자는 우리가 좋아하지 않는다고 해서 사라지는 것이 아니라 다른 사람들, 특히 우리가 무시하는 개인이나 집단을 바라보는 시각에 그늘을 드리우며 관계를 방해합니다. 다른 외부 집단을 타자화하는 경향이 나타나는 이유도 그 때문입니다. 많은 사람이 자신의 성적 취향이나 탐욕, 공격성, 다른 고상하지 못한 충동을 거북해하고 심지어는 제대로 인식하지도 못합니다. 동시에 이러한 특성을 다른 사람들에게 투사하여 외집단을 도둑 심보를 지닌 폭력적인 이들이라고 여깁니다. 예를 들면 '우리' 백인들의 일자리를 뺏거나 '우리' 남자들을 유혹하려는 예비 범죄자처럼 묘사하는 식이지요. 나치의 유대인에 대한 묘사, 백인우월주의자의 흑인에 대한 묘사, 이민 배척주의자의 이민자에 대한 묘사 등 수많은 예에서 이런 형태를 확인할 수 있습니다.

집단뿐만 아니라 개인적 차원에서도 비슷한 행동을 찾아볼 수 있습니다. 과체중인 사람이나 중독 증상이 뚜렷한 사람을 보고 식탐이 많다거나 절제력이 없는 사람이라고 폄하하는 이유는 우리 대부분이 자신의 자제력 부족을 받아들이기 힘들어하고 독선적인 우월감을 느끼기 때문입니다. 이러한 투사는 새로운 관계를 맺을 기회를

자존감 회복 훈련 21

내 그림자 바로 보기

그림자는 우리가 폭넓은 시각으로 사람들과 교류하지 못하도록 방해합니다. 우리는 다른 사람의 특성이나 행동을 비난하지만 사실 이는 그들의 선천적 결함이 아니라 우리 자신이 마음에 품고 있는 그림자의 투사입니다. 내 안의 그림자를 깨닫고 사실을 있는 그대로 바라보는 연습을 해봅시다.

1. 당신이 평소 경시하는 사람이나 집단은 어떤 부류인가요?
2. 1에서 떠올린 이들의 특성이나 행동을 아래 표에 적어봅니다.
3. 당신이 그런 특성을 보이거나 유사한 행동을 한 적이 있는지 생각해보세요.

특성 또는 행동	내가 그들과 같을 때

원천적으로 차단하며 사회적 불의를 영속화합니다. 자신의 그림자를 파악하고 이에 솔직해지면 이러한 투사를 차단할 수 있습니다.

얼마 전 제 지인인 스티브와 통화하던 중 있었던 일입니다. 미국 북부의 뉴잉글랜드에서 성장한 그는 최근 직장을 옮겨 남부로 이사를 갔는데, 새로운 이웃들이 이기적이고 무지하며 환경 보호에 무관심하다고 불평을 늘어놓더군요. 평소 점잖은 사람이 이상하게 분노를 강하게 표출하는 듯하여 기회를 엿보다 "남부 사람들이 당신의 좋지 않은 일면을 떠올리게 하나요?"라고 물었습니다. 처음에 스티브는 짜증을 냈지만 곧 마음을 가라앉히고는 제 말이 맞는 것 같다며 자신의 무관심이 싫다고 했습니다. '세상은 엉망인데 나는 별 도움이 안 되는 것 같아'라는 생각을 자주 한다고 말이지요. 이어서 그는 새로운 이웃들이 북부 사람들보다 더 친절하다고 인정했으며, 자주 비행기를 타고 다니는 자신의 탄소 발자국이 너무 크다는 사실에 부끄러움을 느낀다고 했습니다. 자신의 그림자를 깨닫자 소외감이 유대감으로 바뀐 것이지요.

이처럼 우리가 다른 사람보다 우월하지도, 열등하지도 않다는 사실을 깨달으면 다른 사람들과 쉽게 어울려 살아갈 수 있습니다. 평범함이 주는 굉장한 선물이지요.

공통점을 찾으면 유대감이 생겨난다

다른 사람과 자신의 공통점을 발견하고 유대감을 느끼는 방법에는 여러 가지가 있습니다. 자신의 정체성을 재평가하는 방법이 그중 하나지요. 정치학자인 제 딸은 이슬람교의 두 종파인 수니파와 시아파가 중동 지역에서 벌이는 긴장 상태를 완화할 방안을 연구한 적이 있습니다. 딸의 말에 의하면 사람들이 자신을 이슬람교도라고 넓게 보지 않고 상대적으로 더 좁은 범주인 수니파나 시아파라고 생각할 때 상대에 대한 적대감이 커진다고 합니다. 반대로 지도자들이 '우리 모두 이슬람교도'라는 메시지를 강하게 전달할 때는 갈등이 완화된다더군요.

미국에서 9·11 테러가 발생한 후에도 비슷한 일이 일어났습니다. 공격당했다는 공포와 고통을 공유하면서 이전까지는 세분화된 하위 집단의 구성원이었던 사람들의 정체성이 상대적으로 더 넓은 '미국인'으로 바뀌기 시작했지요. 사회심리학자들은 그런 변화가 적어도 일시적으로는 집단 간의 긴장을 완화하는 데 효과가 있었다고 평가합니다. 이를 정체성 재범주화라고 부르는데, 이처럼 누군가가 더 우월하거나 열등하다고 생각하는 대신 모두의 공통점에 주목하면 그다음 단계로 나아갈 수 있습니다. 수니파와 시아파 모두 같은 이슬람교를 믿는 무슬림이라는 사실에 주목하는 것처럼 말입니다. 또한 유대인, 기독교인, 무슬림은 전해져오는 교리에 따라 모두 스스로를 아브라함의 자식으로 볼 수도 있습니다. 전 세계 사람들을 국적으로 구분하기보다 모두가 안전하고 건강하며 사랑받고 행복을 느끼기 위해 애쓰는 인간이라는 사실에 집중할 수 있겠지요. 더 넓게는 인간이라는 종에 대한 집착을 초월하여 우리 모두가 자연의 일부임을 깨달을 수도 있습니다.

비판적인 마음에 사로잡혀 다른 사람들을 폄하하거나 자신이나 자신이 속한 집단이 더 낫다는 생각이 들 때면 '나와 저 사람들의 공통점은 무엇일까?'라는 질문을 던져보세요. 다른 사람과 나의 공통점을 발견했을 때, 자신을 더 높은 수준의 사람들과 동일시할 때 어떤 기분이 드는지 살펴보세요. 다만 한 가지 주의할 점이 있습니다. 우리가 모두와의 공통점을 찾으려고 노력하는 동시에 서로의 차이에도 주의를 기울여야 한다는 점입니다. 역사적으로 특권 집단은 수천 년 동안 외집단을 억압하면서 엄청난 고통을 안겼습니다. 공통점을 찾아보려 노력해도 특권 집단에 속해 있는 사람과 외집단에 속하는 사람과는 쌓아온 경험이 완전히 다를 수 있습니다. 이 점을 명심하면서 그들의 경험을 이해하려고 노력해야 합니다. 고통을 감추고 서로 어울리기 위해 노력하는 것은 소용이 없습니다. 다른 사람과 진정으로 소통하기 위해서는 과거의 상처와 지금도 진행 중인 부당함을 해결해야 합니다.

10장

우리를 자유롭게 하는 연민의 힘

> 다른 사람들이 행복하기를 바란다면 자비를 베풀어라.
> 당신이 행복해지고 싶을 때도 자비를 베풀어라.
> ― 달라이 라마 14세

　　　　　　동물 행동 연구를 살펴보면 자연의 다양한 동물 종 사이의 공통점을 찾을 수 있습니다. 큰 고통을 불러오는 지배력, 사회적 지위, 성적 매력에 대한 고민을 공유한다는 사실 말이지요. 하지만 우리 인간과 다른 동물 종 사이에는 한 가지 중요한 차이가 존재합니다. 그리고 이 차이 덕분에 우리는 동물의 왕국에서 절대적인 법칙으로 통하는 약육강식에 매몰되지 않고 인간의 사회적 본능인 자기평가의 고민에서도 벗어나 다른 사람들과 깊은 관계를 맺을 수 있습니다. 바로 '연민'을 느낄 수 있는 능력의 존재이지요. 연민은 사회적으로 배우는 감정이 아니라 우리가 선천적으로 지니고 있는 생물학적 본능입니다. 그리고 우리는 이 본능을 통해 진정한 자유로 가는 길을 찾을 수 있지요.

다른 사람을 보살피는 본능의 기원

우리의 뇌는 우리가 특정한 상황에서 어떠한 행동을 하도록 만드는 동기부여 시스템을 발달시켰습니다. 위협 대응 시스템이 그중 한 가지입니다. 이 시스템 덕분에 우리는 위협에 직면했을 때 도망치거나 얼어붙거나 싸워서 자신을 보호할 수 있습니다. 위급한 상황에서 아드레날린이 혈관을 타고 흐르는 느낌을 느껴본 적이 있나요? 커다란 위협 앞에서 빠르게 도망치거나 꼼짝 못하고 굳거나 맞서 싸우고 싶은 충동을 경험한 적은요? 모두가 위협 대응 시스템의 작용으로 나타나는 반응으로, 이 시스템은 우리가 안전하다고 느끼면 잠잠해집니다.

또한 이차적인 목표 추구 시스템도 있습니다. 배고플 때 음식을 찾고, 추울 때 온기를 찾으며, 흥분했을 때 섹스를 하고, 소셜미디어에서 '좋아요'를 누르게 하는 힘이지요. 인간을 포함한 포유류에게 이 시스템은 주로 도파민과 관련이 있어서 대단히 중독성이 강합니다. 이 시스템은 우리가 만족감을 느끼면 조용해지지요.

마지막으로 포유류는 출산 후에도 새끼에게 젖을 먹여가며 상당 기간 기르고 돌보기 때문에 이를 위한 동기부여 시스템이 특히 발달했습니다. 보살핌과 어울림 시스템이라고 부르는 이 강력한 회로는 자녀에 대한 헌신은 물론이고 가까운 사람들을 돌보고자 하는 욕구를 부추깁니다. 우리가 타인을 위해 자신을 희생하는 행동의 이면에 이 시스템이 있습니다. 특히 영장류, 그중에서도 우리 호모사피엔스의 이타적 충동은 다른 포유류보다 한 차원 더 강력하지요. 진화생물학적으로 무리를 지어야만 살아남을 수 있었기 때문입니다. 고생물학자들은 약 5만 년 전 문화적 빅뱅 시기에 우리 인간의 보살핌 능력이 비약적으로 발견했다고 생각합니다. 혼자서는 살아남을 수 없었을 부상이나 질병을 안고서도 고령까지 살았던 유골이 처음으로 나온 시기가 이 무렵이기 때문입니다.

문제는 이 세 가지 주요 동기부여 시스템이 동등한 힘을 발휘하지 않는다는 점입니다. 예를 들어 길을 걷다가 돌진하는 자동차와 마주치면 위협 대응 시스템이 다른 두 가지를 쉽게 압도합니다. 다시 말해 생명의 위협을 받는 다급한 순간에는 다른 목표를 신경 쓰기 힘들기 때문에 다른 사람의 필요를 간과하기 쉽습니다. 이렇게 즉각적인 위험이 감지되지 않아서 안전하다고 느끼면 우리는 비로소 음식이나 섹스, 존중받기, 은퇴 자금 마련과 같은 목표에 주의를 돌립니다. 저녁으로 뭘 먹을지, 내가 좋아하는 사람이 나를 좋아하는지, 어떻게 하면 돈을 더 벌 수 있을지 궁리할 수 있지요.

그렇다면 우리 인간에게 특히 잘 발달했다는 보살핌과 어울림 시스템은 도대체 언제 작동하는 것일까요? 이 시스템은 다른 두 가지와 작동 방식이 약간 다릅니다. 이 시스템은 독자적으로 작동하지 않고 다른 동기부여 시스템으로 인한 욕구가 모두 충족된 후에야, 즉 위협을 느끼지 않고 필요한 것을 모두 갖추고 있을 때에만 작동하기 때문입니다. 물론 예외도 있습니다. 자녀나 친척, 우리와 가까운 친구의 경우에는 위협을 느끼거나 기본 욕구가 충족되지 않을 때에도 보살피려 애쓰기 때문이지요. 하지만 이 같은 일부 예외를 제외하면 안전과 만족에 대한 욕구가 충족되지 않을 때 우리의 관대함은 널리 발휘되지 않습니다.

　앞에서 언급한 연민은 이 보살핌과 어울림 시스템에서 나오므로 마음의 평안을 위해서도 이 시스템은 중요합니다. 타인을 돌봄으로써 안전한 사회적 관계를 구축하게 만들어주며, 다른 사람을 보살피는 순간에는 사회적 비교나 자기평가에 집중하지 않을 수 있기 때문입니다.

연민을 기르는 자애명상의 힘

앞서 소개한 체로키족 할아버지의 조언과 평원을 달리는 마차의 비유를 기억하나요? 우리가 먹이를 주는 늑대가 이기고 여러 번 지나간 바큇자국이 더 깊어지듯 우리의 행동은 뇌를 재구성하여 자주 사용하는 동기부여 시스템을 강화합니다. 만약 반복적으로 위협 대응 시스템에 의존하여 투쟁, 경직, 도피 모드로 움직이거나 목표 추구 시스템에 따라 즉각적인 욕구를 충족하는 데 익숙해지면 뇌의 회로는 두려움과 중독에 익숙해집니다. 그렇다면 같은 방식을 이용해 의도적으로 보살핌과 어울림 시스템을 강화할 수도 있지 않을까요?

　보살핌과 어울림 시스템을 강화하는 방법은 여러 가지가 있습니다. 앞 장에서 본 깊이 있는 관계 구축도 당연히 도움이 됩니다. 또 다른 방법은 의도적으로 연민의 마음을 키우는 것으로, 이 자체가 다른 사람과 깊이 있는 관계를 맺도록 해줍니다. '연민'이라는 뜻의 영어 단어 compassion은 '함께 아파하다'라는 뜻의 라틴어 compassio

에서 유래했습니다. 어원에서 알 수 있듯 연민은 공감에서 시작됩니다. 연민을 느끼려면 먼저 다른 사람의 감정을 감지할 수 있어야 하기 때문이지요. 캘리포니아대학교 로스앤젤레스 캠퍼스에서 뇌 매핑mapping을 연구하는 마르코 야코보니Marco Iacoboni는 다른 사람의 감정을 우리 몸에서 일어나는 것처럼 경험할 수 있게 해주는 거울 뉴런이 연민을 느끼는 데 일조한다는 연구 결과를 제시했습니다. 이러한 연민에는 고통스러운 경험이나 상실에 대한 공감은 물론이고 상대방의 기분이 나아지거나 건강해지기를 바라는 이타적인 소망도 포함됩니다. 친구가 상처받았을 때 그의 고통을 느끼는 동시에 마음속으로 친구의 기분이 나아지기를 바라는 것처럼 말이지요.

의도적으로 연민을 기르고 싶다면 자애명상이 도움이 됩니다. 불교의 수행법에서 유래한 자애명상은 이타적이고 선한 마음을 강화해줍니다. 자애명상을 할 때는 먼저 자애를 보낼 대상을 떠올리고 자애로운 마음을 일으킬 구절을 마음속으로 읊조리면서 집중합니다. 그래서 자애명상을 하기 전에 마음챙김 명상으로 감정을 가라앉힌 후에 시도해보면 더욱 효과가 좋습니다.

자애명상이 잘 될 때가 있는가 하면 전혀 그러지 못할 때도 있습니다. 저는 할 일들을 걱정하거나 문제를 해결할 방법을 고민할 때처럼 강박과 불안에 시달리는 상태일 때는 자애명상이 잘 안되더군요. 자애심을 불러일으키려고 노력해도 곧 걱정거리에 사로잡히고 말지요. 이럴 때는 운동이나 요가, 마음챙김 명상 등으로 생각의 흐름에서 벗어나 몸에 집중한 후에 다시 시도하는 것이 좋습니다.

또한 자애명상을 하더라도 냉소, 비판, 분노와 같은 부정적인 감정

자존감 회복 훈련 22

자애명상으로 연민의 감정 기르기

이 명상을 할 때는 손을 가슴 위에 올려두고 부드러운 압박과 온기를 느껴보세요. 명상 중에 읊는 구절은 자신에게 맞는 다른 문구로 대체해도 좋습니다.

1. 사랑과 친절을 베푸는 자애로운 인물을 떠올려보세요. 친구나 가족, 멘토 혹은 테레사 수녀, 달라이 라마, 예수, 부처, 마호메트 등 당신이 자애롭다고 생각하는 인물이면 됩니다. 동물이나 자연 속 장소도 대상이 될 수 있습니다.

2. 눈을 감고 1에서 떠올린 존재가 당신과 함께 있다고 상상하며 그 존재감을 느껴보세요. 그가 안녕하기를 기원하는 마음을 담은 말을 조용히 반복해봅니다. 전통적으로 쓰이는 문구는 다음과 같습니다.

    당신이 안전하기를 바랍니다.
    당신이 행복하기를 바랍니다.
    당신이 건강하기를 바랍니다.
    당신이 평온하기를 바랍니다.

3. 자애심이 느껴지는 것 같으면 그 감정이 자신을 향하게 해보세요. 내 마음이 원하는 것은 무엇인지, 다른 사람들로부터 어떤 말을 듣고 싶은지 자문해보고 스스로에게 그 말을 기원해보세요. 전통적으로는 다음과 같은 문구를 사용합니다.

    나는 안전하기를 바랍니다.
    나는 행복하기를 바랍니다.
    나는 건강하기를 바랍니다.
    나는 평온하기를 바랍니다.

4. 자신에게 친절하게 행동하지 못하도록 막는 문제 때문에 마음이 갇혀 있다면 "나는 무엇이든 받아들이기를 바랍니다" 혹은 "나는 두려움에 맞설 용기를 갖기를 바랍니다"처럼 그 문제를 지적하는 문구를 반복해보세요.

5. 마지막으로 자신에게 중요한 사람을 한 명씩 떠올리면서 자애심을 느껴보세요. 직장 동료, 이웃에서 시작해 마을, 국가, 더 나아가 지구상의 모든 사람을 포함할 때까지 점점 더 큰 공동체에 따뜻한 소망을 빌어보세요. 궁극적으로는 다음과 같은 문구를 사용하게 될 것입니다.

> 모든 존재가 안전하기를 바랍니다.
> 모든 존재가 행복하기를 바랍니다.
> 모든 존재가 평화롭기를 바랍니다.
> 모든 존재가 평온하기를 바랍니다.

에 시달릴 수 있고, 처음부터 일부 사람들에게만 연민을 느끼겠다고 마음먹을 수도 있습니다. 몇 년 전 워크숍에서 자애명상을 가르치는데 한 참가자가 "저는 반대 정당의 지도자를 빼면 모든 사람에게 자애심을 느낄 수 있어요"라고 이야기하더군요. 그래도 괜찮습니다. 이럴 때는 억지로 자애명상의 범위를 넓히려 하지 말고 떠오르는 생각과 감정을 열린 마음으로 그대로 받아들이려고 노력해보세요. 날아다니는 코끼리를 생각하지 않으려고 애쓰면 갑자기 날개 달린 코끼리가 머리를 가득 채우게 되는 것처럼 부정적인 감정을 밀어내려고 하면 오히려 계속 떠오릅니다. 자애명상은 따뜻함과 연민으로 우리를 연결해주는 동시에 우리가 상처나 두려움 때문에 경계하는 부분도 깨닫게 해줍니다. 자신의 한계를 존중하고 자신에게 인내심을 갖는 것이 가장 좋습니다.

승진에서 탈락한 후 상사가 자신의 공로를 인정해주지 않았다는 사실에 상처받고 분노한 졸린의 사례를 살펴보겠습니다. 졸린은 분노와 슬픔으로 가득 찬 마음을 달래기 위해 자애명상을 시작했고 실제로 큰 위로가 되었습니다. 상사가 자신의 노력을 알아주지 않더라도 자신은 여전히 사랑받을 만한 사람이라고 느낄 수 있었지요. 하지만 자애심의 범위를 확장하려 하자 상사가 계속 떠오르면서 포용감을 느끼기 힘들었습니다. '빌어먹을, 그 여자는 그럴 자격이 없어'라는 생각만 들었지요. 졸린은 상처와 분노가 너무 생생해서 상사를 용서할 준비가 되지 않았음을 깨달았습니다. 하지만 여전히 자애명상을 통해 자신을 위로할 수 있었습니다.

때로는 자애명상이 오히려 해가 될 때도 있습니다. 화재 진압 현장에서 실내에 잔불이 있을 때 문을 열면 산소가 유입되어 다시 타오르는 현상을 백드래프트backdraft라고 부르는데, 자애명상을 비롯한 연민 훈련에서도 이런 현상이 종종 발생합니다. 사랑을 많이 받지 못한 탓에 보살핌과 어울림 시스템이 제대로 발달하지 못했다면 사랑의 감정을 느끼려 애쓰는 행위가 오히려 감정적 고통을 불러일으키기도 합니다. 무릎이 까져 넘어졌는데도 어른이 와서 도와줄 때까지 꼼짝 못하고 있는 어린아이처럼 말입니다. 이런 아이들은 어른이 일으켜줄 때에야 고통을 쏟아내며 울음을 터트리지요.

따라서 현재 우리의 상태를 존중해야 합니다. 자애명상이 취약한 느낌을 너무 심하게 불러일으킨다면 지금 당장 자애명상을 할 필요는 없습니다. 그럴 때는 친구들과 연락하거나 자연 속에서 시간을 보내거나 영적인 관심사를 추구하거나 더 넓은 세상과 연결되는 등 안전하다고 느낄 수 있는 방법을 먼저 찾아보세요.

"내가 그 사람이었다면 다르게 행동할 수 있었을까?"

때로는 누군가를 비난하고 싶은 충동이 보살핌과 어울림 시스템을 차단하고 다른 사람들과의 관계를 단절시킵니다. 따라서 연민을 발휘하려면 비난이 작용하는 방식과 생각을 돌려 감정을 누그러뜨리는 방법을 알아둘 필요가 있습니다.

생후 6개월 된 아기가 밤새 울거나 보채서 잠을 설친다고 아기를 탓하지 않습니다. 젖은 기저귀, 배고픔, 소화불량, 과도한 피로 등 원인을 찾아 해결하려고 노력하지요. 여섯 살짜리 아이가 버릇없이 굴기 시작하면 '버릇없고 고집 센 아이'라고 생각할 수도 있지만, 그보다는 학교생활의 어려움이나 낮잠 부족, 방치당한 느낌, 형제자매 간의 경쟁심 때문은 아닌지 걱정할 가능성이 더 큽니다. 하지만 열여섯 살짜리가 말을 안 들을 때는 금방 '돼먹지 못한 녀석'이라고 생각합니다. 이처럼 누군가를 비난하는 행위에는 우리라면 같은 상황에서 그런 행동을 하지 않을 것이라는 가정이 깔려 있습니다. 하지만 이는 잘못된 전제입니다. 만약 우리가 그 사람처럼 태어나 그 사람과 같은 것을 배웠다면 우리가 곧 그 사람이 되었을 것이고 당연히 그 사람과 똑같이 행동했을 것이기 때문입니다.

비난하고 싶은 마음이 연민의 감정을 방해할 때 이 점을 곰곰이 생각해봅시다. 문제는 타이밍입니다. 분노와 비난을 뛰어넘어 성급하게 연민에 도달하려고 하면 진짜 감정은 사라지지 않고 그저 마음 속 깊은 곳에 묻히고 맙니다. 이는 영적 우회spritual bypass라고 부르는 회피 행동이자 편법으로, 나중에 그 감정이 되살아나 다시 괴로워질 가능성이 큽니다. 따라서 자신의 분노와 판단을 받아들이고 충분히 느낀 다음에야 상대방이 그런 행동을 하게 된 원인이 무엇인지 차분히 생각해보아야 합니다. 그러면 비난하고 싶은 마음이 줄어들면서 상대방이 나보다 더 낫거나 못하다는 판단을 내리는 대신, 상대방을 나와 크게 다르지 않은 평범한 인간으로 바라볼 수 있습니다.

연민의 시각을 기른다고 해서 불의나 상처를 주는 행동을 묵인해야 한다는 의미는 아닙니다. 때에 따라 다른 사람을 제지하거나 분노를 표출하거나 잘못을 바로잡을 필요가 있기 때문입니다. 하지만 상대방의 동기를 이해하면서 불의에 맞서 행동하는 것과 상대방을 나쁜 사람이라고 비난하는 것은 다릅니다. 전자의 경우에는 연민과 유대감을 느낄 수 있지만 비난은 그렇지 않습니다. 핵심은 분노의 감정을 받아들이는 동시에 상대방의 행동을 유발한 요인과 힘을 파악하려고 노력하는 것입니다. 그러면 우리는 가해자에게 연민을 느낄 수 있을 뿐만 아니라 그들과 제대로 소통할 수 있습니다.

졸린은 승진에서 탈락한 지 몇 주 후에 상사가 곤란한 상황에 처해 있다는 사실을 알게 되었습니다. 알고 보니 상사는 더 윗사람으로부터 다른 사람을 승진시키라는 압박을 받았고, 그 때문에 졸린의 공로를 알면서도 승진시켜주지 못한 것이었습니다. 이 사실을 알자 분노가 사그라들면서 상사를 이해할 수 있게 됐습니다. "제 상사의 입장에서 생각해보게 됐어요. 곤란했겠더라고요. 제게 문제가 있었던 게 아니었던 거죠."

달라이 라마는 우리에게 상처를 주는 사람들에 대한 연민을 키우는 법에 대해 글을 많이 썼습니다. 또한 그를 테러리스트로 간주하고 추종자들과 함께 티베트로 내몬 중국 정부에 화가 나지 않느냐는 질문을 자주 받는데, 그럴 때마다 "당연히 제 친구인 적에게 분노를 느낍니다!"라고 대답한다고 합니다. 상충하는 이해관계를 인정하면서도 상대방을 비난하지 않는 흥미로운 표현이지요. 그는 강제수용소에 수년간 갇혔다가 풀려난 한 원로 스님에 관한 이야기도 들려주었습니다. 그 스님은 달라이 라마에게 강제수용소에 있는 동안 절망에 빠져 모든 희망을 잃었다고 고백했습니다. 달라이 라마가 "감옥에서 영원히 풀려나지 못할까 봐 두려웠다는 뜻인가요?"라고 묻자, 그 스님은 이렇게 대답했다고 합니다. "저를 억류한 중국인들에 대한 연민을 잃을까 봐 두려웠습니다."

하지만 아무리 연민을 키우려고 해도 다른 사람들의 행동을 도무지 이해할 수가 없을 때가 있습니다. 도대체 왜 그런 행동을 하는지조차 알 수 없는 상황 말입니다. 이럴 때 심리학자 릭 핸슨Rick Hanson은 다음과 같은 사고실험을 해보라고 제안합니다. 카누를 타고 강을 따라 내려가고 있는데 갑자기 쾅 하는 소리와 함께 카누가 뒤집혀 하류로 떠내려가게 되었습니다. 카누가 뒤집힌 원인이 십 대 청소년의 장난이었을 경우와 커다란 통나무가 떠내려오다 우연히 당신의 카누에 부딪혔을 경우를 각각 생각해보세요. 어떤 기분이 드나요? 두 상황 모두 온몸이 엉망으로 젖어 추워지겠지만, 개인적으로 공격받았다고 느낄 때 비난하는 마음이 들고 분노가 피어오르면서 훨씬 더 기분이 나빠질 것입니다. 그리고 상대의 공격으로 우리의 자아상이 도전받았다고 느끼면 '네가 뭔데 내게 이러는 거야?'라는 생각이 들면서 더더욱 기분이 나빠집니다.

결국 우리가 분노하는 진짜 원인은 상대방의 이상한 행동 자체가 아니라 상대의 행동을 받아들이는 우리의 태도에 있습니다. 그래서 다른 사람들이 그렇게 행동하는 원인과 조건을 이해하고 나면 우리는 다르게 반응하지요. 친구의 태도가 무성의하거나 동료가 비판적인 태도를 보인다 해도, 나를 깎아내리려는 것이 아니라 그저 상대가 피곤하거나 걱정거리가 있거나 낮아진 자존감 때문이거나 어린 시절의 상처 때문일 수 있다고 생각하면 마음이 겸손해지면서 해방감이 듭니다. 우리 자신은 그렇게 중요한 존재가 아니며 그 사람의 드라마에서 아주 작은 역할을 하는 일부에 불과하다는 사실을 깨닫게 되니까요.

먼저 나를 포옹해야 한다

우리의 분노가 언제나 남을 향하는 것만은 아닙니다. 일하다가 실수하면 우리는 스스로에게 "이 멍청이!", "그때 좀 더 조심했어야지!", "어떻게 그런 바보 같은 짓을 했지?"와 같은 말을 되뇌곤 합니다. 그런데 이 말을 다른 친구나 동료에게 하면 어떻게 될까요? 영영 친구는 물론이고 지인이라고 부를 수 있는 관계조차 만들기 어려울 것입니다. 다시 말해 우리는 타인뿐만 아니라 우리 자신까지도 따뜻한 연민의 마음으로 보는 연습이 필요합니다.

우리가 어떤 일에 실패했을 때 자신에게 가혹하게 구는 데에는 여러 가지 이유가 있습니다. 과거 우리를 비판했던 부모님이나 선생님의 목소리를 내면화했을 수도 있고, 소외된 집단의 일원이라면 자신의 개인적 특성이나 정체성을 평가절하하는 문화적 메시지 때문일 수도 있습니다. 혹은 다른 사람들이 비판하기 전에 선수를 쳐서 스스로를 비판하고 싶을 수도 있습니다. 자신을 비판하면 발전하고자 하는 의욕이 생기고 그렇지 않으면 게으름을 피우다가 다시 실패하리라 생각할 수도 있습니다. 심지어는 다른 사람들과의 경쟁을 피하려고 자신을 비판할 수도 있지요.

세계적으로 통용되는 8주 마음챙김 자기 연민mindful self-compassion, MSC 프로그램을 개발한 텍사스대학교의 심리학자 크리스틴 네프Kristin Neff와 하버드 의과대학의 크리스토퍼 거머Christopher Germer가 수행한 연구에 따르면 우리 대부분은 실패하거나 실수했을 때 자기 비판, 자기 고립, 자기 몰입이라는 '불경한 삼위일체'에 빠집니다. 우리는 다른 사람을 비판할 때보다 더 가혹하게 자신을 비판하며 자책하고(자기비판) 수치심으로 사람들의 시선이나 접촉을 피하게 되지요(자기 고립). 그러면 자신에게만 몰두하면서 자신이 얼마나 형편없는지 강박적으로 생각하게 됩니다(자기 몰입). 이에 대한 해독제가 바로 자기 자신을 친절하게 대하는 자기 연민입니다. 기혹한 비판 대신 스스로에게 친절한 마음을 기르고, 홀로 고립되는 대신 공통의 인간성에 대한 인식을 키우며, 고통스러운 경험에 지나치게 몰입하는 대신 고통을 인정하고 받아들이는 마음챙김을 실천하는 것입니다.

네프 박사와 거머 박사가 지적한 것처럼 실패했을 때 자신을 가혹하게 비판하면 결국 강박과 고통에 시달리게 됩니다. 따라서 일이 마음처럼 풀리지 않을 때에도 자신에게 친절하게 행동해야 합니다. 잘 먹고, 규칙적으로 운동하고, 명상이나 요가 등 마음을 진정시키는 활동도 하면서 착실히 자기 관리에 힘써야 한다는 뜻이지요. 서로 지지해주는 관계를 찾아서 배려심 있는 친구나 가족과 연락하거나 자연 속에서 시간을 보내는 것도 도움이 됩니다. 혹은 "그래, 아이스크림 한 통을 다 먹은 건 잘못이지만 정말 스트레스를 받고 배가 고팠어"라거나 "맞아, 몹시 흥분해서 말다툼하긴 했지만 그 사람이 정말 기분 상하게 했어"처럼 자신의 실수나 실패를 이해하기 쉬운 언어로 재구성해서 돌아볼 수도 있습니다. 나 자신이 자애로운 인물이 되었다고 생각하고 스스로에게 친절하고 상냥한 어조로 말을 거는 방법도 있습니다.

수많은 해법 가운데 자신에게 친절하게 행동할 수 있는 가장 간단하고 강력한 방법은 포옹입니다. 심리학 개론에서는 20세기의 심리학자 해리 할로우Harry Harlow의 원숭이 애착 실험을 반드시 가르칩니다. 할로우는 이 실험에서 새끼 원숭이에게 어미 대신 철사 또는 헝겊으로 만든 인형을 제공하여 영장류의 애정 욕구를 탐구했습니다. 철사로 만든 인형에는 젖병을 꽂아두고 헝겊으로 만든 인형에는 아무것도 꽂아두지 않았는데, 새끼 원숭이들은 우유를 먹을 때만 철사

인형을 찾았고 대부분의 시간을 헝겊 인형에 매달려 보냈습니다. 이 실험은 '접촉 위안'이 새끼 원숭이의 심리적 발달과 건강에 필수적이라는, 오늘날에는 당연해 보이는 생각을 확인해주었지요.

이와 마찬가지로 우리 인간도 나이와 상관없이 접촉이 있어야 잘 살아간다는 사실이 수백 건의 연구를 통해 입증되었습니다. 놀라운 일은 아닙니다. 고양이는 쓰다듬어줄 때 가르릉 소리를 내고, 개는 토닥여주는 것을 좋아하며, 심지어 새끼 쥐도 어미가 다정하게 핥아주면 잘 자랍니다. 인간의 피부 신경은 사람이 애정을 나타내는 본능적인 리듬에 따른 쓰다듬기에 반응하도록 프로그래밍되어 있어서 사람 체온 정도의 접촉에만 반응하며 그보다 더 따뜻하거나 차가울 때는 반응하지 않습니다.

이처럼 다정한 접촉을 원하는 본능을 활용하여 보살핌과 어울림 시스템을 활성화하면 자존감이 무너지지 않게 지탱할 수 있습니다. 배려심 많은 친구에게 포옹을 요청해보거나 스스로 안아주고 쓰다듬어보세요. 처음에는 어색하게 느껴질 수 있지만 우리 몸은 그 메시지를 받아들이도록 프로그래밍되어 있어서 놀라운 효과를 경험할 수 있습니다. MSC 프로그램에 따르면 감정적으로 힘들 때 자신의 몸을 감싸안듯 팔을 두르거나 팔, 얼굴 등을 부드럽게 쓰다듬어주면 도움이 된다고 합니다. 하지만 접촉에 굶주려 있다면 이 방법이 오히려 백드래프트를 불러일으킬 수도 있습니다. 불편감이 느껴진다면 다른 방법을 시도해보거나 천천히 연습하면서 익숙해지는 것이 좋습니다.

제 환자인 노아도 포옹의 효과를 경험한 적이 있습니다. 집수리를 하는데 물이 새는 변기 문제를 도무지 해결할 수가 없어서 스스로를 매도하는 중이었다고 합니다. "변기 설치가 뭐가 그렇게 어렵다고 이러고 있는 거지? 복잡한 로켓을 설계하는 것도 아닌데 이 정도는 그냥 할 수 있어야 하는 거 아니야?" 노아가 구시렁거리며 자신을 비난하자, 옆방에서 그 소리를 들은 아내는 "아버님이라면 뭐라고 하셨을 것 같아?"라고 물었습니다. 노아는 잠시 생각한 뒤 "이런 일이 처음부터 제대로 되지는 않는다고 달래주셨을 거야"라고 답했지요. 노아의 아버지는 실수에 관대했거든요. 그의 차분한 대답을 들은 아내는 노아를 포옹해주었고, 아버지의 이해심 어린 목소리와 아내의 애정을 받아들인 노아는 다시 일어나 누수 문제를 해결해냈습니다.

만약 자기 포옹이 어색하거나 두렵다면 애정 어린 호흡 명상도 도움이 됩니다. 방법은 간단합니다. 마음챙김 명상을 하듯 깊고 천천히 호흡하면서 자신을 진정시켜보세요. 숨을 들이쉴 때마다 사랑과 배려, 보살핌, 지원 등 지금 필요한 것들을 들이마신다고 생각하며 스스로를 달래보는 것입니다.

실수나 도덕적 결함, 약점, 실패로 인한 고통을 도무지 떨쳐내기 힘들다면 우리 모두가 지니고 있는 공통적인 인간성을 떠올려보는 것도 효과적입니다. 나만 그런 것이 아니라 모두가 같은 경험을 하고 있으며 누구나 결점이 있다는 점을 상기하는 것입니다. 스스로 당신의 배려심 많은 친구가 되었다고 생각하고 당신의 힘든 경험을 들려주세요. 만약 당신이 친구라면 그 이야기를 어떤 마음으로 듣게 될까요? 이 생각을 정리하여 친구 입장에서 당신에게 보내는 연민의 편지를 써보고 나중에 다시 읽어보면 스스로에 대한 연민을 느낄 수 있습니다.

저는 다양한 강의와 워크숍을 통해 이 방법을 여러 번 연습했는데 매번 "어쨌든 사랑합니다", "우리는 모두 실수를 하죠", "나도 똑같은 감정을 느꼈던 기억이 나요", "우리 모두 이길 때도 있고 질 때도 있죠" 같은 이야기가 나옵니다. 우리 대부분은 공통의 인간성을 너그럽게 받아들이는 현명하고 자비로운 부분을 지니고 있습니다. 문제는 자신의 결점을 자책할 때는 이 부분이 작동하지 않는다는 것입니다. 이 점에 유의해서 자신에게 상냥하게 행동해 보세요.

다른 사람에게 현명하고 동정심 많은 친구가 되어주는 것도 우리의 공통된 인간성을 느끼는 방법입니다. 최근에 실패, 거절, 수치심을 경험한 사람을 떠올린 다음 그 사람의 기분이 어떨지, 그의 머릿속에서 어떤 생각들이 오갈지 상상해보세요. 그리고 그 사람에게 당신도 그런 경험을 한 적이 있다고 알려주는 생각을 해보는 것입니다. 당신이 겪었던 실패나 실망, 그때마다 느꼈던 감정과 생각을 그에게 털어놓으세요. 직접 대면해서 전할 수 있다면 더 좋겠지요!

나를 받아들여야 다른 사람과도 잘 지낼 수 있다

우리는 감정적 상처를 입으면 방어막을 세우고 위협 대응 시스템이나 목표 추구 시스템에 갇혀서 타인과 관계를 맺고 배려하는 능력을 잃어버립니다. 따라서 자신의 상처를 돌보는 법을 잘 알아야만 타인도 잘 돌볼 수 있습니다.

타인에 대한 연민을 기르기 위해 고안된 수련법들은 보살핌과 어울림 시스템을 활성화하고 강화합니다. 최근 서구 과학자들과 정신건강 전문가들 사이에서 큰 관심을 받는 수련법으로 티베트 불교 전통에서 유래한 통렌Tonglen이라는 명상법이 있습니다. '받아들이고 보내기'라는 의미를 지닌 통렌 명상법은 연민을 기르는 수단으로 호흡을 사용합니다. 이 명상법에는 감정을 강하게 활성화하는 시각화 과정이 포함되어 있습니다. 고전적 통렌 명상법에서는 숨을 들이쉴 때 고통받는 사람을 떠올리며 그의 고통을 느끼고, 숨을 내쉴 때 그 사람과 비슷한 고통을 겪고 있는 모든 사람에 대한 연민을 내보냅니다. MSC 프로그램은 이러한 통렌 명상법을 응용하여 자신과 상대에 대한 연민을 느끼며 호흡하는 방법을 씁니다.

앞서 살펴본 것처럼 위협감이나 박탈감을 느낄 때는 보살핌과 어울림 시스템을 활성화하기가 대단히 어렵습니다. 그러므로 경쟁에서 뒤처지거나 소외되거나 비난받았다고 느낀 직후에는 연민을 베풀기가 쉽지 않습니다. 이런 순간에는 위협 대응 시스템이나 목표 추구 시스템이 우세해져서 지금 처한 위기에서 벗어나거나 경쟁자를 이겨냄으로써 고통을 잊고자 하기 때문입니다. 따라서 내게 소중한 사람뿐만 아니라 나와 경쟁 관계에 있는 사람에 대한 연민을 키우려고 노력하면 경쟁으로 자존감이 위협받는 상황에서도 보살핌과 어울림 시스템을 활성화할 수 있습니다.

자신보다 더 뛰어나 보이는 사람을 연민하기는 매우 어렵지만 그만한 가치가 있습니다. '그 사람이 잘한 거면 나는 아니네', '그 사람이 나를 알아주지 않는다면 나는 쓸모없는 사람이야'와 같은 감정에

자존감 회복 훈련 23

타인에 대한 연민 기르기

'받아들이고 보내기'라는 의미의 통렌 명상은 호흡을 통해 타인에 대한 연민을 기릅니다. 자비를 내보내고 괴로움을 받아들인다는 의미이지요. 본격적인 통렌 명상에 앞서 마음챙김 명상으로 몸과 마음을 가라앉히면 도움이 됩니다.

1. 사랑과 배려, 보살핌, 지원 등 당신에게 필요한 것들을 들이마신다고 생각하며 숨을 쉬는 애정 어린 호흡 명상을 합니다. 안전함과 편안함이 느껴질 때까지 지속해보세요.

2. 숨을 들이마시면서 자신에게 사랑과 보살핌, 위로를 보내고 숨을 내쉬면서 소중한 사람에게 연민을 보내세요. 당신의 날숨이 온정, 배려 또는 그 사람에게 필요한 것을 담고 그를 감싼다고 상상해보세요.

3. 호흡을 계속하면서 사랑과 보살핌, 배려의 숨을 들이쉬고 고통받는 사람을 향해 내보내세요. 고통받는 다른 사람들까지 포함할 수 있도록 점차 범위를 넓혀가며 모두가 공유하는 인간성을 느껴보세요.

대한 강력한 해독제가 될 수 있기 때문입니다. 한번 그런 부정적 감정에 빠져들면 '그 사람은 예쁜데 나는 못생겼어', '그 사람에 비하면 나는 멍청해', '그 사람은 성공했지만 나는 실패자야'와 같은 생각이 계속 이어지면서 긍정적 자기감정을 느끼기가 어려워집니다. 하지만 우리에게 고통을 주는 사람이 잘되기를 빌어줄 수 있다면 자기 집

자존감 회복 훈련 24

경쟁자에 대한 연민 기르기

나보다 더 뛰어난 경쟁자를 연민으로 받아들일 수 있다면 상대를 향해 느끼는 열등감과 자신이 부족하다는 느낌에서 벗어날 수 있습니다. 자애명상과 애정 어린 호흡 명상을 이용해 몸과 마음을 가라앉힌 다음 순서에 따라 차근차근 진행해보세요.

1. 뛰어난 성과나 자질로 당신을 자기평가에 빠지게 만드는 사람을 떠올려보세요. 아마도 당신이 선망하는 능력이나 업적, 인맥을 가진 사람, 당신보다 인기나 능력이 있는 사람, 전혀 당신을 알아주지 않는 것 같은 사람 등일 것입니다.

2. 그 사람을 생각할 때 어떤 감정이 일어나나요? 그 감정에 주목하면서 어떤 고통이 느껴지든 자애심을 유지해보세요.

3. 당신에게 고통을 유발하는 사람이 잘되기를 기원하세요. 쉽지 않은 일이겠지만 그의 성공을 기원하고 축복하세요. 그 사람이 당신의 아들이나 딸이라서 그가 번영하고 행복하기를 바란다고 상상하세요.

4. 내면에서 일어나는 감정을 관찰하면서 자신에게 친절하게 대응하세요. 상처로 힘들어하는 자신과 잘되기를 기원하는 경쟁자 둘 모두를 향한 자애심을 연습하세요.

착에서 벗어나 평범한 사람으로 더 편안하게 살아갈 수 있습니다. 달라이 라마도 이렇게 말했지요. "가능하면 친절하라. 친절은 언제나 가능하다."

지금까지 우리는 사회적 비교와 자기평가에 사로잡히는 수많은 사례를 살펴보고 연민의 감정을 불러일으키는 연습을 해보았습니다. 이제 이 도구를 사용하여 과거의 상처를 돌아보는 방법을 알아보려 합니다. 이 과정을 거치면 자신에 대해 부정적인 감정 아래에 묻혀 있던 트라우마를 치유할 수 있습니다. 이 과정 역시도 쉽지는 않지만 상처를 극복하면 자기평가에 대한 걱정에서 벗어나는 동시에 앞으로 만날 모든 사람과 더 깊고 애정 어린 관계를 맺을 수 있게 될 것입니다.

11장 고통을 온전히 느껴야만 치유할 수 있다

> 감정을 묻어버리는 건 생매장과 같아요.
> — 익명의 환자

캐시 러브 옴스비는 모든 것을 다 가진 사람이었습니다. 1986년 『뉴욕 타임스』에 실린 기사에 따르면 캐시는 최우등으로 고등학교를 졸업하고 의대에 진학했으며 여자 10킬로미터 종목에서 신기록을 세운 스타 육상 선수였습니다. 그런데 전국 대회에 출전했다가 4위에 그치자 1등을 못 했다는 수치심으로 다리에서 뛰어내렸습니다. 안타깝게도 하반신 마비가 되었지요.

캐시처럼 실패감에 휩싸여 다리에서 뛰어내리는 사람이 아주 많지는 않지만 그런 유혹은 어디에나 존재합니다. 기대에 부응하지 못하거나 경쟁에서 졌을 때 고통을 견디기가 너무 힘들기 때문입니다. 우리는 고통을 없애기 위해 온갖 방법을 동원합니다. 술을 마시고, 냉장고를 뒤지고, TV를 몰아보고, 일에 파묻히고, 웹 서핑을 하고,

문자를 보내고, 비디오 게임을 하며 고통에서 벗어나려 합니다. 다시 자존감을 높여줄 새로운 성취를 추구하며 고통을 없애려고 애쓰지요. 하지만 이런 접근 방식은 오히려 우리에게 더 깊은 상처를 남깁니다. "감정을 묻어버리는 건 생매장과 같아요"라던 제 환자의 말처럼요. 그리고 그 감정이 무덤에서 튀어나오기 시작하면 우리는 과한 감정에 휩싸여 설명할 수 없는 불안, 우울, 동요를 느낍니다. 많은 연구에 따르면 수치심과 무능감의 주요 원인은 그 순간의 특정한 경험이 아니라 마음 깊숙한 곳에 묻혀 있던 과거의 상처와 고통이라고 합니다. 현재의 실패나 실망감이 과거의 패배나 굴욕에 대한 감정과 기억을 촉발하여 현재 상황이 훨씬 더 나쁘다고 느끼게 만드는 것입니다.

저도 이런 경험을 자주 합니다. 최근에 콘퍼런스에 참석한 적이 있는데 행사 후에 열린 칵테일 파티에서 몇몇 유명 인사들이 자기들끼리의 대화에 열중하더군요. 저는 소외감을 느끼며 '이게 내 마음을 상하게 할 정도로 대단한 일인가?' 하고 스스로에게 물었습니다. 대답은 '아니오'였지만 여전히 기분이 좋지 않았습니다. 그래서 다시 스스로에게 이렇게 물었습니다. '사람들 사이에서 소외된 듯한 느낌이 왜 이렇게 신경 쓰이지? 이 상황이 내 과거의 어떤 순간을 떠올리게 만드는 걸까?' 7학년 때의 구체적인 기억이 무덤에서 나오기까지 그리 오랜 시간이 걸리지 않았습니다. 당시 저는 전학생이었고 운동도 잘하지 못했으며 패션과 대중음악에도 전혀 관심이 없었지요. 그 때문에 인기 있는 아이들 부류에 전혀 끼지 못해서 상처를 받았습니다. 하지만 그때는 그 고통을 온전히 느낄 만큼의 감정적 자원도 없었고, 우리 모두가 사랑받고 인정받고 싶어 한다는 사실을 인식할 정도의 정서적 성숙함도 부족했습니다. 그래서 공부에 몰두하는 한편 인기가 밑바닥은 아닌 무리에 끼고 싶어서 불량한 아이들과 창문을 깨는 등 건전하지 못한 행동을 하기도 했습니다. 성장하면서 그 감정이 사라졌다고 믿었지만 사실은 마음 깊은 곳에 묻혀 있다가 칵테일 파티에서 다시 불이 붙었던 것입니다.

성장 과정에서 상처를 피할 수 있는 사람은 거의 없습니다. 그 때문에 우리는 위협을 느끼면 과거 경험한 상처가 활성화되거나 촉발될 때가 많습니다. 이때 사람들은 보통 두 가지 방식 중 하나로 대응합니다. 첫째는 제가 콘퍼런스장에서 경험했듯이 현재 상황에 필요 이상으로 과잉 반응하여 평소보다 더 큰 고통을 느끼는 것이고, 둘째는 폐쇄적인 자세로 자신을 마비시키거나 주의를 분산시켜 현재의 고통을 최대한 차단하는 것입니다. 하지만 두 번째 대응 방식처럼 고통을 차단한다고 문제가 해결되지는 않습니다. 그저 해결되지 않은 상처가 더 많아질 뿐입니다. 경험에 대해 폐쇄적인 자세는 자아상에 대한 위협에 더욱 취약해지게 만드는 동시에 관계를 발전시킬 가능성을 차단합니다.

현재 느끼는 고통과 과거 상처와의 연관성을 파악하고 인간의 보편적인 관계 욕구를 알고 있었던 덕분에 저는 제 감정에 솔직해지는 한편으로 제 반응도 더 쉽게 관리할 수 있었습니다. 이렇게 과거에 경험한 자존감 붕괴와 관련된 감정을 인식하고 그런 감정이 보편적이라는 사실을 깨달으면 현재의 고통에 덜 민감하게 반응할 수 있습니다.

감정을 다스리려면 먼저 이름을 붙여라

저는 "고통을 느껴야 치유할 수 있다"는 말을 캘리포니아대학교 로스앤젤레스 캠퍼스의 정신과 교수인 대니얼 시걸Daniel Siegel에게서 처음 들었습니다. 이 말처럼 우리는 과거의 상처를 받아들이고 지금의 자신과 통합할 수 있을 때에야 비로소 그 상처의 영향력에서 벗어날 수 있습니다.

따라서 마음의 고통과 마주하고 싶다면 먼저 머리로 그 고통을 파악해야 합니다. 과거의 거절이나 실패, 수치심의 고통을 객관적으로 바라보는 자존감 자서전을 써보세요. 글을 잘 쓰지 못해도 상관없습니다. 메모나 요점만 적어도 됩니다. 핵심은 자기평가의 고점과 저점을 자세히 살펴봄으로써 그것들을 둘러싼 상처를 치유할 수 있도록 하는 것입니다. 자존감 자서전은 한 번에 몰아서 쓸 수도 있고, 마음이 내킬 때마다 조금씩 쓸 수도 있습니다.

우리 모두는 아주 어릴 때부터 무수히 많은 기쁨과 슬픔을 겪습니다. 제가 처음으로 으쓱했던 기억은 어린 나이에 어려운 단어를 써서 아버지가 감탄하셨을 때입니다. 아버지의 미소를 보고 제가 대단한 일을 한 것 같았지요. 기뻤던 순간들만큼 슬픈 일도 많습니다. 생일날 친구들에게 나누어주려고 막대사탕을 가져갔는데 선생님에게 "우리 학교에서는 사탕을 못 먹게 되어 있단다"라는 말을 들었던 기억이 그랬습니다. 우리는 이런 크고 작은 상처에 관심을 기울여야 합니다.

자존감 자서전을 쓰기 시작하면 매일 새로운 소재가 떠오를 것입

자존감 회복 훈련 25

자존감 자서전 쓰기

자존감 자서전은 성장 과정을 따라 자존감 상승과 하락을 느꼈던 순간을 기록한 것입니다. 자기감정의 발달 궤적은 사람마다 다르므로 자신이 경험한 특정한 기억과 감정을 회상하는 것이 중요합니다. 당신의 감정이 이상하거나 특이한 것이 아니라 거의 모든 사람이 당신처럼 느꼈으리라는 점을 명심하세요.

1. 성공했거나 자부심을 느꼈던 가장 오래전 기억을 기록합니다. 눈을 감고 그 사건을 최대한 자세히 떠올리며 생각, 감정, 신체 감각에 주목하며 그 기억과 경험을 음미하세요.

2. 자존감이 무너졌던 가장 오래전 기억, 즉 실패나 거절로 낙담하거나 부끄러웠던 순간을 기록합니다. 눈을 감고 그 사건을 최대한 자세히 기억해내면서 떠오르는 생각, 감정, 신체 감각에 주목하세요.

3. 어린 시절부터 유치원, 초등학교, 중·고등학교 시절, 그 후 10년 단위로 현재에 이르기까지 자기평가의 고점과 저점을 돌아보고 기록합니다.

4. 자서전을 쓰다 보면 어떤 문제들은 특정한 시기에만 중요하게 여겨졌다는 사실을 알 수 있을 것입니다. 지능, 체력, 운동 능력, 성적 매력, 창의력 등에 대한 걱정이 어느 시기에 가장 자주 등장하고 언제 줄어들었는지 살펴보세요.

5. 자기평가로 가장 힘들었던 시기는 언제였으며 어떤 감정을 느꼈나요? 그 기억을 떠올리면서 다정하게 자신을 대하세요. 자신을 안아주거나, 가슴에 손을 얹거나, 스스로 손을 잡아주거나 쓰다듬어주세요.

니다. 자기감정이 오르내리는 모든 순간을 관찰하면서 자기감정의 기복이 신체적으로 어떤 느낌을 주는지 살펴보세요. 그리고 이를 알아차린 자신을 치하해주세요. 자존감의 상승과 하락을 날카롭게 감지할수록 자존감 상승의 도취감을 내려놓고 자존감 하락의 상처를 치유하기가 더 쉬워집니다.

한편 자신을 높이 평가할 때 느끼는 기분 좋은 감정은 받아들이기 쉽지만 자기평가의 폭락 같은 고통스러운 감정은 다루기가 까다롭습니다. 어떻게 하면 현재 사건에 의해 자극받지 않으면서 과거의 힘든 기억을 통합할 수 있을까요? 힘든 감정과 직면해서 해소하고 싶다면 명상 지도자 미셸 맥도널드Michelle McDonald가 개발하고 심리학자 타라 브랙Tara Brach이 체계화한 RAIN 명상법이 도움이 됩니다. 특히 자존감 자서전을 쓸 때 떠오르는 모든 감정에 RAIN 접근법을 적용하면 그동안 미해결 상태로 묻어두었던 자존감 붕괴와 관련된 감정을 통합하는 데 도움이 됩니다. 이 과정을 거치면 자존감 상승에 대한 자신의 반응을 더 잘 이해하게 되면서 자존감 상승에 중독성이 있다는 사실을 알 수 있습니다.

RAIN 접근법을 이용해 자존감 손상을 성공적으로 치유한 사례를 몇 가지 살펴보겠습니다. 마흔다섯 살의 간호사인 첸은 일터에서 어느 여성 의사가 무심코 던진 말을 듣고 실패감에 시달리다가 스스로에게 이렇게 물었습니다. '나는 일을 제대로 했는데 왜 그 의사의 말에 휘둘리는 거지?' 그 감정을 면밀히 살피자 머리와 어깨가 늘어지고 복통이 찾아오는 것이 느껴졌습니다. 젊은 시절 여자친구들과 헤어질 때마다 느꼈던 것과 같은 감각이었지요. 이 사실을 깨닫고 첸은

자존감 회복 훈련 26

RAIN 명상으로 자존감 치유하기

RAIN 명상의 이름은 각 단계의 머리글자를 따서 지어졌습니다. 감정을 인지하고Recognize, 인정하며Allow, 자세히 살펴보고Investigate, 마지막으로 자연스럽게 받아들이며 보살피는Nurture 것입니다. 연구자마다 각 단계를 조금씩 다르게 표현하기도 하지만 그 기본은 같으며, 저는 마지막 단계를 자연스러운 자각Natural awareness이라고 부릅니다. 이 명상은 단계적으로 시행하는 것이 좋습니다. 바로 힘든 감정에 적용하기보다 먼저 가벼운 상처에 이 명상법을 써보고 익숙해지면 조금씩 고통스러운 상처로 나아가는 것입니다.

1. **인식하기**: 지금까지의 경험 중 고통스러웠던 일화를 떠올려봅니다. 그 자리에 누가 있었는지, 몇 살 때였는지, 어떤 생각과 느낌이 들었는지 등 자세할수록 좋습니다. 힘든 감정을 느끼면 몸이 어떻게 반응하는지 느껴보세요.

2. **인정하기**: 힘든 감정에서 오는 고통을 있는 그대로 받아들이면서 혐오 반응을 관찰하고 자존감 붕괴가 어떤 감정으로 느껴지는지 집중해보세요.

3. **살펴보기**: 고통스러운 감정과 관련된 감각을 가능한 한 자세히 탐색하면서 그에 대한 자신의 반응을 분석해보세요.

4. **보살피기**: 감정을 집착하거나 밀어낼 필요 없는 자연스러운 경험으로 받아들입니다. 문제의 '해결'을 위해 애쓰지 말고 감정이 약해질 때까지 충분히 느껴보세요. 가슴에 손을 얹거나 자신을 안아주거나 자애명상 혹은 애정 어린 호흡 명상을 하며 자신을 부드럽게 달래주세요.

RAIN 명상법을 써보기로 했습니다. 처음에는 고통에서 벗어나고 싶은 충동으로 힘들었지만 차근차근 단계를 밟아나간 끝에 거절당했던 경험에서 오는 고통을 온몸으로 느끼며 견딜 수 있게 되었지요. "평생 그 고통에서 도망쳐왔다는 걸 그때 깨달았어요." 첸은 그 통찰 덕분에 안도감을 느꼈고 이후로는 직장에서 무슨 말을 들어도 견딜 수 있게 되었습니다.

첸이 했던 것처럼 자신이 부족하다고 느끼는 근원적 이유를 알아내고 감정을 견디는 법을 배우면 자기평가에 대한 걱정에서 벗어날 수 있습니다. 핵심은 현재 나를 민감하게 만드는 과거의 원인, 즉 실마리가 될 예전 기억을 찾아내는 것입니다. 때로는 상당히 오래전으로 거슬러 올라가야 하기도 하지요.

서른두 살의 성공한 재무설계사인 조지의 사례를 살펴봅시다. 그는 결혼도 했고 아이들도 있었지만 자기보다 돈을 더 많이 버는 이웃을 부러워했으며 무언가를 기다려야 할 때마다 짜증이 나고 늘 이유 모를 불안감을 느꼈습니다. 더 어릴 적에는 만족스러운 연애도 했고 노래 실력이 빼어나 가수로도 활동할 정도였지만 항상 머릿속은 '그녀는 나를 진심으로 사랑하지 않아', '노래가 형편없었어' 같은 부정적인 생각으로 가득했지요. 그리고 지금은 아내가 외도의 조짐을 보이거나 헤어지자고 한 적이 없는데도 아내가 자신을 떠날까 봐 늘 불안을 느꼈습니다. 결국 심리치료를 받기 시작한 조지는 과거를 차근차근 돌아보다가 충격적인 사진을 발견했습니다. 당시 여덟 살이었던 그에게 형제들이 여성 속옷을 입히고 놀리던 순간을 찍은 사진이었지요. 그 사진을 계기로 조지는 어린 시절에 당한 많은 굴욕적인 경험을 떠올렸습니다. 또한 그 순간을 재미있다고 사진으로 찍어 남긴 아버지는 자존감에 문제가 있어서 아들이 스타가 되기를 바라면서도 결코 자신을 능가하지 않기를 바랐지요. 원인을 인식하자 자아상에 대한 걱정이 점점 줄어들었습니다. 새로운 상처와 분노에 대해서도 전과 달리 '아, 또 불안이 시작되는군. 다른 걸 좀 하면 되겠지'라고 생각하는 태도를 갖게 되었습니다.

이러한 노력은 쉽지 않지만 치유를 회피하면 결과는 더욱 심각해집니다. 20세기 전반 최고의 소설가로 손꼽히는 마르셀 프루스트는 이렇게 말했습니다. "고통을 온전히 경험해야만 고통이 치유된다."

다만 치유에도 타이밍과 속도가 중요하다는 점을 명심하세요. 마음의 준비가 되지 않았거나 감정이 너무 강렬해서 도저히 감당할 수 없을 것 같으면 우선은 안정감을 키우는 데 집중해야 합니다. 규칙적으로 운동하고 잘 먹고 잘 자면서 당신을 지지해주는 사람들과 소통하고 자연 속에서 시간을 보내는 등 지금 이 순간에 집중하세요. 이렇게 자신을 돌보는 습관을 들이면 고통스러운 감정을 직면할 수 있는 힘이 생길 것입니다.

우리는 왜 수치심을 느낄까

자존감의 붕괴를 탐색하다 보면 특히 고통스러운 감정인 수치심을 발견할 수 있습니다. 우리가 피하려고 애쓰는 동시에 대부분의 정서적 상처에 중요한 역할을 하는 감정이지요. 전 세계 거의 모든 문화권에 알려져 있으며 극심할 때에는 사람들이 다리에서 뛰어내리게 만들기도 합니다.

심리학자들은 수치심과 죄책감을 구분합니다. 죄책감은 나쁘다고 생각하는 자신의 행동에 대해 느끼는 감정이지만, 수치심은 우리 자신이 나쁘다고 생각할 때 느끼는 감정입니다. 따라서 수치심은 자기판단, 사랑과 수용에 대한 갈망과 직결되어 있지요. 죄책감을 느끼는 능력은 다른 사람들과 잘 어울려 지내기 위해 꼭 필요합니다. 만약 죄책감을 느끼지 못한다면 우리는 거리낌 없이 거짓말이나 도둑질을 하다가 주변 사람들과 갈등을 빚을 테니까요. 그러나 수치심은 그다지 유용하지 않습니다. 자신이 나쁜 사람이라는 느낌은 사회화에 어느 정도 도움이 될 수는 있겠지만 결국 불필요한 고통을 일으킵니다. 우리를 위축시키고 숨게 만들며 사랑의 관계를 맺을 기회를 앗아가지요.

수치심은 여러 형태로 나타납니다. 이기심 같은 도덕적 결함은 물론이고 자신을 무능하다고 느낄 때, 상대에게 거절당하거나 불안하고 취약할 때, 심지어는 궁핍한 상황에 대해서도 수치심을 느낍니다. 우리가 긍정적인 자기감정을 느끼기 위해 의지하는 자질이나 능력의 거울상이라고 할 수 있지요.

모든 문화와 역사에 걸쳐 공통적으로 나타나는 심리적 경험은 대체로 우리의 신경계 회로에 내장되어 있습니다. 앞서 언급했듯이 사바나에서는 혼자 살아갈 수 없기 때문에 우리 인간은 무리에서 쫓겨날 위협에 대한 강렬한 혐오감을 수치심으로 진화시켰습니다. 그런 이유로 거의 모든 문화권에서 구성원들의 사회화를 위해 수치심을 이용합니다. 화장실 문을 열어두거나, 다른 사람의 물건을 가져가거나, 너무 큰 소리로 말하거나, 물어보지도 않고 마지막 케이크 조각을 먹지 않도록 배우는 과정의 핵심은 부끄러움입니다. 수치심이라는 고통을 느끼지 않기 위해 우리가 뿌리치는 온갖 유혹들을 생각해보세요. 때로는 이러한 사회화가 너무나 강력해서 수치심을 유발하는 생각, 감정, 충동을 인지조차 못하는 경우도 있습니다.

수치심은 신체적으로도 나타납니다. 자율신경계의 부교감신경이 우세해지면서 고개를 숙이고 눈을 내리깔며 어깨를 움츠리게 됩니다. 행동을 멈추고 마음이 가라앉으면서 어디론가 숨고 싶어지지요. 꼬리가 있으면 다리 사이에 말아넣을 것입니다. 수치심의 신체적 증상은 극단적인 스트레스에 대한 포유류의 기본 반응, 즉 고양이가 물고 있는 쥐의 반응과 비슷합니다. 생명이 위태로운 상황에서 쥐는 힘을 비축하고 고양이가 흥미를 잃도록 만들려고 몸을 축 늘어뜨립니다. 이와 유사하게 우리 인간은 집단에서 쫓겨날 위협을 느끼고 정지 상태가 됩니다.

수치심은 자존감의 추락과도 밀접한 관련이 있습니다. 영장류에게 집단에서 쫓겨나는 것보다 나쁜 일은 없기에 우리 몸은 수치심과 자존감의 추락 두 가지 모두에 비슷하게 반응하면서 어딘가에 숨고 싶어 합니다. 하지만 우리가 부끄러워하는 일을 받아들이는 법을 배우고 다른 사람들에게도 이를 인정할 수 있게 되면 수치심이 차츰 사라지고 부정적인 자기 판단도 누그러지는 경향이 있습니다.

한 가지 예로 제 딸들이 다녔던 고등학교에는 '수치심 게시판'이 있었습니다. 입시 기간 동안 졸업반 학생들이 대학 불합격 통지서를 붙이는 곳이었지요. 자신의 불합격 통지서를 공개하고 동시에 다른 친구들의 불합격 통지서를 보면서 수치심을 덜 느끼고 자존감이 곤두박질치지 않도록 한 것입니다.

수치심의 뿌리가 아주 깊을 때도 진실을 숨기기보다는 있는 그대로 받아들이는 편이 도움이 됩니다. 이제 70대 중반에 접어든 메리 앤도 어린 시절부터 시작된 수치심의 근원을 깨닫고 받아들이면서 고통이 크게 누그러졌습니다. 메리 앤은 아둔하고 상스러운 남동생이 일흔이 다 되어서도 큰소리로 자신의 편견을 드러내는 모습이 정말 창피했습니다. 정중하게 이야기하려고 애썼지만 속으로는 "그 입 좀 닥쳐!"라고 소리치고 싶은 충동을 느꼈지요. 남동생을 보고 있으면 알코올 중독자였던 아버지와 살았던 불행한 과거가 떠올랐기 때문입니다. 메리 앤은 자신은 결코 아버지처럼 화가 많고 잔인하지 않다고 되뇌었지만 동생을 보고 있으면 화가 났고, 그 때문에 자신이 미웠습니다. 동생은 그저 자신의 행동이 품위 있지 못하다는 사실을 몰랐을 뿐인데 말입니다. 메리 앤은 자신이 그런 아버지 아래서 자랐다는 사실과 스스로 화를 냈다는 사실에 이중으로 상심하며 고통을 느꼈습니다. 그리고 이 모든 사실을 제게 털어놓던 도중 깨달았습니다. "저는 여전히 제 출신이 부끄러운 것 같아요. 하지만 그런 가정에서 태어난 게 제 선택은 아니잖아요." 그보다 더 힘든 일은 자신이 대체로 좋은 사람이지만 여전히 화를 잘 내고 비판적이라는 사실을 받아들이는 것이었습니다. 그래도 메리 앤은 결국 "저도 평범한 인간일 뿐인 것 같아요"라고 인정할 수 있었습니다.

긍정적인 자기감정이 현실이 아닌 소망에 근거할 때 수치심과 부정적인 자기 판단은 특히나 가슴 아프게 다가옵니다. 파티나 행사에서 미소 짓는 지인에게 인사하기 위해 다가갔더니 사실 그는 다른 사람을 보고 있었고 당신을 전혀 알아보지 못했던 경험을 한 적이 있나요? 상상만 해도 무안한 일이지요. 만약 상대에게 연애 감정을 품고 있었다면 더욱 그렇습니다. 당신이 호감을 느낀 사람이 당신에게 비슷한 관심을 보인다고 생각했는데 알고 보니 그냥 친절을 베풀었을 뿐이었던 것처럼 말입니다. 누군가 나를 좋아한다고 오해해서 자존감이 치솟은 모습까지 내보였다면 더욱 치욕적입니다. 상대의 애정을 받을 자격이 없었는데 자신의 가치를 착각했을 뿐만 아니라 사람들이 그 사실을 알게 되었으니까요. 교만이 죄악이라고 말하는 환경에서 자란 사람이라면 심한 굴욕감을 느낄 것입니다. "가장 높이 자란 대나무가 가장 먼저 잘려나간다"라고 경고하는 일본 같은 사회라면 말이지요.

부끄러움 권하는 사회

고대 그리스인들은 수치심을 완벽히 이해하고 있었습니다. 아테네 시민들은 민주적 절차에 따라 특정인을 도시에서 내쫓는 도편추방제를 실시했으니까요. 오늘날에는 공동체에서 공식적으로 추방당할까 봐 두려워할 일은 없지만 비공식적인 추방은 여전히 우리의 주된 걱정거리입니다. 상상만 해도 고통스럽지요. 수치심은 집단에서 배척당할 것이라는 공상과 연관된 사회적 감정입니다. 따라서 수치심으로 고통받을 때는 안전한 사회적 관계 안에서 다른 사람들에게 자신의 수치심을 알리는 방법이 가장 효과적입니다. 하지만 여기에는 상당한 용기가 필요하지요.

　스튜의 경험을 예로 들어보겠습니다. 그는 여성을 좋아했지만 자주 남성과 성관계를 하는 공상에 빠졌습니다. '내가 동성애자라는 걸 알게 되면 친구들이 어떻게 생각할까?' 그 생각만 하면 자신이 이중으로 실패자처럼 느껴졌습니다. 동성애자라는 것이 왠지 '나약하게' 여겨지고 동성애자이면서 커밍아웃하지 않는 것은 더 나약하게 느껴졌기 때문입니다. 운 좋게 성적 유희를 즐기는 모험심 강한 여성 매디를 만나기 전까지는 이 비밀을 홀로 간직하고 있었지요. 매디와 함께하면서 스튜는 자신의 동성애적 환상을 밝힐 용기를 낼 수 있었습니다. 알고 보니 매디도 여성에 대해 비슷한 환상을 가졌을 뿐만 아니라 과거 여성과 성관계를 가진 경험이 있었습니다. 스튜는 동성애 감정을 느끼는 사람이 혼자가 아님을 알게 되면서 수치심을 덜고 성적인 욕망을 둘러싼 자기비판을 내려놓을 수 있었습니다. 무엇보다 매디와 침대에서 그 어느 때보다도 즐거운 시간을 보낼 수 있다는 점이 가장 좋았습니다.

　스튜와 같은 사례처럼 수치심의 근원을 솔직히 밝히기가 어려운 경우가 있습니다. 커다란 희생이 뒤따를 수 있기 때문입니다. 솔직하게 털어놓았을 때 얻을 수 있는 이익에 비해 지나치게 과한 수치심도 있지요. 하지만 결과가 힘들더라도 숨지 말고 다른 사람들과 다시 관계를 맺는 위험을 감수해볼 가치는 있습니다.

　심리학자인 저는 수치스러운 생각이나 감정, 행동을 제게 털어놓던 도중에 고통스러운 자기 판단에서 해방되는 사람들의 모습을 자주 목격합니다. 과거에 손자를 찌르고 싶은 충동을 느낀 적이 있어서 칼을 다루는 것이 두렵고 자신이 끔찍한 사람처럼 느껴졌던 할머니, 사교댄스를 배우고 싶었으나 신념을 배신한 사람처럼 보일까 봐 두려워했던 페미니스트 여성학 교수, '틈만 나면' 자위를 해서 자신이 변태라고 생각했다는 십 대 청소년 등이 그랬지요. 하지만 그들은 각자 자신의 경험을 이야기하면서 자신이 부끄럽게 느꼈던 경험 역시 많은 사람이 공유하는 생각, 감정, 행동임을 깨닫게 되었습니다. 그러자 수치심이 사라지면서 더 이상 자신이 끔찍하거나 무능하다고 생각하지 않게 되었지요. 할머니는 손자와 함께 요리를 하고, 교수는 댄스 수업에 등록하고, 십 대 청소년은 사적 공간에서 즐거운 시간을 보낼 수 있게 해방되었습니다. '부끄러움'은 단지 있는 그대로의 모습이 들통나는 것이라고 합니다. 있는 그대로의 자기 모습이 괜찮다면 문제는 해결된 것입니다.

수치심과 관련해 몇 가지 위안의 말을 전하고 싶습니다. 첫째로 수치심은 우리 자신의 결점보다 부모의 결점에서 비롯되는 경우가 흔합니다. 어렸을 때 부모에게 방치되거나 비난받는 경험을 하면 아이는 자신이 나쁘거나 자신에게 결함이 있다고 생각하게 됩니다. 양육자에게 문제가 있다는 생각은 좀처럼 하기 어렵지요. 부양해줄 어른이 없다면 아이는 살아남지 못할 테니까요. 하지만 실제로는 양육자들이 아이보다 자신의 욕구를 우선시하거나, 자기 삶을 제대로 관리할 여유가 없거나, 아이의 기질과 맞지 않는 경우가 많습니다. 어릴 때는 이를 이해할 방법이 없으므로 '내가 멍청해', '나는 부족한 아이야라고 생각하고, 이렇게 왜곡된 생각이 우리의 삶 전체에 그림자를 드리우게 되지요. 따라서 부정적인 자기 판단이나 수치심이 들 때는 부모나 다른 양육자에게 무시당하거나 비난받은 경험을 돌아보고, 그들이 왜 그렇게 행동했는지 생각해보세요.

둘째로 수치심은 우리 개인이 아니라 우리가 속한 사회, 그중에서도 억압받거나 소외되어온 집단이 공유하는 사회적 감정일 때가 많습니다. 이럴 때는 동성애자 행진, 흑인 인권 행진, 여성 해방 운동, 트랜스젠더 행진과 같은 해방 운동이 도움이 됩니다. 자신의 정체성을 부끄러워하는 감정에서 벗어나 같은 생각을 가진 친구들과 함께 사회 정의를 위해 노력하면서 심리적 상처를 치유할 수 있기 때문입니다. 마찬가지로 비만, 불안, 우울, 약물 복용 등으로 수치심을 느꼈던 환자들은 같은 어려움을 겪는 사람들과 경험을 공유함으로써 유대감을 느낍니다. 사람들이 멸시하는 집단에 속해 있다는 사실에 수치심을 느끼거나 외부의 크고 작은 공격으로 상처받았다면 다른 사람들과 경험을 공유하면서 함께 맞설 방법을 고민해보세요.

죄책감과 수치심을 분리하기

수치심은 사회적 감정이기에 그 이면에는 안전한 관계를 맺고 싶은 깊은 갈망이 감추어져 있습니다. 다시 말해 우리가 숨는 이유는 다른 사람들이 우리를 거부하여 더 외로움을 느낄까 봐 두려워하기 때문입니다. 이 사실을 깨달으면 고립에서 벗어나 다른 사람과 관계를 맺을 용기를 낼 수 있습니다. 14세기 페르시아 시인 하페즈Hafez의 글을 바탕으로 미국 시인인 대니얼 래딘스키Daniel Ladinsky가 쓴 멋진 시를 잠시 살펴보겠습니다.

달의 언어로

인정하세요

만나는 모든 사람에게 당신은 말하지요
"나를 사랑해줘요"
물론 큰 소리로 말하지는 않습니다
그러면 누군가 경찰을 부를 테니

그러나 생각해보세요
우리를 끌어당기는 이 위대한 힘이
우리를 연결해주고 있음을

이런 사람이 되어보는 건 어떨까요?
두 눈에 보름달을 담고서
달콤한 달의 언어로
이 세상 모든 사람이
너무나 듣고 싶어 하는 말을
항상 해주는 사람

다른 사람들도 모두 사랑받고 싶어 한다는 사실을 인식하면 우리의 삶은 크게 달라질 것입니다. 수치심의 기저에 있는 관계에 대한 보편적 갈망을 인식하면 다른 사람들에게 적극적으로 다가가 자신의 경험을 나누고 관계를 맺을 수 있기 때문입니다. 문제는 관계를 맺고 싶은 욕구를 알아차려도 타인에게 선뜻 연락을 취하기가 쉽지 않다는 것입니다. 그럴 때는 죄책감과 수치심을 분리해보세요. 우리가 한 일이 나쁘다는 감정과 우리에게 근본적인 결함이 있다는 믿음을 분리하는 것입니다. 우리 모두 때때로 나쁜 행동을 하지만 그렇다고 우리가 나쁘거나 사랑받을 수 없거나 외면받아 마땅한 것은 아닙니다. 만약 나쁜 행동을 했다는 죄책감을 느낀다면 최대한 냉정하게 자문해보세요. "내가 누구에게 잘못했는가? 그 사람에게 다가가서 내가 한 일을 인정하고 진심으로 사과할 수 있을까? 친절이나 다른 표현을 통해 보상할 수 있을까?" 자존감 붕괴(수치심)와 잘못된 행동에 대한 감정(죄책감)을 나누어 생각하면 사람들과 관계를 맺는 데 도움이 됩니다.

나를 비판하는 내 안의 목소리와 대화하라

실수 때문에 죄책감을 느끼면 우리는 덩달아 자기 자신을 부끄러워하는 수치심을 느끼고, 그 때문에 방어적인 태도를 취하거나 남을 탓합니다. 하지만 실수를 저질렀을 때 자기 연민을 발휘해 스스로에게 친절하게 행동할 수 있다면 자신을 부끄러워하기보다는 자신의 행동에 초점을 맞출 수 있습니다. 즉 실패나 거절의 순간에 자기 연민을 느끼는 법을 배우면 수치심을 효과적으로 다스릴 수 있지요.

4장에서 마음챙김을 연습할 때 설명했지만 일관적인 자아는 존재하지 않으며 그저 마음의 여러 부분이 있을 뿐입니다. 이때 함께 소개했던 리처드 슈워츠 박사의 내면 가족 시스템IFS 심리치료를 기억하나요? 인간의 내면이 가족 구성원과 유사하다고 보고 관리자, 유배자, 소방관의 역할을 하는 내면의 여러 부분을 이해하는 치료법입니다. 수치심은 자신의 일부를 거부할 때 느끼는 감정이므로 이때 IFS 치료가 특히 유용합니다. 처음에는 감상적인 접근법으로 느껴질 수 있지만 수치심을 비롯해 다른 감정적 상처까지 치유하는 훌륭한 방법입니다. 이 접근법을 통해 어린 시절 상처받고 추방당한 자신의 일부와 이야기하면 어렸을 때는 감당하기 힘들었던 고통스러운 감정을 통합하는 데 큰 도움이 됩니다.

우리가 추방하려고 하는 자아의 나약한 부분을 유배자라고 부르는데, 이 부분 외에도 내면의 비판가 등 다른 부분까지 함께 고려해야 한다는 점을 명심하세요. 내면의 비판가는 우리가 수치심을 느낄 때 우리를 고통에서 구하려는 자아의 일부입니다. 취약한 감정을 억누르기 위해 술을 마시거나 공격적으로 행동하거나 과식하는 등 현명하지 못한 행동을 하게 만드는 부분이기도 하지요.

상처받은 부분인 내면의 연약한 아이도 함께 돌보아야 합니다. 어린 시절 스스로가 부끄럽거나 부족하다고 느꼈던 때를 떠올려보고 상처받은 부분에게 "지금 무엇이 필요할까?"라고 물어보는 것입니다. 사랑과 이해가 필요할 때도 있고 포옹이나 곰 인형을 원할 때도

자존감 회복 훈련 27

내면의 비판가와 친해지기

수치심 때문에 숨기고 있는 자신의 취약한 부분을 받아들이고 싶다면 내면의 비판가와 대화를 나누어보는 연습이 도움이 됩니다. 마음챙김 명상으로 마음을 가라앉힌 다음 순서대로 따라 해보세요.

1. 최근에 자기비판적인 자세가 되었을 때 자신에게 어떻게 말했는지 돌아봅니다. 단어나 어조가 아는 사람의 목소리처럼 들리지는 않았나요? 무엇 때문에 내면의 비판가가 그렇게 가혹했을까요?

2. 이제 내면의 비판가에게 "나를 비판하지 않으면 어떤 일이 일어날까 봐 두려운가요?"라고 물어보세요. 보통은 "네가 또 실수해서 더 큰 문제에 휘말릴까 봐 두려워" 같은 대답이 돌아올 것입니다. 내면의 비판가는 우리를 채찍질하여 거부, 당혹감, 수치심을 느끼거나 실패하지 않도록 구해주려 하니까요.

3. 실제로 좋은 의도였다고 생각되면 감사를 표한 뒤 앞으로는 한 발짝 물러서서 지켜봐달라고 요청하세요. 지금까지 그의 노력이 성과가 있었는지 물어보는 것도 도움이 됩니다. 그의 질책이 동기를 부여하거나 성공을 보장하는 데 의미가 있었나요?

있을 것입니다. 상처받은 부분이 원하는 것을 제공하는 상상을 하면서 부드럽고 온화하며 지지해주는 태도를 보이세요. 마음의 눈으로 당신의 상처받은 부분은 어떤 삶을 살았는지, 상처받았을 때 상황이 어땠는지, 실패하거나 거절당한 순간 어떤 기분이었는지, 그 느낌에 어떻게 반응했는지 등을 돌아보며 연약한 부분을 돌보는 연습을 함께해보면 훨씬 나아질 것입니다.

모두가 감정적 상처와 고통스러운 자기 판단을 야기하는 내면의 비판가와 유배자, 상처받은 부분을 지니고 있습니다. 대단히 성공한 것처럼 보이는 사람도 마찬가지입니다. 훌륭한 남편도 있고 위탁 아동을 돕는 비영리단체에서 일하며 외적으로는 성공한 삶을 사는 조이의 사례를 살펴보겠습니다. 마흔이 된 조이는 누가 보아도 멋진 삶을 살고 있는 것처럼 보였지만 정작 본인은 일도 삶도 제대로 해내고 있지 못하다는 생각에 낙담하며 힘들어했습니다. 내면의 비판가가 끊임없이 조이를 다그쳤기 때문입니다. "회의에서 더 잘했어야지", "준비를 더 많이 했어야지", "일과 삶의 균형이 깨졌잖아" 등 아무리 노력해도 조이는 늘 내면의 비판에 시달렸습니다.

내면의 비판가와 대화를 시도한 조이는 그가 아버지와 매우 흡사한 목소리를 지니고 있으며 성공을 위해서는 자신이 다그쳐야 한다고 생각한다는 사실을 알게 되었습니다. 조이는 내면의 비판가에게 좋은 의도로 한 말인 줄은 알지만 비판 때문에 실패를 지나치게 두려워하게 되어서 최선을 다하기가 어렵다고 털어놓았습니다. 그리고 자신이 혼자서 잘해낼 수 있도록 조금만 물러서 달라고 부탁했지요. 동시에 내면의 연약한 아이에게도 관심을 돌렸습니다. 오로지 아빠가 자랑스러워하고 착한 딸이라고 인정해주기를 바라는 부분이었지요. 조이는 그 갈망에 공감하면서 자신이 있는 그대로 사랑받을 자격이 있음을 깨닫게 되었습니다.

우리도 자아의 각 부분이 하는 이야기를 듣고 저마다 무엇을 필요로 하며 무엇을 두려워하는지 알아낼 수 있습니다. 그러면 수치심을 느끼거나 자존감이 무너지는 순간에도 복잡하게 엉킨 생각과 감정을 열린 마음으로 받아들일 수 있지요. 또한 미처 통합되지 않은 상처, 즉 고통이 너무 심해서 온전히 인식할 수 없었던 순간들도 점차 치유할 수 있습니다. 이런 경험에 마음을 열수록 지금 느끼는 실망감이 자기감정에 미치는 영향이 약해지고 우리는 현재를 온전하고 자유롭게 살아갈 수 있게 됩니다.

애정 어린 어른의 시선으로 나를 돌아보기

자신의 다양한 부분을 탐구하다 보면 객관적인 시선을 유지하기가 어렵다는 사실을 깨닫게 됩니다. 가슴이 머리를 쉽게 압도하기 때문입니다. 우리가 실수를 부풀려 생각하거나 사소한 실수에도 자신을 가혹하게 비난하는 이유는 과거의 실수를 온전히 인정하고 받아들이지 못했기 때문입니다. 그러면 무심코 현재의 실수를 과거의 실수와 연관 짓는 오류를 범하게 되지요.

건전한 후회는 필요하지만 너무 과해서는 안 됩니다. 후회가 크지 않아도 우리는 충분히 나아질 수 있습니다. 수치심과 부정적인 자기판단은 대부분 어렸을 때 처음 경험하기 때문에 우리는 그 감정을 아이의 눈으로 바라보는 경향이 있습니다. 그래서 가벼운 비행과 심각한 범죄를 혼동하고 '내가 한 짓이 실제로는 어느 정도로 끔찍한 거지?'라고 객관적으로 검토하지 않습니다. 보통은 "그냥 제가 나쁜 사람인 것 같아요" 또는 "잘 모르겠어요, 항상 제가 부족하다고 느꼈어요"라고 하지요. 그러니 성인의 눈으로 이런 생각을 차근차근 살펴보세요. "내가 실패자라는 증거는 무엇일까?", "누가 그런 규칙을 만들었지?", "내가 부족하다는 생각은 어디에서 왔을까?", "누가 비교집단을 선택했을까?", "나의 기준은 어디서 왔을까?"와 같은 질문을 던져보는 것입니다. 때때로 우리는 자신이 못마땅하다는 이유만으로 자신에게 문제가 있으리라고 생각하는데, 이는 명백히 잘못된 순환적인 추론입니다.

수치심과 실패감을 주의 깊게, 애정 어린 눈길로 들여다볼수록 더 넓은 관점에서 볼 수 있습니다. 우리의 실수는 복잡한 모자이크 속의 깨진 타일 하나일 뿐입니다. 그러면 우리는 점점 자신을 선하지만 불완전한 사람으로 볼 수 있고, 그 결과 수치심과 무능감에 덜 사로잡히게 됩니다.

여러 번 언급했지만 과거의 수치심과 무능감을 느꼈던 순간들을 치유하는 작업은 머리(사고), 가슴(감정), 습관 세 가지를 모두 다루어야 합니다. 명확하게 생각하고 느끼며 부끄러운 것들을 숨기지 말고 다른 사람들과 공유해야 합니다. 제가 아르헨티나에서 역대급 열등생이었음에도 탱고 수업을 끝까지 들었던 것처럼 실패에 대한 두려움 때문에 피했던 일들을 시도하는 것도 도움이 됩니다. 꼴찌를 하더라도 지역 로드 레이스에 참가하거나 손님들을 위해 '그럭저럭 괜찮은' 저녁 식사를 준비하는 것도 좋습니다. 치유에는 시간이 걸린다는 사실을 명심하세요. 과거의 모든 상처를 한꺼번에 치유하기는 힘들기 때문에 속도 조절이 중요합니다.

많은 이들은 자신이 어떤 사람이며 무엇이 문제인지에 대한 내러티브를 일찍부터 형성합니다. 그리고 이후의 모든 경험을 해석할 때 이 내러티브에 의존하지요. 이 같은 성급한 서사를 몰아내고 애정 어린 어른의 눈으로 자신을 바라보면서 자신이 어떤 행동을 했고 어떤 사람인지 명확하게 생각해보는 연습을 해야 합니다. 물론 쉬운 과정은 아닙니다. 우리가 자신이 생각하던 대로의 사람이 아니라는 사실을 깨달으면 불안해지기 때문입니다. 하지만 이를 참고 견디면 자유가 찾아올 것입니다. 자유는 그만한 가치가 있지요.

12장 나 자신과 행위를 분리하기

> 당신은 왜 불행할까?
> 당신이 하는 모든 생각과 행동의 99.9퍼센트가
> 자신을 위한 것이기 때문이다.
> 그러나 끝내 당신 자신은 없다.
>
> — 웨이 우 웨이, 『깨달은 자에게 물어라 Ask the Awakened』 中

어느 걱정 많은 어머니가 있었습니다. 아들이 성인이 되자 어머니는 생일 선물로 셔츠 두 벌을 주었고, 아들은 선물을 받자마자 그중 한 벌을 입어보았지요. 그 모습을 본 어머니는 가슴이 철렁해서 이렇게 생각했습니다. '뭐가 문제지? 다른 하나는 마음에 안 들었나?'

이 이야기는 끊임없이 불안감을 느끼는 우리의 모습을 시사합니다. 아무리 대단한 일을 해내고 의롭게 행동하며 좋은 사람들과 친구가 되어서 모든 일을 올바르게 처리하려고 해도, 우리는 결국 어딘가에서 실수를 저지르고 그 때문에 자신이 형편없는 사람이라고 느낍니다. 하지만 거듭 말한 것처럼 완벽을 추구하고 실제로 대단한 성취를 이루어낸다고 해도 이 문제가 해결될 날은 찾아오지 않습니다. 우리는 끊임없이 자기평가에 시달리고 결국 또 다른 문제를 찾아내기 때문이지요.

물론 자기평가가 완전히 무쓸모한 것은 아닙니다. 에베레스트를 등반하려면 그 전에 자신의 체력을 파악해야 하니까요. 하지만 우리가 논의해온 흔하고 고질적인 자기평가, 즉 자신이 가치 있는 사람인지 아닌지 판단하는 것은 유용한 평가에 오히려 방해가 됩니다. 따라서 이 장에서는 유용한 자기평가와 고질적인 자기평가를 구분하는 방법을 알아보려 합니다.

우리가 스스로를 가혹하게 비난하는 이유

앨버트 엘리스Albert Ellis는 불필요한 고통을 유발하는 사고의 오류를 찾아내려 했던 선구적인 인지심리학자였습니다. 그가 주로 활동했던 20세기에서 이미 한 세기가 지났지만 수치심, 무능함, 실패와 같은 고통스러운 감정에서 우리를 해방시키는 과정에서 그의 통찰력은 지금도 유용합니다.

엘리스는 우리가 이 책 전반에 걸쳐 살펴본 고질적이고 중독적인 자기평가를 '조건부 자존감'이라고 불렀습니다. 우리가 자신이 정한 기준을 충족했는지 여부를 근거로 내리는 자기 가치에 대한 전체적인 평가라는 뜻입니다. 조건부 자존감은 자주 오르락내리락하며, 우리가 평소에 면밀히 생각해보지 못한 다음과 같은 기본 가정에 기초하고 있습니다.

좋은 행동 = 좋은 (가치 있고 사랑받을 만한) 사람

나쁜 행동 = 나쁜 (가치 없고 사랑받을 수 없는) 사람

우리는 이런 판단에 따른 자존감의 상승과 하락에 너무 익숙해져 있어서 그 판단의 근거가 되는 전제 자체가 잘못되었다는 사실을 알아차리지 못합니다. 즉 우리는 자신의 행동이 곧 우리의 존재 그 자체라고 착각합니다. 그래서 우리가 취하는 일부 행동만으로 우리의 존재 전체를 평가하는 우를 범하고 말지요. "살을 뺐으니 나는 훌륭한 사람이다", "살이 쪘으니 나는 나쁘다", "돈을 많이 벌었으니 나는 훌륭한 사람이다", "돈을 많이 벌지 못했으니 나는 나쁘다"와 같은 말을 입 밖으로 내뱉으면 터무니없게 들리지만 우리는 자주 이런 전제가 사실이라고 여기곤 합니다.

또한 우리는 우리가 좋은 사람인지 아닌지, 성공한 사람인지 실패한 사람인지, 의인인지 죄인인지 결정해주는 절대적인 수학 방정식이라도 있는 것처럼 살아갑니다. 하지만 좀처럼 그 방정식의 옳고 그름을 따져보지는 않지요. 한번 곰곰이 생각해보세요. 긍정적인 자기평가가 얼마나 많아야 괜찮은 사람이 되는 걸까요? 부정적인 자기평가가 얼마나 쌓여야 실패 또는 불합격이 되는 걸까요? 최근의 평가가 이전의 평가보다 더 중요할까요, 아니면 살아온 전체 기간의 누적 평균이 중요할까요? 측정 척도는 누가 만들었을까요? 부모님? 선생님? 형제자매? 상사? 친구? 신? 그래서 최종 결과는 무엇일까요? 전체 점수에 따라 천국이나 지옥에 가게 될까요, 아니면 마지막 평가 기간만 중요할까요?

저는 세 자녀를 둔 음악가 지망생 카림과 자기평가 채점 체계에 대해 논의한 적이 있습니다. 어느 날 그에게 그날 성적을 말해달라고 하자 그는 "음, 마이너스 5점 정도요"라고 답했습니다. 그 전날 점수를 물었을 때는 "마이너스 2점쯤. 어제는 더 나았어요"라는 답을 들었던 것이 떠올라 그럼 지난 한 주 동안 점수가 가장 좋았던 날이 언제였냐고 물었더니 이렇게 대답하더군요. "오, 토요일은 꽤 좋았어요. 신용카드 사용액이 지난달보다 적었고, 몸무게도 1.4킬로그램이 줄었거든요!" 그날 점수는? "0점이요."

이 상담을 통해 카림은 자신의 채점 체계에 어려운 영역만 포함되어 있다는 사실을 깨달았습니다. 그의 종합적인 자기평가는 재정적 성공과 체중 변화에 기반을 두고 있었고, 좋은 아버지이자 남편, 충실한 친구, 숙련된 음악가가 되는 것은 계산에 넣지 않았습니다. 따라서 아무리 노력해도 그가 받을 수 있는 최고점은 0점이었지요. 채점 체계의 문제점을 파악한 카림은 스스로를 평가할 때마다 이를 기록하기로 했습니다. 자기평가 게임에서 벗어나기 위한 해결책이었지요. 기록을 시작한 카림은 자신이 자기평가를 너무 자주 한다는 사실을 인식하고는 이상한 채점 체계에 기초한 자기평가를 심각하게 받아들이지 않게 되었습니다.

게다가 자기평가에 대한 채점은 불균형하게도 최근에 일어난 사건들에 더 큰 영향을 받습니다. 평생에 걸쳐 점진적으로 변화하지 않고 성공과 실패를 거듭할 때마다 자기평가 전체가 크게 흔들리지요. 제 동료인 임상심리학자 폴 풀턴Paul Fulton은 이렇게 말했습니다. "방금 마친 상담이 곧 내 실력 같아요. 그 상담이 잘 진행되면 내가 세상에서 가장 재능 있는 심리학자 같죠. 잘 안 풀리면 다른 일을 찾아야 할 것 같고요."

자기평가를 주의 깊게 살펴보면 결국 채점 체계의 문제를 발견하게 됩니다. 전반적 자기평가에 합리적인 계산법은 없기 때문입니다. 자기평가는 자의적이고 변덕스러우며 사람들의 채점 방식 또한 아주 엄격합니다. 심지어 자기평가의 기준이 올바른지도 제대로 검토하지 않습니다. 엘리스는 1957년에 자기평가의 모호성과 자의성을 다음과 같이 지적했습니다. "가능한 모든 면에서 대단히 유능하고 적절하고 재능 넘치며 지적이어야 한다. 인생의 주된 목표와 목적은 성취와 성공이다. 어떤 면에서든 무능함은 그 사람이 부족하거나 무가치하다는 표시다." 이 지나친 엄정함은 지금까지도 크게 달라지지 않았습니다.

앞에서 언급한 것처럼 목표 달성을 위해 우리 자신의 기량과 재능을 객관적으로 살펴볼 때에는 어떤 능력이 더 필요하고 그러기 위해서 무엇을 더 해야 하는지 문제 중심적으로 사고할 수 있습니다. 이것이 유용한 자기평가지요. 하지만 우리 자신을 전반적으로 평가할 수 있다고 생각하면 우월의식을 갖거나 자의식과잉에 시달리게 됩니다. 그 평가에 우리의 존재 가치가 걸려 있기 때문에 자신이 부족하다는 결론에 이르면 불안과 우울에 빠져들 수밖에 없습니다. 그래서 겉으로는 유능해 보이려고 가식적으로 행동하면서 속으로는 자신이 사기꾼 같다고 느끼기도 하지요. 이러한 위험에서 벗어나고 싶다면 자신의 재능과 약점, 성공과 실패를 현실적으로 평가하는 법을 배우면 됩니다.

"네가 나쁜 게 아니라
네 행동이 부적절한 거야"

저는 25년간 아동 및 가족 클리닉에서 일하면서 많은 자녀교육서를 읽었는데, 거의 모든 책에서 자녀가 잘못된 행동을 했을 때 "네가 나쁜 게 아니라 네 행동이 부적절한 거야"라는 말을 하라고 권하더군요. 이 조언은 우리가 자기 자신을 대하는 태도에도 마찬가지로 적용됩니다. 우리의 가치는 좋은 행동과 나쁜 행동의 단순 합산으로 결정되지 않기 때문입니다. 이 사실을 깨닫는 방법에는 여러 가지가 있습니다. 우리는 모두 하느님의 자녀라거나, 예수님은 우리를 사랑하신다거나, 우리 모두 불교에서 말하는 본질적 선함을 타고났다고 생각하는 식으로 종교적 가치에 의존하는 것이 한 가지 방법입니다. 우리를 무조건적으로 사랑해주는 사람과의 관계를 기반으로 할 수도 있습니다. 또는 이성적인 논리를 앞세워 누구도 본질적으로 선하거나 악하지 않으며 그저 문화적 조건이 우리를 착각으로 밀어넣고 있다는 사실을 깨달을 수도 있습니다. 그밖에도 다양한 방식이 있지만 결국 목표는 하나입니다. 조건부 자존감이 아니라 무조건적 자기수용에 도달하는 것입니다.

20세기 초에 인간 중심 치료를 개발한 심리학의 선구자 칼 로저스 Carl Rogers는 자기수용을 심리치료의 핵심 요소로 꼽으며 이렇게 정의 내렸습니다. "수용이란 내담자의 상태, 행동, 감정과 상관없이 내담자를 무조건적 자기 가치를 가진 사람으로 따뜻하게 바라보는 것을 의미한다." 다시 말해 자기수용이란 우리가 지적이거나 올바르거나 유능한지 여부와 관계없이, 즉 다른 사람들이 우리의 행동을 존중하고 인정하든 말든 우리의 능력과 행동에 대한 평가를 가치감과 분리하는 것입니다. 자신을 포함한 모든 사람이 선하지도 악하지도 않은 그저 평범한 인간일 뿐이라고 생각하며 살아가는 것이지요.

무조건적인 자기수용은 10장에서 살펴본 자기 연민과는 조금 다릅니다. 자기 연민은 고통을 겪을 때 자신을 사랑으로 감싸 안는 것을 의미하며 감정과 관계 중심적입니다. 반면 자기수용은 이성 중심적입니다. 자기평가의 변화가 부조리함을 인식하고 우리의 성과가 좋든 나쁘든, 타인의 인정을 받든 못 받든 자신을 받아들이는 것을 의미합니다. 따라서 자기수용 수준을 높이려면 우리의 가치와 쓸모를 판단하는 기준이 어디서 유래했는지를 먼저 검토해야 합니다. 사실 이와 관련된 우리의 신념 중 상당수는 너무 뿌리가 깊은 나머지 불변의 진리처럼 느껴집니다. 그러므로 아주 기본적인 부분부터 차근차근 되돌아보면서 깊이 생각해보세요. 때로는 카림처럼 자신의 가치를 판단하는 데 사용하는 가정들을 되돌아보면서 평가 체계의 작동 방식을 알아차리는 것만으로도 균형 잡힌 시각을 얻을 수 있습니다. 다음의 질문에 답해보세요.

- 당신이 생각하기에 선하고 가치 있으며 훌륭한 사람의 특징은 무엇인가요? 그 생각에 영향을 준 최초의 메시지는 무엇이었나요? 그 메시지를 전해준 특정 인물(부모, 형제자매, 교사, 성직자 등)이 있었나요?
- 개인의 가치를 평가할 때 누가 성공을 판단한다고 생각하나요?

당신에게 가치 체계를 처음 가르쳐준 사람일 수도 있고 최근에 만난 다른 사람일 수도 있습니다. 또는 문화적 가치나 종교적 가르침이 당신의 평가에 영향을 미칠 수도 있을 것입니다.

- 스스로의 선과 악, 가치와 쓸모를 판단할 때 어떤 행동이나 속성이 전반적인 평가를 결정하나요? 11장에서 소개한 자존감 자서전을 참고해서 생각해보세요. 능력이나 인간관계, 윤리, 업적이 핵심 기준이 되나요?
- 전반적 자기평가의 대상이 되는 시간적 범위는 어느 정도인가요? 가장 최근의 성과를 기준으로 하나요, 아니면 평생 해온 모든 긍정적, 부정적 자기평가의 평균을 기반으로 하나요?

자기수용 수준을 높이는 또 다른 방법은 10장의 자기 연민 편지와 유사한 접근법을 사용하는 자녀교육서의 조언을 따르는 것입니다. 저는 이 방법을 '내면 아이 교육하기'라고 부릅니다.

카림은 자신의 자기평가 기준에 대해 곰곰이 생각해보다가 가족 중에서 그를 가장 사랑해주고 가장 사리가 밝았던 할머니를 떠올렸습니다. 그는 상상 속에서 경제적 어려움과 체중 문제로 자신이 얼마나 부정적 기분을 느끼는지 할머니에게 털어놓았습니다. 그러자 할머니는 이렇게 말씀하셨지요. "나는 오마르 오빠처럼 대학에 가지도 못하고 직업도 없어서 실패자인 것 같았단다. 오빠와 함께 있을 때마다 불편했어." 하지만 할머니는 나이가 들면서 우리 모두가 비슷한 일을 겪고 있다는 사실을 알게 되었다고 했지요. "이혼하고 암 투병 중인 오빠를 도와주면서 모든 것이 달라졌지. 오빠와 다시 가

> **자존감 회복 훈련 28**
>
> ### 내면 아이 교육하기
>
>
>
> 이 연습은 자녀교육서에 자주 등장하는 교육법에서 착안한 것으로, 우리의 전반적인 자기평가가 얼마나 가혹하고 비현실적인지 알아차리는 것을 목표로 합니다.
>
> 1. 최근에 자신의 가치를 전반적으로 평가했던 때를 떠올려보세요. 성공인지 실패인지, 좋은지 나쁜지, 사랑받을 만한지 아닌지 판단을 내렸을 것입니다. 이제 당신이 어린아이이고 같은 결론에 도달했다고 상상해보세요.
>
> 2. 천성적으로 현명하고, 친절하고, 사랑이 넘치는 존재가 어린아이인 당신에게 말을 걸고 있다고 상상해보세요. 그들은 당신의 자기평가에 대해 뭐라고 말할까요?

까워진 기분이 들더구나. 우리 모두가 어려움을 겪기 때문에 누구도 다른 사람보다 낫거나 못할 게 없는 연약한 존재라는 것을 깨달았단다." 그리고는 카림을 꼭 안아주었습니다.

일부러 완벽하지 않게 행동해보기

많은 사람들이 완벽주의에 사로잡힌 나머지 실수를 피하려 애쓰다가 아무것도 하지 못하거나 지쳐버리고 맙니다. 이럴 때는 냉정하고 잔인한 자기평가에 의도적으로 이의를 제기하는 것도 도움이 됩니다. 러그로 유명한 나바호족의 직조공들은 이러한 완벽주의를 피하기 위해 일부러 러그에 하나 이상의 잘못된 매듭을 짜넣는다고 합니다. 고의로 실수를 해서 자기평가에 대한 집착을 완화하는 것입니다. 이렇게 의도적으로 생각과 습관을 바꾸려 노력하면 우리의 존재와 잘못된 행동을 분리해서 평가하는 데 도움이 됩니다.

일부러 잘못된 행동을 하거나 실수를 저지르면서 자신의 반응을 살펴보면 전반적인 자기평가가 어리석다는 사실을 더 명확히 이해할 수 있습니다. 또한 이와 반대로 아예 완벽해지려고 노력하면서 자신의 내면을 살펴보는 것도 도움이 됩니다. 완벽하게 샤워를 해보려고 하거나, 완벽한 달걀프라이를 만들려고 하거나, 완벽한 시를 써보려고 시도하는 것입니다. 이런 행동을 하면서 완벽에 대한 생각이 어떻게 변하는지 관찰해보세요.

행동이 아닌 존재 전체에 대한 전반적인 자기평가가 매우 부조리하다는 사실을 깨닫고 무조건적인 자기수용을 연습해보면, 결국 우리의 유용성이나 가치를 규정하는 주체는 우리 자신이라는 사실을 알 수 있습니다. 우리는 아주 어릴 때부터 주위에서 받는 메시지를 통해 스스로를 평가하는 습관을 기르지만 그렇다고 평가의 노예가 될 필요는 없습니다. 우리는 모두 똑똑하기도 하고 어리석기도 하며, 성실하기도 하고 게으르기도 하며, 유능하기도 하고 서투르기도 하며, 사랑받기도 하고 거절당하기도 하는 평범한 인간일 뿐입니다. 이 모든 평가는 끊임없이 바뀝니다. 그리고 우리 모두가 그 과정을 함께 겪고 있지요.

자존감 회복 훈련 29

의도적으로 이상한 행동해보기

일부러 실수하거나 일을 잘못하면서 자신의 감정적 반응을 살피고 자신의 불완전함을 받아들이는 법을 배우면 완벽주의에서 벗어나는 데 도움이 됩니다.

1. 일부러 실수하거나 사람들이 이상하게 볼 법한 실수나 행동을 해봅니다. 쉬운 것부터 조금씩 견디기 어려운 것으로 넘어가보세요. 다음은 시도해볼 수 있는 행동들을 쉬운 것부터 어려운 순서로 나열한 것입니다.

   - 일부러 고속도로 출구를 지나쳐보기
   - 온라인 쇼핑을 할 때 더 비싼 가격으로 파는 물건을 구입하기
   - 상사가 아닌 사람에게 맞춤법이 틀린 이메일을 보내기
   - 귀걸이를 한쪽만 차고 하루를 보내기
   - 짝이 다른 양말 신기
   - 머리를 빗지 말고 찢어지거나 더러운 옷을 입고 외출하기
   - 공공장소에서 음정이 맞지 않는 노래를 부르거나 서툴게 춤을 추기
   - 지하철이나 기차에서 승객들에게 다음 정차역을 알려주기

2. 이상한 행동을 할 때 떠오르는 생각과 감정, 신체 감각에 주목하면서 불편한 상태를 견딜 수 있는지 살펴보세요. 자신을 안아주거나 친절한 말을 건네거나 다른 형태의 자기 연민을 통해 위로받으세요.

3. 불완전함을 경험한 후 스스로에게 물어보세요. 내가 정말 나쁘거나 부족한 사람이 되었을까? 내 가치에 대한 전반적인 평가가 바뀌었을까?

성적, 외모, 인기, 경력, 양육 등 인생의 거의 모든 분야에서 전부 아니면 전무라는 이분법적 사고를 지니고 있던 쉰 살의 칼라가 생각을 바꾸게 된 계기를 살펴볼까요? 최근에 친구와 떠난 하이킹 여행에서 칼라는 값비싼 식당에 어울리지 않는 옷차림으로 식사를 하게 되었습니다. 음식은 훌륭했지만 계속 이런 생각이 들었죠. '사람들이 우리를 어떻게 볼까? 옷을 제대로 차려입지 않고 왔는데.' 알고 보니 친구도 같은 걱정을 하고 있었으며 동시에 그런 걱정을 하고 싶지 않다는 생각 역시 똑같이 하고 있었습니다. 그래서 두 사람은 그 자리에서 바로 '젠장, 내 나이 50이야' 클럽을 결성했습니다. 다른 사람들이 어떻게 생각할지 걱정하거나 어떤 기준에 미치지 못한다고 판단하고 있는 스스로를 발견할 때마다 '젠장, 내 나이 50이야' 하는 생각으로 대응하기로 한 것입니다.

'진정한 나'라는 실체는 존재하지 않는다

지금 이 글을 읽고 있는 '당신'은 어디에 존재하는 것 같은가요? 책을 들고 있는 손인가요, 책을 보고 있는 눈인가요, 아니면 의자에 앉아 있는 몸인가요? 책을 읽을 때는 마음이라고 불리는 곳에서 단어가 생성되는 느낌이 드는데, 이 마음은 어디에 있을까요? 눈을 감고 다섯까지 셀 때 숫자를 세는 경험을 느끼는 의식은 어디에 존재할까요? 또는 눈을 감고 어머니의 이미지를 떠올려봤을 때 정확히 어디에 이미지가 그려지는지 말할 수 있나요?

인지과학자들에 따르면 우리 대부분은 인식이나 의식이 눈 뒤쪽의 머리 어딘가에 있다고 생각합니다. 실제로 우리 다수는 의식이 나의 핵심이며 몸은 이 정신적 실체를 운반하는 수단에 불과하다고 여깁니다. 또한 소유물이나 사회적 역할, 심지어 팔다리를 잃어도 괜찮지만 의식을 잃으면 우리가 사라진다고 생각하고, 죽음은 곧 머리 어딘가에 존재하는 의식이 없어지는 것이라고 생각하지요. 이처럼 우리의 '자아감'을 면밀히 살펴보면 무언가 이상하다는 점을 느낄 수 있습니다. 하버드대학교의 인지심리학자 스티븐 핑커는 『마음은 어떻게 작동하는가』(동녘사이언스, 2007)에서 이렇게 질문합니다.

> 통합된 지각의 중심은 무엇이며 어디에 있는가? 내 뇌의 청사진을 컴퓨터에 스캔해서 기억을 비롯한 모든 세부 사항을 재구성한 다음 내 몸을 파괴했다고 가정하자. 나는 잠시 낮잠을 잔 걸까, 아니면 자살한 걸까? 만약 두 명의 내가 재구성된다면 즐거움을 두 배로 누릴 수 있을까? 수정란은 언제 자아를 획득할까? 뇌 조직이 얼마나 죽어야 내가 죽은 걸까?

이 질문은 분명히 이상합니다. 우리는 이런 질문을 하지 않습니다. 보통은 저녁 메뉴 같은 일상적인 결정에서부터 죽음과 관련된 실존적인 두려움에 이르기까지 자기 자신과 스스로에 대한 수다로 깨어 있는 시간을 채우지요. 온종일 이 이야기를 듣다 보면 자연스럽게 이 드라마에는 주인공이 있으며 매우 중요한 존재일 것이라고 믿게 됩니다. 얼마 전 한 코미디언이 이렇게 말하더군요. "나는 죽을

자존감 회복 훈련 30

자아의 본질 찾아보기

'진정한 나'는 어디에 있으며 어떤 모습일까요? 변치 않고 안정적인 자아가 존재할까요? 시시각각 변화하는 자아를 느껴보는 방법을 소개합니다.

1. 곧은 자세로 눈을 지그시 감고 호흡에 주의를 기울입니다. 20분 이상 마음챙김 명상을 하면서 생각이 자연스럽게 떠오르고 지나가도록 내버려두세요.

2. 마음이 안정되면 지금 내가 겪고 있는 경험의 관찰자를 찾아봅니다. 행동의 주체인 '나'와 다른 사람이 생각하는 '나'는 각각 어디에 있나요? 실제로 객체적 자아나 주체적 자아를 관찰할 수 있나요, 아니면 호흡이나 소리, 가려움 등 끊임없이 변하는 의식이 다른 생각처럼 그저 흘러갈 뿐인가요?

3. 마음챙김 명상을 계속하면서 내면에서 안정된 자아를 찾을 수 있는지 살펴봅니다.

수 없어. 내 이야기의 주인공은 나니까."

우리는 '자아감'이라는 것이 어떻게 구성되어 있는지 잘 살펴보지 않습니다. 그렇게 하면 우리가 상정했던 가정들이 바닥부터 무너지기 때문입니다. 그러나 우리의 자아감이 얼마나 실체가 없는 것인지 깨달으면 자신에 대한 지나친 걱정에서 벗어나 객관적인 시선을 갖출 수 있습니다. 즉 무심히 풍경을 보는 관찰자처럼 멀리서 나를 관조하는 것입니다. 마음챙김 수련은 이런 성찰을 뒷받침해주는 강력한 도구입니다. 집중적으로 마음챙김을 연습하면 의식의 본질을 더 쉽게 볼 수 있습니다. 안정적이고 분리된 '자아'는 결코 우리 내면에서 발견되지 않습니다. 오히려 환경과 끊임없이 상호작용하면서 변화하는 경험의 흐름에 가깝습니다.

자아의 본질을 찾으려 하면 할수록 주체적 자아인 '나'는 점점 모호해지는 경향이 있습니다. 실제로 정신과 의사 마크 엡스타인Mark Epstein은 『붓다의 심리학』(학지사, 2016)에서 생각은 오고 가지만 그 생각을 하는 안정된 객체적 자아는 존재하지 않는다는 통찰을 제시했습니다. 명상법에 따라 관점이 다르기 때문에 결론은 조금씩 다를 수 있습니다. 내면에 자아가 따로 없다는 결론에 도달하든 '우리'가 그 인식 자체라는 결론에 도달하든 크게 중요하지 않지요. 나와 내 상태에 대한 모든 판단이 실제로는 끊임없이 변하는 생각과 이미지이며 우리 자신을 그것과 동일시하거나 그것을 맹신할 필요가 없다는 것을 깨달으면 충분합니다.

관찰자 의식을 갖추는 연습을 통해 마음의 평정을 얻은 사례를 살펴봅시다. 올해 마흔이 된 마르타는 최근에 이혼했습니다. 남편이 이웃집 여자와 바람을 피우고 있다는 사실을 알게 되었기 때문입니다. 마르타의 자기평가는 가혹해질 수밖에 없었습니다. '나는 아내로서 실패자야'라는 생각과 '전남편은 정말 몹쓸 놈이야'라는 생각이 오락가락했지요. 마르타는 이 고통에서 벗어나기 위해 침묵 명상 수련회에 참석했고, 명상을 하면서 생각이 시시각각 바뀌는 것을 알아차렸습니다. '나는 한물갔어', '나는 못생겼어', '그는 정말 못된 놈이야. 날 잃은 걸 후회할 거야', '난 정말 좋은 사람이야' 등 생각이 계속 바

> **자존감 회복 훈련 31**
>
> ## 관찰자 의식 개발하기
>
>
>
> 안정적인 자아가 존재하지 않는다는 사실이 너무나 이상하게 느껴진다면 우리의 통상적 자아감을 느슨하게 해주는 전통 요가 훈련이 도움이 됩니다. 이 명상에서 느끼는 경험이 평생 당신과 함께해 왔으며 우리가 깨어 있고 살아 있는 한 계속 유지될 것이라고 생각해보세요.
>
> 1. 곧은 자세로 눈을 지그시 감고 호흡에 주의를 기울입니다. 20분 이상 마음챙김 명상을 하면서 생각이 자연스럽게 떠오르고 지나가도록 내버려두세요.
>
> 2. 마음이 안정되면 생각은 계속 바뀌지만 생각을 관찰하는 경험은 그대로 남아 있다는 것을 알 수 있습니다. 구름이 끼는 날도 있고 햇살이 가득한 날도 있으며 때로는 별이 빛나기도 하지만 하늘은 여전히 그대로인 것처럼 말입니다.
>
> 3. 호흡에 집중하면서 마음에 떠오르는 생각들이 자유롭게 오가도록 내버려두고, 인식 경험이 어떻게 존재하는지 생각해보세요.

뀌었지요. 또한 이러한 생각들이 실제로는 감정을 동반한 말과 이미지일 뿐이며 인식 자체를 배경으로 생겨났다 지나가는 것임을 깨달을 수 있었습니다. 마르타는 점점 자신의 정신과 마음을 무수히 변화하는 생각과 감정, 감각이 나타났다가 사라지는 광활한 열린 공간으로 경험하게 되었습니다.

수련회를 마치자 자신과 전남편에 관한 생각들이 떠오를 때에도 더 이상 분노나 자기비판적인 기분에 사로잡히지는 않았습니다. 양육비나 아이들의 일정을 놓고 전남편과 협상해야 할 때도 화가 나서 씩씩대며 새벽 3시까지 깨어 있는 일이 줄었습니다. 마음이 더 가볍고 자유롭고 편안해졌지요.

확고한 자아는 존재하지 않고 늘 변화한다는 사실을 깨달으면 처음에는 당황스럽게 느껴질 것입니다. 우리는 스스로 어떠한 사람이라고 믿고 싶어하기 때문입니다. 하지만 이 경험을 제대로 이해하면 우리는 커다란 안도감을 느낄 수 있습니다. 나에 대한 생각과 타인과 나를 비교하는 생각 모두가 그저 떠오르고 지나갈 뿐, 선하거나 악한 또는 뛰어나거나 그렇지 않은 '나'는 존재하지 않는다는 사실을 이해하면 전반적인 자기평가에 사로잡히지 않을 수 있기 때문입니다. 그러면 현재를 더 충실하게 경험하면서 지금 이 순간에 일어나고 있는 일과 더 넓고 깊게 연결될 수 있습니다.

나와 세계의 경계는 어디일까

마음챙김 수련을 지속하면 우리는 모두가 서로 연결되어 있다는 사실을 명확하게 인식하면서 자기평가의 고통에서 벗어날 수 있습니다. 독립된 개인으로서의 '나'라는 생각 자체가 그저 언어적 관습에 의해 만들어진 환상임을 알 수 있기 때문입니다. 간단한 사고실험을 통해 '나'의 경계에 대해 생각해보겠습니다.

먼저 사과를 먹고 있는 어린 소녀를 상상해보세요. 소녀가 사과를 한입 베어 물었는데 남은 사과에서 반토막 난 벌레를 발견합니다. 영리한 소녀는 무슨 일이 일어났는지 깨닫고 씹던 사과를 뱉습니다. 이때 소녀의 입안에 남은 내용물을 어떻게 설명하겠습니까? 사과+벌레일까요? 아니면 이미 소녀의 일부일까요? 이 시점에서는 많은 사람이 사과+벌레라고 답합니다.

이제 벌레는 없었고 한입 베어 문 사과를 계속 씹어서 삼켰다고 상상해보세요. 지금 소녀의 배 안에 있는 내용물을 어떻게 묘사할 수 있을까요? 사과+위액일까요, 아니면 어린 소녀의 일부일까요? 이 시점에는 대체적으로 사람들의 생각이 엇갈리더군요.

다음으로 사과가 십이지장을 거쳐 장으로 내려간 다음 과당이 포도당으로 분해되어 혈류로 들어가 혈당으로 존재한다고 상상해보세요. 이 포도당 분자들은 사과일까요, 아니면 소녀가 된 걸까요? 여기서부터는 대체로 대답이 같습니다. 사람들은 대부분 이 상태를 소녀라고 답하지요.

마지막으로 사과의 섬유질이 소화관을 따라 내려간 끝에 소녀가 화장실에 갔다고 상상해봅시다. 이때 사과는 어떻게 규정할 수 있을까요? 여전히 사과일까요, 소녀가 된 것일까요, 아니면 둘 다 아닌 다른 어떤 것일까요? 여기에서는 사람들 대부분이 다른 무언가라고 하더군요. 우리가 대변은 음식이나 우리라고 생각하지 않고 '다른 것'이라고 생각하는 게 이상하지 않나요? 대변이 우리가 먹은 음식이나 우리 외에 결국 무엇일 수 있을까요?

이제 이 사고실험의 요점을 깨달았을 것입니다. 사과가 어린 소녀로 변하는 지점은 정확히 어디일까요? 더 나아가 당신이 숨을 쉬는 동안 방 안 공기였던 수천 개의 산소 분자가 당신으로 바뀌고, 당신이었던 수많은 이산화탄소 분자가 방 안 공기로 바뀌는 시점은 언제일까요?

이 사고실험을 곰곰이 생각해보면 우리는 주변 세계와 완전히 상호의존적이며 '나'와 나머지 세계 사이의 경계는 내 생각에 의해 만들어진다는 사실을 깨달을 수 있습니다. 생각의 흐름에서 벗어나는 연습을 할수록 우리 자신과 세상은 끊임없이 변화하고 상호교환되는 물질과 에너지 체계이며, 몸과 마음은 그 체계의 아주 작은 부분일 뿐이라는 사실을 깨닫게 됩니다. 이러한 통찰은 우리의 자아감과 타인과의 어울림에도 지대한 영향을 미칩니다. 개인적으로든 사회적으로든 많은 문제를 일으키는 '우리'와 '그들'이라는 이분법적 개념은 우리의 상호의존성을 인식하지 못하는 데서 비롯되기 때문입니다.

우리 모두가 훨씬 더 큰 유기체의 일부라는 깨달음에 익숙해지면 서로 사랑하고 관계를 맺으며 자신을 보호하려고 숨지 않는 친밀한 순간을 보내기가 더 쉬워집니다. 자기 집착이 줄어들고 자존감과 사회적 비교에 덜 신경 쓰게 됩니다. 베트남의 선승 틱낫한Thich Nhat Hanh은 이를 상호존재 경험이라고 부릅니다. 틱낫한은 저서 『평화 되기』(불광출판사, 2022)에서 이 상호존재 경험에 대해 이렇게 말합니다.

종이와 구름

당신이 시인이라면 이 종이 위에 떠다니는 구름 한 점이 분명히 보일 것입니다. 구름이 없다면 비가 내릴 수 없고 비가 내리지 않는다면 나무는 자랄 수 없습니다. 그리고 나무가 자라지 않는다면 종이를 만들 수 없습니다. 종이가 존재하려면 구름이 필수입니다. 이 종이를 더 깊이 들여다보면 그 안에 담긴 햇빛을 볼 수 있습니다. 햇빛이 없다면 숲이 우거질 수 없기 때문입니다.

계속 들여다본다면 나무를 베어서 제재소로 운반해온 벌목꾼을 볼 수 있습니다. 그리고 밀도 볼 수 있습니다. 벌목꾼은 일용할 빵 없이는 존재할 수 없기 때문입니다. 그리고 벌목꾼의 아버지와 어머니도 이 종이 안에 존재합니다. 이렇게 보면 이 모든 것들 없이는 한 장의 종이가 존재할 수 없다는 것을 알 수 있습니다.

우리가 상호의존적인 우주의 일부라면 남보다 더 훌륭해지거나 성공하거나 사랑받거나 존경받으려고 애쓰는 것은 어리석은 일입니다. 그리고 우리가 상호존재라는 사실을 인정하면 더 넓은 세상과 연결되어 있는 평범한 존재라는 사실에서 깊은 만족감을 찾을 수 있습니다. 다른 사람들과 더욱 깊은 사랑으로 연결되는 기회는 바로 여기에서 출발합니다.

13장 평범함이 가장 귀한 것이다

> 게임이 끝나면 폰, 룩, 나이트, 비숍, 킹, 퀸은
> 모두 같은 상자로 다시 들어간다.
> — 이탈리아 속담

1387년 영국의 왕이 누구였는지 알고 있나요? 당시에는 많은 사람이 그를 알고 있었지만 지금은 그렇지 않습니다(참고로 답은 리처드 2세입니다). 한 나라의 왕조차 그러한데 우리는 어떨까요? 성공하기 위해 노력한다 한들 예측은 밝지 않고 그 유산도 오래가지 않을 것입니다. 시야를 멀리까지 뻗어보면 상황은 더 심각해집니다. 많은 이들이 불과 5만 년 안에 지구에 빙하기가 닥칠 것으로 추정합니다. 6억 년 후에는 태양이 더 뜨거워지면서 대기 중 이산화탄소가 사라지고 모든 식물이 죽을 것입니다. 10억 년 후에는 바닷물이 증발하고 지구에 남은 모든 생명체가 멸종할 것입니다. 길게 보면 우리의 성공과 실패, 다른 사람들의 시선에 대한 걱정, 일을 잘하고 있는지에 고민은 크게 중요하지 않아 보입니다. 그런데 우리

모두가 비슷한 운명에 직면해 있다는 명백한 사실에도 불구하고 그 렇게나 많은 사람이 특별하고 중요한 사람이 되고 싶어 하는 것이 이 상하게 느껴지지 않나요?

특별함의 저주

데이지 꽃밭을 보면서 "정말 예쁜 꽃들이지만 앞에서 236줄, 왼쪽에 서 89번째 데이지가 가장 특별해"라고 생각하는 사람은 없을 것입니 다. 그러나 우리 자신이 문제가 되면 이야기는 달라집니다. 특별하 지 않으면 불편함을 느낄 정도이지요. 누가 '평범', '평균', '보통', '표 준'이 되기를 열망할까요?

특별함에 대한 우리의 애착은 점점 커지고 있습니다. 아기 이름을 예로 들어보겠습니다. 1950년 미국에서는 남자아이 3명 중 1명, 여 자아이 4명 중 1명이 흔한 이름 상위 10개 중 하나를 가지고 있었습 니다. '평범함'은 귀하게 여겨졌지요. 하지만 2012년이 되면 흔한 이 름을 지닌 아이는 남녀 모두에서 10퍼센트 이하로 줄어듭니다. 심지 어 최근 몇 년 동안 가장 인기가 높아진 남자아이 이름은 메이저, 킹, 메시아 등입니다. 비범한 이름이 새로운 표준이 된 것이지요. 행복 에 관한 연구의 권위자인 마틴 셀리그먼Martin Seligman은 "어떤 바보가 보통 사람이 되는 데 필요한 기준을 높인 것 같다"라고 말했습니다. 요즘 평범함은 곧 패배자라는 것을 의미합니다.

그 결과 우리는 스타벅스에서 자기 기호에 맞춘 커피를 주문하고 독특한 집에서 살기를 원하며 남들과는 다른 결혼식을 올리는 등 자기만의 개성을 내세우려 합니다. 심지어 교회까지 이러한 시류에 편승하고 있습니다. 미국 최대 복음주의 교회의 목사인 조엘 오스틴은 "하나님은 누구도 평범한 존재로 만들지 않으셨다"라고 주장합니다. 또한 미국에서는 번영신학 운동이 확산되고 있으며 그 대표적 예시인 『하느님은 당신이 부자가 되기를 원하신다God Wants You to Be Rich』(2007)라는 베스트셀러의 제목을 보면 광기 어린 동향을 단적으로 느낄 수 있습니다.

저도 아주 어린 나이에 특별함에 중독되었습니다. 똑똑하고 말을 잘한다는 칭찬과 저를 특별히 재능 있는 아이로 보는 부모님의 시선에 사로잡혀 무엇이든 잘할 수 있으리라고 생각했거든요. 그래서 나중에 체육 시간에 친구들 무리에 끼지 못했을 때, 노래를 제대로 못 불렀을 때, 그림을 못 그렸을 때 타격이 더 컸지요. 제가 특별해야 한다고 생각했기 때문입니다. 저는 평균 이하인 부분에서는 기권했고, 어느 정도 재능이 있는 분야에서도 점점 더 뛰어나게 잘해야만 제 자신이 괜찮게 느껴졌습니다.

이러한 개인적인 경험과 더불어 특별함에 중독된 환자들을 자주 만나면서 저는 평범함을 열렬히 지지하게 되었습니다. 실제로 전 세계의 전통 종교와 지혜를 살펴보면 평범함 뒤에 따라오는 겸손이 행복의 핵심이라고 한결같이 주장합니다. 기독교에서는 "온유한 사람은 행복하다. 그들은 땅을 차지할 것이다"라고 하며, 유대교에서는 "주께서 교만한 자들의 집을 멸하실 것이다"라는 말로 오만함을 경고하고, 힌두교에서는 "자만하지 않으며 겸손하고 중용을 지키는 태도가 곧 지식이다"라는 말이 내려옵니다.

특별함에 사로잡힌 사람들은 평범해지면 외로워질까 봐 두려워합니다. 우리가 어떤 면으로든 특별하기에 다른 사람들이 우리를 좋아한다고 믿기 때문입니다. 물론 연애 관계에서는 그런 경우도 가끔 있지만 우리 대부분은 공통적인 인간성을 이해하고 자신을 타인보다 우월하거나 열등하다고 여기지 않는 사람들에게 훨씬 더 끌립니다. 그리고 그런 사람과 함께 있을 때 안전하고 사랑받으며 서로 연결되어 있다고 느끼지요. 역설적이게도 그런 평범한 사람들 중 일부는 자신을 위대한 스승으로 여기기를 원하지 않거나 어마어마한 추종자를 원하지 않는다는 바로 그 이유로 엄청난 추종자를 거느린 영적 스승이 되기도 합니다.

저는 아프리카에서 고아원을 설립하며 평생을 보낸 스페인 신부님을 위한 모금 행사에 참석한 적이 있습니다. 부와 권력을 가진 성공한 사람 수백 명이 그분과 사진을 찍으려고 경쟁을 벌이더군요. 신부님은 그런 소란에 전혀 동요하지 않으며 그저 평범한 사람처럼 모든 사람과 사진을 찍어주었습니다. 평범함을 포용한 신부님은 으스대거나 가식적으로 행동할 필요도, 숨길 것도 없었기 때문에 더욱 진정성 있게 보였습니다.

야구선수 출신으로 현재는 리더십과 동기부여 방법을 가르치는 연사인 마이크 로빈스Mike Robbins는 자신의 진정성을 높이고 싶다면 먼저 다음 문장을 완성해보라고 권합니다.

당신이 정말로 저를 안다면 _____ 을 알 것입니다.

빈칸에는 당신을 투명하고 솔직하게 나타내는 특징이나 당신의 취약점을 채워넣습니다. "당신이 정말로 저를 안다면 제가 외모에 신경을 쓰느라 상당한 시간을 운동하는 데 쓴다는 점을 알 것입니다" 처럼 말이지요. 지금 바로 빈칸을 채워보고 한번 곰곰이 생각해보세요. 만약 모든 사람이 당신에 대한 진실을 알게 되어 당신이 평범하고 불완전한 사람이라고 생각한다면 당신은 정말 외로워질까요?

스스로에게 너그러워지는 법

자신이 특별하거나 열등하지 않다는 사실을 증명하려고 노력하다 보면 결국 지치기 마련입니다. 하지만 우리가 평범한 사람이라면 칭찬을 격려 삼아 계속 앞으로 나아가고 비판을 받아도 거기에서 변화를 끌어낼 수 있습니다. 평범한 사람들은 자주 실수하니까요. 현명한 사람들은 오래 전부터 이 사실을 알고 있었습니다. 미국 심리학의 아버지인 윌리엄 제임스William James는 평범함이 주는 자유로움에 대해 다음과 같이 말했습니다. "이상하게도 특정 분야에서 자신이 무능하다는 사실을 진심으로 받아들이고 나면 마음이 매우 가벼워진다." 최근 정신과 의사인 마이클 밀러Michael Miller는 저와의 대화 중에 이렇게 결론을 내리더군요. "성공 때문에 망가진 사람은 많지만 실패 때문에 망가진 사람은 거의 없다."

직장에서 매우 유능한 사람으로 통했던 빌의 사례를 살펴보겠습니다. 빌은 직장 생활을 하는 동안 운이 좋았습니다. 회사에서 승승

장구했고 영향력도 컸지요. 빌은 금방 자만심에 우쭐해져서 부하 직원들에게 친절하지 않은 태도를 보였습니다. 그러나 조직 개편으로 새로 부임한 CEO가 새로운 사람들을 영입하면서 빌의 지위는 추락했습니다. 그는 자신이 더 이상 중요한 인물이 아니라는 괴로움에 시달리다가 결국 제 상담실 문을 두드렸습니다.

우리는 조직 개편 전 빌의 감정부터 살펴보았습니다. "모두 제 말에 귀를 기울이는 걸 즐겼던 것 같아요. 사장님과도 친했고 다들 제게 잘 보이고 싶어 했죠." 그런 다음 그의 현재 상황을 살펴보았습니다. "지금은 아무도 저와 이야기하고 싶어 하지 않아요. 아마 대부분이 저를 짜증스러운 사람으로 생각할 거예요." 패배감이 너무 강한 나머지 빌은 스스로 기운을 북돋울 엄두도 내지 못했습니다. 하지만 제 격려에 힘입어 가족과 친구들, 심지어 몇몇 동료들에게 자신의 나약함을 털어놓았습니다. 이전에는 오만했으나 이제 겸손해졌다고 말입니다. "부끄럽지만 제가 그리 특별했던 건 아니었던 것 같아요. 그저 운이 좋았던 거죠. 제가 잘나가는 사람이 아니라는 사실이 여전히 힘들지만 외로움은 훨씬 덜해요." 그는 다시 교회에 나가기 시작했습니다. "교회에 다니는 분들은 모두 서로를 응원하려고 노력하거든요. 허풍은 별로 통하지 않죠. 제게 좋은 일이라고 생각해요."

겸손과 평범함의 수용은 용서의 태도를 기르는 데에도 도움이 됩니다. 아이오와 주립대학교의 심리학자 브래드 부시먼Brad Bushman의 연구 결과에 의하면 우리는 자신이 우월하다고 생각할 때 독선적으로 행동하고 다른 사람의 잘못을 더 가혹하게 판단한다고 합니다. 실제로 노스웨스턴대학교에서 실시한 실험에 따르면 피험자들이 동료보다 우월하다고 느낄 때 타인의 감정을 알아차리고 배려하는 능력이 떨어지는 것으로 나타났습니다. 또한 자신이 특별히 나쁘고 사랑받기에 부적합하다고 생각할 때 우리는 수치심에 시달리지만 부정적인 자기감정 역시 보편적이라는 사실을 깨달으면 마음이 한층 편안해집니다. 저는 고등학교 때 심리치료 모임의 리더가 "남학생은 두 유형으로 나뉘지. 자위를 하는 남학생과 하지 않는다고 거짓말을 하는 남학생으로"라고 말했을 때 안도했던 기억이 아직도 생생합니다.

데이터 과학자인 세스 스티븐스 다비도위츠는 빅데이터를 활용해서 우리가 서로의 공통점과 유사성을 찾을 수 있는 방안을 제시합니다. 인터넷 검색을 추적한 결과를 활용하여 동성애 혐오가 만연한 지역에 사는 게이들에게 그 동네에도 게이가 있다는 사실을 알려주어 안심하게 하는 프로그램이 한 가지 예입니다. 또 다른 프로젝트에서는 질 분비물 냄새를 걱정하는 사춘기 소녀들에게 그 문제에 대한 인터넷 검색이 얼마나 흔한지 보여줌으로써 정상으로 느끼게 해주기도 했습니다. 수치심은 우리를 평범하게 만듭니다. 우리 모두 비슷한 것들을 부끄러워하기 때문입니다. 즉 우리의 평범함을 인정하면 으스대거나 가식을 떨며 스스로 사기꾼 같다고 괴로워할 필요가 없습니다.

고통스러운 자기평가에서 벗어날 때와 마찬가지로 평범함을 받아들이려면 사고와 감정, 습관 면에서 노력이 필요합니다. 특별함에 대한 집착이 어리석다는 사실을 직시하고 이를 포기하는 데에서 오는 실망감을 견뎌야 하지요. 자신이 남들보다 못하다고 느낀다면 그 생각을 뿌리까지 파헤쳐보고 있는 그대로의 모습도 괜찮은 것처럼 행동해보세요. 그러면 평화와 자유, 유대감을 느낄 수 있을 것입니다. 저와 상담했던 대학원생 다이애나는 방학에는 집으로 돌아가는 이유를 "가족과 함께 있을 때는 아무것도 증명할 필요가 없거든요"라고 설명했습니다. 크리스는 "다른 사람의 시선이나 평가를 걱정하지 않아도 되어서 좋아요"라며 혼자서 캠핑하는 것을 즐겼지요. 안나는 "제가 무엇을 하든 친구들은 있는 그대로 봐주는 게 좋아요"라고 말하며 고등학교 시절의 친구들과 자주 만났습니다.

저는 정신과 의사이자 선승인 배리 매지드Barry Magid의 일화를 종종 소개합니다. 매지드 박사가 거주하는 뉴욕의 중산층은 자녀를 명문 유치원에 입학시키기 위해 갖은 애를 씁니다. 아이가 명문 유치원에 입학하면 이후 명문 초등학교, 중학교를 거쳐 하버드에 입학할 가능성이 높다고 생각하기 때문이지요. 그리고 우리 모두 하버드대학교에 입학하면 행복해질 수 있다고 믿습니다. 매지드 박사의 아내 역시 그 이유로 아들의 유치원 입학 지원서를 쓰고 있었는데, 그중에 아이가 얼마나 특별한지 부모가 한 페이지에 걸쳐 설명해야 하는 공간이 있었습니다. 아내가 그 지원서를 보여주자 매지드 박사는 이렇게 말했다더군요. "그냥 '우리 아들은 특별한 것 없는 평범한 아이입니다'라고 써요." 그 후로 매지드 박사의 아내는 입학 신청서를 남편에게 보여주지 않았다고 합니다.

평범함을 받아들이면 편안해진다고 해도 이를 기쁘게 받아들이기는 쉽지 않습니다. 매지드 박사의 사례처럼 사회에서는 끊임없이 특별함을 요구하니까요. 그렇다면 우리는 어떻게 해야 자신의 평범함을 축하할 수 있을까요? 한 가지 방법은 자신이 부족한 느낌을 장난처럼 가볍게 다루어보는 것입니다.

똑똑하고 헌신적인 고등학교 교사 조셉의 사례를 예로 들어보겠습니다. 조셉은 조부로부터 적지 않은 재산을 상속받아 고급 주택가에 집을 샀습니다. 문제는 조셉이 동네 모임에 갈 때마다 자신이 부족하다는 느낌에 시달렸다는 것입니다. 그의 이웃 대부분이 영향력 있는 인물이나 병원장과 대학 총장, 정치인, 기업인들이었기 때문이지요. 조셉은 자신의 능력으로 부를 일군 이웃에 비해 자신은 그저 우연히 부유한 집안에 태어나 부를 얻었다는 사실이 불편했습니다. 그래서 이웃보다 열등한 느낌이 들면 속으로 이렇게 긍정적인 말을 외치기로 했습니다. "그래, 당신들은 아주 대단하고 성공한 사람인지 몰라도 나는 한 것 없이 재산 상속받은 사람이야!"

조셉의 사례처럼 자신의 평범함을 장난스럽게 받아들여보면 사회적 비교의 부조리를 깨닫고 이웃과 더 편안하게 소통할 수 있습니다. 당신이 한 일이나 부끄러워하는 개인적인 특성을 떠올려보고 다음에 그로 인해 불편함을 느끼는 사회적 상황에 놓이면 자신의 약점이나 한계를 자랑스러워하듯 의기양양하게(속으로) 선언해보세요. "내가 당신보다 뚱뚱해!"라든가 "여기서 가장 불안한 사람은 나야!" 같은 식으로 말입니다.

우리의 강점과 약점을 현실적으로 평가해보고 어떻게 그런 강점과 약점을 갖게 되었는지 성찰해보는 것도 도움이 됩니다. 이성적으로 자신을 돌아보고 자질과 능력을 검토해보는 것이지요. 자신의 강점과 약점 그리고 그 근원을 분석해보면 모두가 아무 원인 없이 저절로 생긴 것이 아니란 사실을 알 수 있습니다. 바람직한 특성이든 바

자존감 회복 훈련 32

지금의 나는 어떻게 만들어졌을까

우리는 아무 원인 없이 갑자기 생겨난 존재가 아닙니다. 마찬가지로 우리가 지닌 좋거나 나쁜 자질, 능력 또한 그렇습니다. 따라서 자신이 자랑스럽게 여기는 강점과 부끄럽게 생각하는 약점을 하나씩 꼽아보고 그 자질이 어디에서 온 것인지 따져보면 실제로는 이 요소들이 우리의 가치를 결정하지 않는다는 사실을 알 수 있을 것입니다.

1. 아래의 표에 당신을 기분 좋게 만들고 특별하다고 느끼게 해주는 특성과 자신이 부족하거나 열등하다고 느끼게 하는 특성을 써보세요.

강점	약점

2. 목록에 적은 강점과 약점을 생각하면 어떤 감정이 드나요? 그 감정을 깊이 느껴봅니다.

3. 이제 각각의 장점이나 약점이 어떻게 생겨났는지 생각해봅니다. 타고난 유전적 특성 때문일 수도 있고 생활 환경 때문일 수도 있습니다. 만약 어떤 자질이 순수하게 자신의 어떤 노력이나 회피 때문에 생겨났다고 생각한다면 그러한 노력이나 회피에 유전적, 환경적 요인은 없었는지 생각해보세요.

람직하지 않은 특성이든 하나씩 따져보면 우리의 가치와 무관한 요인에서 비롯된 것이며, 설령 우리가 실제로 어떤 행동을 했어도 그렇게 행동하도록 만드는 비개인적인 영향력과 요인들이 존재한다는 점을 알 수 있을 것입니다. 이 점에서도 우리 모두는 매우 비슷하고 평범합니다.

노화와 죽음 앞에서

제가 다섯 살 때 조부모님보다 나이가 많은 할머니를 보았던 기억이 생생합니다. 주름이 너무 많아서 마치 외계인이라도 본 듯 깜짝 놀랐거든요. 그로부터 한참 지나 스물네 살이 된 저는 고등학교 동창과 함께 스케이트장에 갔다가, 친구가 스케이트 타는 중학생들을 보며 이제 우리 나이가 그 아이들의 두 배라고 하는 말을 듣고 깜짝 놀랐습니다. 돌이켜보면 발달 단계마다 매번 제가 이 단계에 이르렀다는 사실에 놀라는 듯합니다. 저는 영영 나이 들 일이 없을 거라고 생각했나 봅니다.

노화는 거의 모든 사람의 자아상을 위협합니다. 한동안은 키가 크고 능력이 향상되지만 어느 순간에는 정점을 찍고 쇠퇴하기 시작합니다. 체력, 매력, 지력, 사회적 지위 등 거의 모든 영역에서 결국 젊은 사람들에게 밀리게 됩니다(자신의 가치를 친절함이나 관대함에 두었다면 끝까지 유지할 수도 있겠지만요). 이처럼 누구의 특별함도 영원히 지속되지 않는다는 사실을 실감하면 특별함에 대한 집착이 줄어듭니다. 자신이 특별히 부족하다고 생각하더라도 마찬가지입니다. 부족한 존재인 상황도 영원히 지속되지 않을 테니까요.

이 장을 시작할 때 잠깐 언급했던 영국의 왕과 지구의 운명을 생각해보세요. 죽음을 정면으로 마주하면 우리의 평범함을 더욱 잘 느낄 수 있습니다. 물론 다른 방법보다 훨씬 어려운 길이기는 합니다. 정도는 다르지만 우리 대부분은 죽음을 부정하며 살아가니까요. 하지만 죽음을 직시하면 자기평가에 대한 집착을 없애고 다른 사람들과 더 깊은 관계를 맺을 수 있습니다.

인간의 행복에 관한 최장기간 종단연구를 이끌고 있는 하버드 의과대학의 로버트 월딩거Robert Waldinger에 따르면 중급을 앞둔 사람들에게 가장 후회하는 일이 무엇인지 물으면 주로 두 가지 답이 나온다고 합니다. "다른 사람들이 나를 어떻게 생각할지 걱정하느라 너무 많은 시간과 에너지를 쏟지 않았더라면 좋았을 텐데"와 "내 인생에서 중요한 관계에 더 관심을 많이 기울였어야 했는데"가 그것입니다.

30년 전 저는 태국 끄라비를 여행하던 중 몹시 흥미로운 불교 사원을 발견했습니다. 진짜 사람의 해골과 두개골이 곳곳에 전시되어 명상의 대상으로 삼는 곳이었습니다. 마치 죽음의 테마파크 같았지요. 이웃한 마을에서는 사람이 죽으면 망자의 친인척들이 시신을 가져와 승려들에게 영적 부검을 받게 했습니다. 사인을 밝히기 위해서가 아니라 승려들로 하여금 우리 모두가 살덩이에 불과하며, 조만간 모두가 죽은 살덩이가 된다는 사실을 깨닫게 하기 위해서였습니다. 저는 상상만 해도 마음이 불편했지만 제가 만난 승려들은 그렇지 않았습니다. 그들은 만물의 무상함에 대한 이해를 바탕으로 지금 이

자존감 회복 훈련 33

시간이 갈수록 변하는 나를 상상해보기

모든 것의 무상함을 받아들이고 싶다면 모든 것은 변한다는 사실을 인식하는 연습이 도움이 됩니다. 절차는 간단하지만 과정이 힘들기 때문에 상태가 불안정할 때에는 시도하지 마세요. 하지만 자기평가에 대한 걱정을 절실히 덜고 싶다면 한번 도전해보기를 권합니다. 본격적인 시도에 앞서 5~10분 정도 마음챙김 호흡으로 마음을 가라앉힌 다음 순서대로 따라 해보세요.

1. 어릴 때로 돌아갔다고 생각해보고 그때의 기분을 회상해봅니다. 아이일 적의 몸으로 지금의 자세로 앉아 있다고 상상해보세요. 신체적으로 어떤 느낌이 들고, 거울에 비친 모습은 어떤가요? 어떤 면에서 남들보다 뛰어나거나 부족하다고 느꼈는지 돌이켜봅니다.

2. 청년기 초반으로 돌아갔다고 생각해보고 그때의 기분을 회상해봅니다. 지금 그 나이대라면 몇 년 전 모습을 떠올리면 됩니다. 청년기의 몸으로 지금처럼 앉아 있다고 상상해보세요. 신체적으로 어떤 느낌이 들고, 거울에 비친 모습은 어떤가요? 어떤 면에서 남들보다 뛰어나거나 부족하다고 느꼈는지 돌이켜봅니다.

3. 현재 나이에 이를 때까지 상상을 계속해봅니다. 처음에는 앉아 있는 모습을 내적으로 바라본 다음, 거울에 비친 모습을 그려봅니다. 어떤 면에서 남들보다 뛰어나거나 부족하다고 느꼈는지 돌이켜봅니다.

4. 이제 미래로 이동합니다. 중년기, 은퇴 시기, 노년기와 같은 중요한 시기에 자신이 어떤 모습이며 신체적으로 어떤 느낌이 들

지 상상해봅니다. 어떤 면에서 특별하거나 평범하다고 느낄지 상상해보세요.

5. 어떤 나이를 상상하고 받아들이기 쉬운지, 반대로 어떤 나이대가 상상하기 어려운지 생각해봅니다. 특정 나이대가 유난히 힘들다면 그 나이의 자신에게 자애심을 갖도록 노력해볼 수 있습니다. 예를 들어 노령의 모습을 떠올리거나 상상하기 괴롭다면 그 모습을 떠올리면서 가슴에 손을 얹고 다음과 같은 말을 해보세요.

> 내가 안전하기를 바랍니다.
> 내가 행복하기를 바랍니다.
> 내가 건강하기를 바랍니다.
> 내가 평안하기를 바랍니다.

순간에 감사하며 가벼운 마음으로 삶을 살아가고 있었습니다. 묘비의 크기는 제각각 다르지만 죽음 앞에서 우리 모두는 똑같다는 사실을 알고 있었기 때문입니다.

 실제로 다양한 문화권에서 죽음을 받아들이면 심리적, 영적 자유를 얻을 수 있다고 가르칩니다. 기독교 성경에서도 창세기에서 "너는 먼지이니 먼지로 돌아가리라"라고 하며 전도서에서도 "다 같은 데로 가는 것을"이라고 합니다. 이 장의 서두에 나왔던 "게임이 끝나면 폰, 룩, 나이트, 비숍, 킹, 퀸은 모두 같은 상자로 다시 들어간다"라는 이탈리아의 격언도 마찬가지입니다. 심지어 미국에서는 차에 "장난감을 가장 많이 가지고 죽은 자가 승자다"라는 범퍼 스티커를 많이들 부착하는데, 이 문구 역시 특별해지려는 노력이 얼마나 부질없는지, 남들보다 못하다는 느낌이 얼마나 부조리한지를 지적합니다.

때로는 존재의 무상함이 갑자기 강요되는 경우도 있습니다. 50대 중반의 사회복지사인 기투가 남편을 잃었을 때처럼 말입니다. 기투는 오랜 투병 생활을 견뎌내던 남편이 더 이상 고통받지 않아 다행이라고 여기면서도 그를 몹시 그리워했지요. 한편으로는 중요한 교훈을 얻기도 했습니다. "남편이 서서히 죽어가던 몇 달 동안 함께했던 시간이 아주 나쁘지만은 않았어요. 인생은 짧고 우리 모두는 결국 죽는다는 사실을 깊이 깨닫게 되었거든요." 이후로 기투는 매일 스스로에게 "정말 중요한 것은 무엇인가?"라고 묻는 시간을 가지게 되었습니다. 그리고 특별해지거나 멋져 보이거나 남들보다 더 나아지기 위해 노력하는 것이 별로 중요하지 않다는 사실을 알게 되었지요. 그 대신 다른 사람들을 돌보고, 현재의 순간에 감사하고, 세상을 더 나은 곳으로 만들기 위해 노력해야겠다고 생각했습니다. "설명하기 어려운데, 이 모든 고통에도 불구하고 가장 중요한 것에 집중하고 있으니 삶이 더 의미 있고, 이상하게도 더 좋아지는 것 같아요."

물론 죽음을 직시하기란 매우 어렵기 때문에 특히 정서적으로 불안정한 상황에서는 이 연습을 추천하지 않습니다. 하지만 특별하거나 아주 잘해야 한다는 걱정을 내려놓는 데에는 큰 도움이 됩니다. 죽고 나면 남들과의 비교가 무의미하니까요.

죽음을 직시하는 방법에도 여러 가지가 있습니다. 죽음이 항상 가까이에 있던 미국 남북전쟁 당시에는 매일 죽음을 떠올리며 살아 있음에 감사하는 것이 관례였습니다. 또한 과거에 불교 승려들은 묘지에서 시신이 부패하거나 동물에게 먹히는 모습을 지켜보면서 밤새

명상했습니다. 현실적으로 이와 비슷하게 수행하고 싶다면 묘지를 산책하면서 묘비에 새겨진 생년월일과 죽음일을 기록하고 우리도 언제 죽을지 모른다는 사실을 상기해보면 됩니다. 또한 자신에게 죽음을 상기시키는 간단한 장치를 만들 수도 있지요. 제 동료는 불안을 누그러뜨리기 위해 프레젠테이션 원고 위에 "곧 죽는다"라고 적고는 했습니다.

우리가 죽고 난 뒤 사람들이 우리를 어떻게 기억할지, 즉 사회적 자아의 미래에 대해 숙고해보는 것도 도움이 됩니다. 우리 대부분은 다른 사람들의 얼굴에서 읽히는 우리 모습, 타인의 수용이나 거부, 칭찬이나 비난으로부터 자아감을 구성합니다. 실제로 많은 사람이 건강하게 오래 살기보다는 존중받는 사람, 필요한 사람, 사랑받는 사람이 되고자 합니다. 그렇다면 우리는 죽고 난 뒤에도 오래오래 존중받고 사랑받을 수 있을까요?

우리 대부분은 죽음을 상상조차 하기 어려울 수 있습니다. 겨우 성공하더라도 허무주의에 빠질 위험이 있지요. 언젠가 모든 것이 끝난다면, 다시 말해 내가 광활한 우주의 한 점 먼지에 불과하다면 굳이 무엇을 할 필요가 있을까요? 그러나 처음에는 고통스럽고 어려울지라도 우리를 포함한 만물이 얼마나 덧없는지 생생하게 깨달으면 자기평가를 내려놓기가 더 쉬워집니다. 그러면 자신이 무심한 우주 속 무의미한 티끌처럼 느껴지기보다는 우리의 덧없음과 평범함을 직시함으로써 다른 사람들과 사랑으로 연결되고 깊은 의미를 느낄 수 있지요. 긍정적 자기감정에 덜 사로잡힐수록 자신이 더 넓은 세계의 일부라고 느끼기가 더 쉬워지기 때문입니다.

자존감 회복 훈련 34

죽음 이후 나의 모습 생각해보기

당신이 죽고 난 뒤 사람들이 당신을 어떻게 기억할지 곰곰이 생각해보면 남들보다 특별해져야 한다거나 자신이 부족하다는 느낌에서 초연해질 수 있습니다. 이 연습은 다소 어려우므로 마음이 안정되었을 때 시도해보기를 권합니다. 우선 마음챙김 명상으로 주의력을 높인 다음 순서대로 따라 해보세요.

1. 당신의 죽음 이후 1년이 지났습니다. 당신을 사랑하는 사람들은 차츰차츰 각자의 생활을 해나갑니다. 물론 당신 생각을 많이 하지만 당신이 세상을 떠나고 없는 상황에 점점 더 익숙해지고 있습니다. 그 모습을 상상하면서 어떤 기분이 드는지 살펴보세요.

2. 5년이 지났습니다. 당신을 사랑하는 사람들은 새로운 생활에 온전히 몰두하고 있습니다. 물론 당신 생각도 하지만 예전만큼 자주 하지는 않습니다. 당신과 함께했던 시간을 떠올리게 하는 가슴 아픈 순간에만 슬퍼합니다. 그 모습을 상상하면서 어떤 기분이 드는지 살펴보세요.

3. 10년이 지났습니다. 당신을 사랑하는 사람들의 삶과 세상은 크게 변했습니다. 그들은 때때로 당신이 그 변화를 함께 경험할 수 있었다면 어땠을지 상상합니다. 그 모습을 상상할 때 어떤 기분이 드는지 살펴보세요.

4. 100년이 지났습니다. 당신이 알고 지내던 사람들도 모두 죽었습니다. 그들에게 자녀가 있다면 그 자녀들은 살아 있겠지만 그들은 당신을 전혀 모릅니다. 당신이 죽은 지 100년 후의 세상을 상상할 때 어떤 기분이 드는지 살펴보세요.

무의미를 받아들이면 행복이 찾아온다

우리의 평범함과 무상함을 받아들이는 것만큼 중요한 일이 하나 더 있습니다. 바로 우리 존재의 미미함을 받아들이는 것입니다. 하지만 이는 평범함과 무상함을 받아들이는 것만큼 어렵습니다. 존재의 미미함이라는 사실 자체가 일종의 역설을 수반하고 있기 때문입니다. 우리 대부분은 중요한 존재가 되기 위해 온 힘을 다하며, 어떤 관점에서 보면 우리는 실제로 중요합니다.

우리는 가족, 친구, 동료에게 소중한 존재입니다. 우리는 수많은 사람에게 영향을 미치면서 평생에 걸쳐 세상에 다양하게 공헌합니다. 우리의 노력은 크고 작은 방식으로 다른 사람들에게 도움을 주고, 친절과 연민의 행동으로 세상을 더 나은 곳으로 만듭니다. 그러나 더 넓은 관점에서 보면, 우리는 중요한 존재로 그리 오래 남을 수 없을뿐더러 중요한 존재가 되려는 노력 자체가 우리의 유용성과 행복을 방해합니다.

한번은 동료 심리학자가 자신이 담당하는 내담자에 대해 제 의견을 요청했던 적이 있습니다. 그의 내담자인 훌리오는 지역 병원 인사부에서 근무하다가 일하던 병원이 대형 체인 병원에 흡수되면서 실직한 상태였지요. 훌리오는 헌신적으로 일했으며 병원이 인수되기 직전에 공로상을 받기도 했습니다. 그러나 얼마간 휴가를 즐긴 후 다시 취업 시장에 뛰어들었을 때 적잖이 당혹감을 느꼈습니다. 그 사이 의료 시장이 급격히 변화해서 이전보다 낮은 직급의 일자리밖에 없었기 때문입니다. 그는 우울감으로 상담을 받다가 그동안 자신이 중요한 사람이라는 느낌에 얼마나 집착해왔는지 깨달았습니다. "이전에는 모든 사람이 문제가 생기면 저와 상의했습니다. 하지만 새 직장에서는 제가 그렇게 중요한 사람이 아닌 것 같아요."

제 동료는 특별함에 대한 집착을 내려놓는 일의 중요성을 알고 있었습니다. 그래서 훌리오에게 자신의 미미함을 받아들여보라고 조언했지요. 미미한 존재라는 것이 그리 나쁘지 않을 수 있으며 중요한 사람이 될 필요가 없다면 삶의 평범한 순간들을 더 즐길 수도 있을 거라고 말입니다. 이전보다 스트레스를 덜 받고 친구들이나 가족들과 더 많은 시간을 보내며 피아노 연주나 정원 가꾸기처럼 전에는 시간이 없어서 못 했던 활동에서 만족감을 찾을 수 있지 않을까요? 회사에 없어서는 안 될 존재라는 생각 없이도 업무의 즐거움을 느끼는 방법도 있을 테고요.

제 동료의 조언에 훌리오는 이전 직장에서 항상 모든 회의에 참석하고 모든 중요한 결정에 참여하려고 줄곧 노력했던 것을 기억해냈습니다. "의식적인 건 아니었지만, 모든 사람이 제가 얼마나 중요한 사람인지 알고 저를 항상 필요한 존재로 여기면 해고될 일도 없을 거라고 생각했던 것 같아요." 하지만 그는 결국 실직했고 이 경험을 통해 궁극적으로 우리 중 누구도 중요하지 않으며 어떤 일을 하든 결국 대체될 수 있다는 현실을 깨달았습니다. 마침내 훌리오는 모든 것의 무상함을 깨닫고 자신의 미미함을 받아들이려고 노력하기 시작했습니다. 덕분에 지금 이 순간을 즐기고 자신에게 중요한 사람들에게 더 큰 사랑과 유대감을 느낄 수 있게 되었지요. 그는 지금도 열심히 일하기는 하지만 더는 자신이 대체 불가능한 존재라는 환상을 품지 않게 되었고 덕분에 업무 스트레스가 줄면서 일은 오히려 더 즐거워졌습니다. 이제는 정원에서 시간을 보내고 피아노를 치고 가족과 함께 혹은 혼자 시간을 보내면서 즐거움을 느끼게 되었습니다.

직관에 어긋나는 이야기처럼 들리지만, 우리가 편안하게 살아가면서 동시에 주변 사람들에게도 의미 있는 존재가 되려면 우리의 죽음과 평범함, 궁극적인 무의미함을 받아들여야 합니다. 충분히 잘나가거나 정상에 머물기 위해 고군분투하는 독립된 '나'라는 느낌에서 벗어나 우리 모두가 거대한 생명의 그물 속 하나의 세포임을 발견할 때 자연스럽게 평화와 기쁨, 사랑을 경험할 수 있습니다. 이 경험을 영적 각성이라고들 부르지요.

그렇다면 자기평가의 횡포에서 벗어나기 위해서는 무엇을 어떻게 해야 할까요? 다음 장에서 진정한 행복의 길을 걷기 위해 우리가 구체적으로 실천할 수 있는 방법을 알아보겠습니다.

14장 나를 넘어 행복으로 가는 길

> 당신에게 필요한 건 사랑뿐이죠.
>
> — 존 레논, 〈All you need is love〉 中

지그문트 프로이트는 1895년에 "정신분석이라는 학문을 통해 우리가 기대할 수 있는 것은 기껏해야 히스테리의 고통을 일반적 불행으로 바꾸는 것"이라고 말했습니다. 그리 원대한 포부는 아니었지요. 그로부터 약 100년 후, 심리학자들은 사람들의 행복 지수를 -10에서 0으로 올릴 방안을 수십 년간 연구한 끝에 "행복이 실제로 가능할까?"라는 질문을 던지기 시작했습니다. 그리고 이 질문은 행복의 요인을 탐구하는 긍정심리학의 탄생을 가져왔지요. 긍정심리학 분야의 창시자 중 한 명인 심리학자 크리스 피터슨Chris Peterson은 말년에 행복의 조건에 대해 이렇게 말했습니다. "타인도 중요하다!"

피터슨의 말처럼 자신만 생각해서는 행복을 달성할 수 없습니다.

수많은 연구에 따르면 다른 사람들과 안전하게 연결되어 있다는 느낌은 인간 번영의 핵심 요소인 반면, 단절은 온갖 질병의 위험 요인입니다. 가장 행복한 사람은 부유하고 특권을 지닌 잘생기고 영향력 있는 사람들이 아니라, 사랑하는 사람, 친구, 공동체, 의미 있는 일이 있는 사람들입니다. 안전한 사회적 관계와 건강 사이에 밀접한 상관관계가 있음을 입증한 연구는 수백 건에 달합니다.

이 장에서는 저를 포함한 제 환자들에게 매우 효과적이었던 과학적 연구를 기반으로 한 해결책을 몇 가지 소개하려 합니다. 진정한 행복으로 가는 구체적인 실천 방법을 찾을 수 있을 것입니다.

우리는 모두 연결되어 있다

"내게 정말로 중요한 것은 무엇일까?"라고 자문하면 보통은 다른 사람과 관련된 대답이 나올 것입니다. 우리 대부분은 다른 사람들과의 관계에서 의미를 느끼기 때문입니다. 아프리카 사회에서는 개인이 아닌 집단을 기준으로 행복을 측정한다는 데즈먼드 투투의 비평을 상기하세요. 전 세계 부모들은 이를 본능적으로 알고 있습니다. 여러 자녀를 두어도 가장 만족하지 못하는 아이만큼만 만족감을 느낀다는 점에서 그렇지요. 캘리포니아대학교의 사회과학자 제임스 파울리James H. Fowler의 연구 결과도 이를 뒷받침합니다. 우리의 친구, 배우자, 형제자매, 이웃이 행복할 때 우리도 더 행복해지며 행복한 사람과 가까이 살수록 그 효과는 더 커집니다.

하지만 우리는 점점 더 다른 사람과 단절되고 있습니다. 정치학자 로버트 퍼트넘Robert Putnam이 기념비적인 저서 『나 홀로 볼링』(페이퍼로드, 2016)에서 언급했듯이 미국에서는 지난 수십 년 동안 공동체 활동 참여가 꾸준히 감소해왔습니다. 또한 혼자 사는 사람들이 늘어나면서 저녁 식사에 친구를 초대하거나 이웃을 방문하는 일도 크게 줄었고, 심지어 깊은 이야기를 나눌 수 있는 가까운 친구가 있는 사람도 드물어졌습니다. 자기평가에 사로잡히는 것도 문제의 한 원인으로 작용합니다. 경쟁이 치열한 세상에서 성공하려고 애쓰는 독립된 개체인 '나'라는 느낌을 강화하기 때문입니다. 이 문제를 해결할 수 있는 실마리는 이미 앞에서 살펴보았습니다. 연민을 실천하며 평범함을 받아들일수록 우리는 다른 사람들과 더 깊은 관계를 형성하는 것이지요. 그리고 여기에서 더 나아가 우리 자신을 커다란 생명의 그물 중 일부라고 인식하면 자기 판단에서 더욱 자유로워질 수 있습니다. 하지만 이런 식으로 자아감을 전환하고 확장하기 위해서는 사고, 감정, 습관을 모두 바꾸는 노력이 필요합니다.

스스로를 더 큰 사회의 일부라고 생각하려면 어떻게 해야 할까요? 먼저 우리와 외부 세계 사이의 경계는 칼로 자르듯 명확하지 않으며 우리가 먹고 배설하고 숨을 쉴 때마다 그 경계가 도전받는다는 사실을 알게 했던 12장의 사고실험을 떠올려보세요. 실제로 1700년대에 과학자들은 개별 '개체'라는 개념이 큰 의미를 지니지 못하는 종을 묘사하기 위해 '초유기체'라는 용어를 만들어냈습니다. 이렇게 보면 커다란 전체의 일부로서의 개체라는 개념이 상당히 오래된 것임을 짐작할 수 있지요.

개미를 예로 들어보겠습니다. 개미 군집은 여왕개미, 일개미, 병정개미 등으로 구성됩니다. 어떤 개미도 나머지 개미들의 지원 없이는 오래 살아남지 못하기 때문에 모든 개미가 집단의 이익을 위해 행동합니다. 이 관찰을 통해 초기 생물학자들은 개미라는 유기체란 개체가 아니라 군집이라고 결론 지었습니다. 이후 생태학에 대한 이해가 깊어지면서 모든 생물이 더 큰 상호의존적인 시스템의 일부이며 개별 '개체'라는 개념이 오히려 이례적이라는 사실을 알게 되었지요.

유기체라는 개념은 우리 몸의 세포와 비슷합니다. 세포는 하나만 존재해서는 의미가 없으며 모두가 '유기적으로' 연결되어 있습니다. 그래서 우리는 피부 세포를 보고 이렇게 말하지 않습니다. "이 세포는 다넬 옆집에 사는 샐리예요. 다넬은 이사벨과 이웃이고요. 모두 함께 지내면서 영양분을 공유하지만 실제로는 각자 핵과 미토콘드리아를 가진 별개의 개체입니다." 우리가 손가락을 베었을 때도 다른 멀쩡한 손가락들이 "내게는 그런 일이 일어나지 않아서 다행이야! 혈액 매개 병원균을 피하려면 저 손가락과 거리를 두는 게 좋겠어"라고 반응하지 않습니다.

실제로 우리는 서로 떼려야 뗄 수 없는 관계로 연결되어 있습니다. 우리 모두는 식량은 물론이고 주거, 전기, 의료 서비스, 기타 모든 필요의 충족을 위해 다른 사람들에게 의존하고 있습니다. 우리의 상호의존성을 더 알아차릴수록 보살핌과 어울림 시스템이 더 활성화되어 더 많은 사랑을 느끼는 반면에 위협 대응 시스템은 더 잠잠해져서 두려움, 스트레스, 분노, 충동은 덜 느끼게 됩니다. '나'라는 개인의 내러티브와 지위에 대한 애착이 느슨해져야 다른 사람들과 교류하고 상대를 배려할 수 있는 것이지요. 그때야 비로소 우리는 비인격적인 우주 속의 무의미한 티끌이 아니라 진화하는 인간 가족, 더 나아가 경이로운 생명의 그물의 일부라는 사실을 알게 됩니다.

"이기적으로 행동하세요. 서로 사랑하세요."

여러 종교에서 가르치는 영적 성장을 위한 방법에는 거의 항상 우리가 자신보다 더 큰 무언가의 일부임을 깨닫는 과정이 들어 있습니다. 우리는 모두 하나님의 자녀, 인간 가족의 구성원 또는 더 넓은 우주의 일부라는 것이지요. 그리고 이러한 이해를 표현하고 강화하는 방법으로 타인을 위한 봉사를 권합니다.

현대의 과학적 연구 또한 전통 종교의 가르침을 지지합니다. 인간의 번영을 연구하는 심리학자들은 관대함이 특히 효과적인 행복의 길이라는 것을 발견했습니다. 캐나다의 브리티시컬럼비아대학교에서 실시한 연구에 따르면 대학 캠퍼스에서 사람들에게 현금을 나누어주면서 그중 절반에게는 자신을 위해, 나머지 절반에게는 다른 사람을 위해 돈을 쓰라고 지시했더니 후자의 사람들이 더 큰 행복을 경험했다고 합니다.

암 치료를 위해 줄기세포를 이식받은 사람들을 대상으로 심리 치유를 위해 치료 경험의 정서적 어려움을 글로 써보라고 했던 연구도 있었습니다. 이때 두 집단으로 나누어서 한 집단은 단순히 어려움을 글로 쓰고, 다른 집단에게는 그 경험에 대해 글을 쓰면서 같은 시술을 받을 예정인 사람들이 글을 읽고 도움을 받는 상상을 하라고 요청했습니다. 결과는 놀라웠지요. 환자들은 다른 사람들을 돕는다는 상상만으로도 심리적 치유 효과를 경험했습니다.

또한 노트르담대학교의 연구진은 가계 소득과 같은 요인들을 통제해서 분석했을 때 돈이나 시간 개인적인 관계에서 관대한 사람들이 그렇지 않은 사람들보다 더 행복하고 건강하며 삶의 목적의식을 더 강하게 느낀다는 사실을 발견했습니다. 봉사 또는 관대함과 행복은 매우 밀접하게 연관되어 있어서 다음 두 방정식으로 요약할 수 있습니다.

이기적인 행동 = 많은 물질적 부 + 작은 행복
이타적인 행동 = 적은 물질적 부 + 큰 행복

달라이 라마는 "이기적으로 행동하세요. 서로 사랑하세요"라고 말하더군요. 저는 달라이 라마가 매우 감동적인 방식으로 이 말을 실천하는 모습을 본 적이 있습니다. 하버드 의대 행사에 달라이 라마를 직접 초대했을 때였습니다. 학회에서 장장 6시간 동안 임상의, 신경과학자들과 연구 토론을 마친 후 자유 티베트를 위한 학생 연대 회원인 학부생 12명을 위해 시간을 내달라고 부탁하자 달라이 라마는 정중히 우리를 맞이하고 초대를 수락했습니다. 지친 기색이 역력했지만 그는 자상한 할아버지처럼 각 학생에게 스카프를 선물하고 그들의 노력에 감사를 표했습니다. 참으로 감명 깊은 광경이었지요.

이처럼 관대한 베풂은 다른 사람들과 더 가까워지고 결과적으로 더 행복해지게 합니다. 하지만 동시에 '베푸는 행위 자체보다 그 행위의 동기가 더 중요하지 않을까' 하는 의문도 들 것입니다. 베풂에도 여러 유형이 있으니까요. 첫째로 보답을 기대하는 생물학적 상호 이타주의에 기반한 베풂이 있습니다. 장차 상대가 더 많이 가졌을 때 나누어주기를 바라며 지금 내가 더 많이 가진 것을 나누어주는 행위는 공동의 생존을 위해 타당한 행동이지요. 둘째는 관대한 자아상을 보여주기 위한 베풂으로, 실제로 경제학자들의 실험에 따르면 우리는 남들이 지켜보고 있다고 생각할 때 더 많이 베풀 뿐만 아니라 남들이 지켜보지 않을 때도 자아상에 대한 우려가 베풂에 영향을 미친다고 합니다. 이런 종류의 베풂은 우리를 자기평가에 대한 우려에 더 갇히게 할 위험이 있지요. 셋째는 타인의 필요를 인식하고 우리의 공통된 인간성을 감지할 때, 혹은 신의 은총으로 내가 존재한다는 것을 깨달을 때 이루어지는 베풂입니다. 이때는 연민이 저절로 생겨나면서 보답을 기대하지도 않고 자아상을 부풀리지도 않으면서 베풀고 싶은 마음이 듭니다.

세 번째 유형처럼 이타적이고 현명한 방식으로 베풀 수 있다면 좋겠지만 이처럼 순수한 형태의 베풂은 아주 드뭅니다. 제가 관대할 때는 언젠가 보답받기를 기대하는 마음이 있는 경우가 많고 거의 항상 그 행위로 인해 저 자신을 높이 평가하고는 합니다. 하지만 동기보다는 베풂이라는 행위 자체가 더 중요합니다. 베풂은 우리가 서로 연결되도록 도와주기 때문입니다.

불교에는 보살이라는 개념이 있습니다. 깨달음을 얻었지만 행복하게 열반에 드는 대신 다른 사람들의 고통을 덜어주려고 일부러 세

자존감 회복 훈련 35

관대함 연습하기

불교에서 말하는 보살처럼 관대함을 익혀서 다른 사람들을 돕는 것을 핵심 목표로 삼고 살아간다면 우리는 지금보다 훨씬 더 행복해질 수 있습니다. 심리학자 찰스 스타이런Charles Styron이 고안한 베푸는 습관을 익히는 방법을 알아보겠습니다.

1. 요일별로 다른 사람들을 위해 할 일 목록을 작성해봅시다. 여러 사람을 위한 일이거나 소수를 위한 일 혹은 아주 일상적인 일일 수도 있습니다. 하루에 두세 가지를 목표로 하세요. 주말에 여유 시간이 더 있다면 그때 더 많은 일을 계획할 수도 있습니다.

2. 목록을 작성하면서 어떤 생각과 감정이 떠오르는지 살펴봅니다. 지나치게 관대하거나 반대로 관대함이 부족한 것 같아 걱정되나요? 다른 사람들에 대한 부정적인 감정이 방해가 되나요? 모든 반응에 마음을 열고 감정을 받아들입니다.

3. 목록을 실행에 옮깁니다. 다음 한 주 동안 의식적으로 관대한 행동을 하고 그때 어떤 기분이 드는지, 다른 사람들이 어떻게 반응하는지 확인하세요. 실행한 항목은 완료 표시를 합니다.

4. 매일 잠자리에 들기 전에 그날 실천한 관대한 행동을 잠시 생각해봅니다. 그 행동을 했을 때 기분이 어땠나요? 자기 연민의 태도로 미처 실천하지 못한 일이 있어도 자신을 용서하세요.

상에 남아 있는 이들을 의미하지요. 그래서 보살은 이타적인 관대함의 상징으로 통합니다. 만약 우리가 보살처럼 다른 사람들을 돕는 것을 삶의 핵심 목표로 삼고 살아간다면 어떨지 상상해보세요.

저를 찾아온 내담자 중에도 관대한 행동으로 자신의 삶에 생기를 되찾은 사람이 있었습니다. 소매점 판매사원으로 일하던 20대 중반의 여성 애슐리는 일을 그만두고 남자친구와 헤어진 후 우버 기사로 일하고 있었습니다. 학교를 다시 다니고 싶었지만 어떤 직업 교육을 받아야 할지 막막했고 자아상도 불안정해서 탄탄한 경력을 쌓고 있거나 연애를 잘하는 친구와 이야기할 때마다 실패감과 무능감에 빠져들었지요. 그러던 어느 날 가장 좋아하는 이모가 암을 진단받았습니다. 애슐리는 이모와 이야기를 나누며 자신이 처한 상황에 대한 깨달음을 얻었습니다. "이모가 얼마나 두려워하시는지 듣다 보니 제가 지금까지 완전히 저에게만 집중하고 있었다는 생각이 들었어요." 애슐리는 다음 한 주 동안 다른 사람들을 도와보기로 했습니다. 우버 택시를 운행하고 있었으므로 일하면서 만나는 승객들의 힘든 이야기를 들어주기로 한 것이죠. 때로는 매우 감동적인 대화가 오고 갔고 잠깐이나마 승객과 친구가 된 것 같은 기분도 들었습니다. "정말 효과가 있었어요. 친절하게 행동하겠다고 마음을 먹고 다른 사람의 이야기를 들어주니 다시 삶에 몰입하고 살아 있는 느낌이 들었죠."

지금이 고통스러울 때
가장 좋은 약은 감사다

심리학자들이 연구한 행복 증진 방법 중에서 가장 강력한 효과를 지닌 해법은 감사의 실천입니다. 다수의 연구에 따르면 감사는 에너지

증가, 수면 개선, 외로움의 감소, 신체 건강 개선, 더 많은 기쁨과 열정, 사랑의 경험과 연관이 있었습니다. 즉 감사는 삶의 어려움에 대처하고 회복하는 능력을 높여줍니다.

상황이 현재와는 다르기를 원하면 욕망이 생겨나고 결국 고통에 시달리게 됩니다. 최근에 고통스러웠던 순간을 떠올려보세요. 그 순간 무언가가 다르기를 바랐나요? 그 바람은 지금도 여전한가요? 감사는 이러한 욕망에 대한 해독제입니다. 감사할 때 우리는 상황이 자신이 바라는 대로 흘러가고 있으며 잔이 반이나 비어 있는 것이 아니라 반이나 차 있다고 생각하게 됩니다. 따라서 성취, 지위, 인정, 가치에 대한 갈망도 자연스럽게 누그러집니다.

또한 감사는 베풂과 마찬가지로 우리 자신보다 더 큰 무언가와의 연결을 촉진하고 자아감을 변화시킵니다. 감사함을 느낄 때 우리는 도움을 준 사람이나 자연, 운명, 신에게 감사함을 느낍니다. 자신 이외의 누군가 또는 무언가와 연결되어 있다고 느끼고 그 대상을 사랑스럽거나 관대하거나 선한 존재로 경험합니다. 또한 자신이 가진 것에 감사할 때 우리는 자연스럽게 다른 사람들에게 선행을 나누고 베풀고 싶어지면서 관대함을 경험합니다.

감사하는 마음을 기르려면 마음챙김 수련이 효과적입니다. 미국에서 선불교의 대중화를 이끈 스즈키 순류Suzuki Shunryu 선사는 "초심자의 마음에는 많은 가능성이 있지만, 전문가의 마음에는 그 가능성이 아주 적다"라는 유명한 말을 남겼습니다. 습관화되지 않은 새로운 시각으로 세계를 보는 일의 중요성을 지적한 것이지요. 귤 맛이든 노을 색깔이든 따뜻한 미소든 마음챙김은 우리가 지금 이 순간에 일어나는 일에 민감하게 반응하고 더 온전히 경험할 수 있도록 도와줍니다. 애정 어린 수용의 자세로 지금 일어나고 있는 일을 인식하는 연습을 하면 우리는 상황이 지금과 달랐으면 하는 바람에 사로잡히지 않고 있는 그대로의 상황에 더 감사할 수 있습니다. 소소하고 평범한 경험들이 충만하고 풍성하며 가치 있게 느껴지고 매 순간을 음미하게 됩니다. 복권에 당첨되거나 사랑에 빠지거나 승진했을 때 느끼는 짜릿함보다 소소하고 일상적인 경험에 감사하는 마음을 되찾는 것이 훨씬 쉽다는 사실을 알게 됩니다.

또한 마음챙김을 통한 자각은 부정적인 상황을 긍정적으로 인식할 수 있게 도와줍니다. 차가 막힐 때 도로의 수많은 차들에 짜증을 내는 대신 라디오에서 흘러나오는 노래나 나뭇잎의 색깔, 구름의 모양을 감상하는 것입니다. 쌓여 있는 설거짓거리를 불평하는 대신 비눗물의 감촉과 싱크대 안 접시들의 콜라주에 빠져들 수도 있습니다. 우리는 알아차린 것에만 감사할 수 있으며 마음챙김 수련은 모든 것을 알아차리도록 도와줍니다.

직업적 슬럼프를 마음챙김으로 이겨낸 프레드리카의 사례를 살펴보겠습니다. 투자회사의 사무원이었던 프레드리카는 자신이 하는 일에 싫증을 느끼고 슬럼프에 빠져 있었습니다. "정신적으로 너무 힘들어요. 부자들이 돈을 더 많이 벌도록 도와주는 게 무슨 의미가 있겠어요?" 부정적인 생각만 계속 떠오르면서 세상은 엉망이고 자신은 기계의 톱니바퀴에 불과한 것처럼 느껴졌습니다. 프레드리카는 그 고통에서 벗어나고자 정기적으로 명상을 시작했지요. 덕분에 구름이 걷히기 시작했습니다. 여전히 자기 일이 싫었지만 이전보다 소소한 것들에 주목하고 감사할 수 있었습니다. 창문으로 들어오는 햇빛이나 사과의 맛, 하루를 마무리하고 침대에 누울 때의 아늑함을 느끼며 살아 있음에 감사함을 느낄 방법을 찾게 되었지요.

때로는 상실의 경험에서 감사하는 마음을 배울 수도 있습니다. 그래서 학생들에게 어려움을 기대하고 경험하라고 적극 권장하는 문화권도 있지요. 한번 이렇게 자문해보세요. "언제 더 연민을 느끼고 너그러워졌는가? 언제 내가 가진 것에 감사했는가? 좋은 시절이었는가, 아니면 모든 것이 무너졌을 때였는가?" 놀라울 정도의 급성장은 고통으로 촉발될 때가 많습니다. 기독교에서 "고통은 은총"이라고 하는 이유가 여기에 있습니다. 실제로 사람들이 임사 체험이나 치명적인 질병을 겪은 후 삶에 대해 더 많은 감사를 표현하는 경향을 보이는 것에 착안하여 죽음과 감사에 대한 연구가 실시되었는데, 의도적으로 죽음을 생각했을 때 감사하는 마음이 더 커진다는 사실이 밝혀졌습니다. 그러므로 13장에서 해보았던 내가 죽은 이후의 미래를 상상하는 연습을 통해 우리의 평범함과 무상함에 감사할 뿐만 아니라 살아 있음에 감사하는 마음을 키울 수 있습니다.

다른 사람들의 삶이 얼마나 힘든지 깨닫는 것만으로도 감사하는 마음이 길러지기도 합니다. 선진국에서는 전기, 냉장고, 중앙난방, 온수와 냉수, 화장실, 항생제 등 문명의 이기가 일상입니다. 쥐와 벌레가 없는 편안한 침대에서 잠을 자며, 오히려 맛있는 음식을 너무 많이 먹지 않으려고 애쓰지요. 그런데 세계은행World Bank의 조사에 따르면 약 6억 6,900만 명이 하루 1.90달러 미만으로 생활하고 있습니다. 비영리단체 기빙왓위캔Giving What We Can에서 운영하는 홈페이지(https://howrichami.givingwhatwecan.org/how-rich-am-i)에서는 당신의 수입이 지구상의 모든 사람들과 비교해 어느 정도인지 알아볼 수 있습니다. 박탈감을 느낄 때에는 우리가 가지지 못한 것보다 이미 가진 것에 주목하면 큰 도움이 됩니다.

현재 상황을 과거와 비교해보는 방법도 효과적입니다. 틱낫한 스님이 제자들에게 권하는 간단한 실험이 있습니다. 가장 최근에 치통을 겪었던 때를 떠올려보세요. 통증이 줄어들기를 바랐던 마음을 기억하나요? 그렇다면 아주 좋은 소식이 있습니다. 오늘은 치통이 없다는 점이지요.

감사 일기를 쓰는 것도 좋은 방법입니다. 캘리포니아대학교 심리학과의 연구에 따르면 감사 일기를 쓴 사람은 더 규칙적으로 운동했으며 신체적 고통이 적었고 삶을 더 긍정적으로 생각하는 경향이 있습니다. 덧붙여 각성도와 열정, 결단력, 활력이 높았고 어려움에 빠진 사람을 도와줄 가능성도 더 컸습니다. 또한 감사 실천에 관한 다른 연구에 따르면 감사 일기는 가능한 한 자세히 쓰고 예상치 못한 기회나 선물 같은 놀라운 일들을 깊이 음미하면서 다른 사람에게 감사를 표현할 때 가장 효과적이라고 합니다. 만약 무엇에 감사해야 할지 모르겠다면 일상의 축복이 없는 삶을 상상해보세요. 제 장조모님께서는 "오늘 가진 것을 전부 잃었다가 내일 되찾는다면 그게 바로 행복이겠지"라고 말씀하시곤 했습니다.

긍정심리학의 창시자 마틴 셀리그먼은 무엇이 행복에 가장 강력한 영향을 미치는지 알아보기 위해 감사 편지 쓰기, 인생에서 좋았던 일 세 가지 쓰기, 나의 최고의 순간 돌아보기, 나의 강점을 다른 방식

자존감 회복 훈련 36

감사 일기 쓰기

감사 일기는 감사를 실천하는 가장 효과적인 방법입니다. 글쓰기가 힘들다면 말로 하거나 조용히 생각만 해도 되고 저녁 묵상이나 기도 중에 감사를 표할 수도 있습니다. 감사 일기를 글로 쓴다면 친구와 성찰 내용을 공유하는 것도 도움이 됩니다.

1. 일주일에 한 번씩 지금까지 살아오며 받은 선물들을 생각해보는 시간을 가져봅니다. 일상의 소소한 즐거움이나 개인적인 재능, 자연의 아름다움을 느낀 순간, 주변 사람들의 친절한 행동, 소중한 물건, 사랑하는 친구 등 떠오르는 대로 적으면 됩니다. 가급적 구체적으로 적어보세요.

2. 감사한 일들을 생각할 때 생기는 감정을 깊이 느껴봅니다. 어떤 일은 매번 반복되어 별다를 것 없이 느껴질 수도 있으므로 가급적 새로운 경험을 떠올리면서 감정의 생생함을 되새겨봅니다.

3. 감사한 일을 찾기가 어렵다면 일상의 영역을 나누어 각 범주에 해당하는 선물을 떠올려봅니다. 아래는 영역별로 구분한 예시입니다. 당신이 받은 선물을 적어보세요.

일: _____

건강: _____

가족과 친구: _____

물질적 안락함: _____

기분 좋았던 순간: _____

자존감 회복 훈련 37

감사 편지 쓰기

행복 연구의 권위자 마틴 셀리그먼은 행복 지수를 극적으로 높이는 방법으로 감사 편지 쓰기를 제안합니다. 방법은 간단하지만 사람에 따라서는 심리적으로 힘들게 느껴질 수 있습니다. 지금 이 순간의 경험에 마음을 열고 순서대로 따라 해보세요.

1. 당신의 삶에 긍정적인 변화를 가져왔지만 지금까지 제대로 감사를 표현하지 못했던 사람을 떠올려봅니다. 부모님, 친척, 친구, 멘토, 동료 등 누구라도 괜찮습니다.

2. 감사한 사람에게 1~2쪽 분량의 편지를 씁니다. 그가 무엇을 해주었으며 그 일이 당신에게 어떤 영향을 미쳤는지, 그 결과 지금 당신의 삶은 어떤지 구체적으로 명확하고 쓰세요. 편지를 쓰면서 느낀 감정도 그 사람에게 공유하듯 함께 씁니다.

3. 그 사람이 아직 살아 있다면 편지를 다 쓴 후에 연락하고 방문해보세요. 방문 이유를 묻는다면 깜짝 선물이라고만 설명하고 그 사람을 찾아가 편지를 천천히 읽으면서 감사의 마음을 나누어보세요.

으로 활용해보기, 나의 대표 강점 파악하기의 다섯 가지 방법을 실험한 적이 있습니다. 이 중 가장 분명한 효과를 거둔 방법은 감사 편지 쓰기였습니다. 감사 편지를 쓴 사람들은 행복 지수가 극적으로 증가하고 우울증이 감소했으며, 효과는 무려 한 달 동안 지속되었습니다. 이 방법은 감사를 통해 다른 사람들과 가까워지는 데 초점을 둡니다.

감사 편지 쓰기는 쉽지 않습니다. 감사를 전해야 할 사람이 세상을 떠났다면 살아 있을 때 제대로 인사를 하지 못했다는 후회를 할 수도 있고, 반대로 그 사람이 살아 있어도 그가 자신에게 얼마나 큰 의미가 있는 존재인지 표현하는 행위가 자신의 취약함을 드러내는 것처럼 느껴져 두려움을 느낄 수 있습니다. 또한 특정인에게 감사를 표하려고 생각하면 우리가 제대로 감사를 전하지 못한 다른 사람을 떠올리며 죄책감을 느낄 수도 있습니다.

글로 쓰기 힘들다면 대화 중에 자연스럽게 감사를 표현하는 것도 좋습니다. 저는 몇 년 전 작고한 친구 마이클과 고등학교 때부터 친하게 지냈지만 깊은 정서적인 교류를 나누지는 못했습니다. 이런저런 경험과 생각을 나누고 농담을 주고받으면서도 서로에 대한 애정이나 우정이 어떤 의미인지에 대해서는 별로 이야기하지 않았지요. 게다가 그의 죽음이 가까워지면서 저는 제 인생에 그가 있어서 얼마나 행복했는지, 그를 잃는다면 얼마나 그리울지 솔직히 이야기하기가 두려웠습니다. 과하게 감정을 드러내는 것 같고 제 자신이 너무 연약하게 느껴질 뿐만 아니라 평소 우리가 어울리던 방식에서 벗어난 것처럼 느껴졌거든요. 그러던 어느 날 마이클이 제 아내에게 "론은 큰 힘이 되어주지만 자신의 감정을 솔직하게 털어놓지는 않아요"라고 말했다더군요. 그 말을 듣고 정신이 번쩍 들었습니다. 죽음을 앞둔 그를 실망시키고 싶지도, 교감할 기회를 놓치고 싶지도 않았던 저는 두려움을 밀어내고 마이클에게 얼마나 감사하고 있는지, 그에게서 얼마나 많은 것을 배웠는지 그리고 그가 제 인생에 얼마나 중요한 영향을 미쳤는지 털어놓았습니다. 그 후 우리가 친구가 된 이래 가장 진지한 대화를 나누었고 저는 그 대화에 깊이 감사하고 있습니다.

하지만 감사 실천에 언제나 극적이고 깊은 감동이 동반되어야만 하는 것은 아닙니다. 때로는 아주 작고 가벼운 실천으로도 충분합니다. 일상에서 쉽게 시도해볼 수 있는 감사의 방법을 소개하겠습니다.

- 잠에서 깨면 누운 채로 새로운 하루가 가져다줄 가능성을 감사하게 생각하는 시간을 보냅니다.
- 식사 전이나 후에 감사 인사를 합니다.
- 낯선 사람에게 미소를 지어줍니다.
- 시간을 내어 "감사합니다"라고 인사를 전하고 당신의 친절이 당신과 다른 사람들에게 어떤 영향을 미치는지 알아보세요.
- 도전을 통해 새롭게 배운 점을 찾아봅니다.
- 누군가에게 가볍게 감사를 표현해봅니다.
- 감사 실천의 결실에 감사해보세요!

다시 상처받을 위험을 감수하는 용기

우리는 9장에서 분노가 어떻게 관계를 망칠 수 있는지 살펴보았습니다. 분노에 사로잡혀 자신은 잘했는데 상대방이 잘못했다고 끊임없이 되뇌는 것은 고질적인 형태의 자기 집착입니다. 만성적인 분노는 고립된 자아감을 강화하여 인류와 생명의 그물에 온전히 속해 있다는 느낌을 방해합니다. 실제로 이런 만성적인 분노 때문에 온갖 정신적,

> 자존감 회복 훈련 38

분노 아래의 고통 인식하기

분노에서 자유로워지고 싶다면 먼저 그 아래 있는 고통을 인식해야 합니다. 그 고통을 알아야만 분노를 가라앉히고 용서로 나아갈 수 있기 때문입니다. 몇 분 동안 마음을 열고 생각, 이미지, 감각을 인식할 수 있도록 마음챙김 명상을 한 다음 순서대로 따라 해보세요.

1. 당신을 화나게 하는 누군가나 무언가를 하나만 떠올려보세요. 당신의 분노 아래에 있는 취약성, 상처, 두려움을 파악할 수 있나요? 아마 찾기 힘들만큼 깊이 묻혀 있지는 않을 것입니다.

2. 11장의 RAIN 기법을 사용해서 상처를 계속 살펴보고 탐색한 다음, 10장의 자기 연민 훈련을 통해 스스로를 달래며 고통을 있는 그대로 느껴보세요. 이때 고통에서 멀어지고, 고통을 없애고 싶은 충동에 주목하면서 고통과 함께할 수 있다고 생각되면 얼마간 상처나 두려움과 함께하세요.

3. 이 연습을 반복하면 분노가 일면서도 고통과 어느 정도 거리가 벌어지는 것을 느낄 수 있습니다. 준비가 되었다고 느낀다면 분노를 내려놓고 근본적인 상처를 돌아봅니다.

신체적 문제가 발생한다는 것이 여러 연구로 입증되었습니다.

온갖 해악을 끼치는 분노에서 벗어나고 싶다면 용서가 필요합니다. 용서는 불만을 내려놓고 다른 사람과 다시 연결되어 더 큰 인간 공동체와 재결합할 수 있는 길을 제공합니다. 용서가 불안과 우울, 신체화 증상, 심지어 사망률 감소와도 관련이 있다는 연구 결과는 그리 놀랍지 않습니다. 그러나 용서가 제대로 효과를 발휘하기 위해서는 부정적인 감정을 그저 덮어버리는 것만으로는 부족합니다. 앞에서도 말했듯 감정을 느끼지 않았던 것처럼 마음속에 묻어버리는 행위는 생매장과 같아서 언제든 분노가 되살아날 수 있기 때문입니다. 마음으로 감정을 온전히 느껴야만 감정을 놓아줄 수 있습니다.

용서의 과정은 분노의 바닥에 있는 고통을 인식하면서 시작됩니다. 그리고 분노 아래에 감추어져 있는 고통과 이야기해야 하지요. 서두르면 안 됩니다. 때로는 고통이 너무 커서 견디기 힘들거나 분노를 아예 놓아버리고 싶을 때도 있을 것입니다. 하지만 끝까지 버티면 결국 답을 찾을 수 있습니다. 사장의 꾸지람을 듣지 않고 자리를 박차고 나갔던 톰의 일화를 떠올려보세요. 톰은 아버지에게 무시당하고 학교에서 다른 아이들에게 괴롭힘을 당했던 고통이 현재의 분노를 부채질한다는 사실을 깨닫고, 과거의 고통을 온전히 느낀 뒤에야 비로소 치유할 수 있었습니다. 마찬가지로 우리도 쓰라린 상처를 인지하고 감내하며 다정하게 살펴야만 분노에서 벗어날 수 있습니다. 용서는 그 뒤에 찾아옵니다.

때때로 우리는 놀라운 용서의 사례를 접하게 됩니다. 이웃의 폭력으로 딸을 잃은 부부의 이야기를 들은 적이 있습니다. 그들의 딸은 경쟁 갱단 사이의 총격전 현장을 지나가다 무고하게 희생되었습니다. 한동안 극심한 슬픔에 잠겼던 이 부부는 갱단에 연루된 아이들을 돕는 프로그램을 시작하기 위해 기금을 모았고 딸을 쏜 청년과도 연락하며 그가 재활할 수 있도록 최선을 다해 도왔습니다.

사람들은 깊은 상처를 받으면 가해자가 사악한 사람이라는 생각에 상대를 증오하고 미워하게 됩니다. 그러므로 자신에게 해를 끼친 사람을 용서했다는 뜻은 그 사람이 그리 악한 존재가 아니라는 생각에 다다랐다는 의미이기도 합니다. 어떻게 이런 관점을 가질 수 있을까요?

한 가지 방법은 우리의 모든 행동이 여러 요인과 외부적인 힘의 결과라는 사실을 이해하는 것입니다. 10장에서도 살펴보았지만 우리는 다른 사람이 나쁘거나 사악하다고 생각할 때는 그 사람이 그렇게 행동하게 만든 요인을 보지 못합니다. 그 사람과 같은 환경에서 태어났더라도 자신은 그렇게 행동하지 않았을 것이라고 생각하지요. 하지만 만약 그 사람과 같은 부모 아래서 태어나 같은 환경에서 자랐다면 우리는 실제로 그 사람이 되었을 것이고, 당연히 그가 했던 것처럼 행동했을 것입니다.

심리치료사로서 저는 우리의 행동을 이끄는 요인을 파악하기 위해 늘 노력합니다. 환자의 행동이나 감정, 반응, 신념을 깊이 이해해야만 환자가 자기 연민을 갖도록 도울 수 있고 행동을 바꾸기 위해 노력할 수 있기 때문입니다. 하지만 정작 제 자신이 화가 났을 때는 이런 식으로 상황을 바라보지 못합니다. 대신 스스로가 못돼먹고 불공정하고 이기적인 놈들 때문에 화가 난 착한 사람이라고 생각하지요. 따라서 용서를 위해서는 사람들이 왜 그런 행동을 하는지 먼저 이해해야 합니다. 그러면 우리 모두가 똑같이 두려움, 욕망, 과거의 상처, 오해에 시달리는 평범한 인간임을 알 수 있습니다.

언니가 자신을 무시하는 것 같아 수년간 분노에 시달리던 에이미의 사례를 보겠습니다. 언니는 늘 에이미에게 "플로리다에서 즐거운 휴가를 보냈기를 바란다. 다음에는 어디로 갈 거니?"와 같은 식으로

자존감 회복 훈련 39

관점을 바꾸어 울분에서 벗어나기

아무리 노력해도 도저히 상대를 용서하기 어려운 상황에 처하면 시도 때도 없이 치밀어오르는 울분 때문에 몸과 마음의 건강을 망치게 됩니다. 그럴 때는 관점 바꾸기 연습이 도움이 됩니다. 당신에게 잘못을 저지른 사람, 당신이 분노나 억울함을 느끼는 사람을 떠올리고 아래의 순서를 따라보세요. 마음챙김 명상을 통해 마음을 가라앉히고 시작해보세요.

1. 당신이 심리치료사이며 당신을 분노하게 만든 사람과 상담한다고 상상해봅니다. 그가 당신에게 자신이 한 일을 설명하고 있습니다. 무엇이 그 행동을 유발했을까요? 유전적인 기질이나 과거의 상처, 보상 심리가 얽혀 있지는 않을까요?

2. 이제 당신이 그 사람이 되었다고 상상해봅니다. "내가 왜 그랬을까?"라고 자문해보고, 그 사람의 입장이 되어 그가 어떻게 느끼고 행동했을지 생각해보세요.

꼬아 말하곤 했습니다. 겉으로는 악의 없는 말 같지만 자신은 형편이 좋지 않은데 에이미는 여행이나 다닌다는 비아냥거림이 담긴 말이었지요. 에이미는 분노를 해소하지 않으면 가족 모임을 망칠 수 있겠다는 걱정이 들어서 언니의 입장이 되어 생각해보기로 했습니다. 그러다가 언니가 스스로를 동생인 에이미와 비교하며 고통을 느꼈다는 사실을 깨닫게 되었습니다. 아버지는 동생인 에이미를 편애했고 에이미의 결혼 생활은 평탄한 데 비해 언니는 그렇지 못했기 때문입니다. 언니의 고통을 더 자세히 들여다보고 이해하려 노력할수록 에이미가 언니를 용서하기가 더 쉬워졌습니다. 물론 언니의 비아냥거림은 여전히 마음에 들지 않았지만요.

에이미처럼 다른 사람의 행동 동기를 생각하고 분노를 누그러뜨리려 해도 "그래, 하지만 여전히 옳지 않아!"라는 생각이 들 수 있습니다. 당연한 반응입니다. 누군가의 잘못을 용서하는 것은 그 행동을 용인하는 것과는 다르기 때문입니다. 그 사람에게 교훈을 주기 위해서든, 다른 사람들에게 경고하기 위해서든 처벌이 필요할 수도 있습니다. 하지만 합당한 대가를 치르게 하는 것과 분노와 독선에 빠지는 것은 매우 다릅니다. 우리가 아이들이나 반려동물을 혼내면서도 사랑과 유대감을 느낄 수 있는 것처럼 말입니다.

만약 앞으로도 계속 관계를 유지하고 싶은 사람에게 자꾸만 상처 받고 화가 난다면 함께 문제를 해결해야 합니다. 오래 함께하고 싶은 사람과 만날 때마다 화가 난다면 관계를 유지하기 힘들테니까요. 하지만 자신의 분노나 원망을 전하는 것은 곧 상대의 자기평가를 활성화한다는 의미이기도 합니다. 내가 당신에게 화가 난다면 나는 잘했고 당신은 못했다는 뜻이므로 당신은 이 말을 듣는 즉시 당신이 잘했고 내가 못했다고 대답할 것입니다. 공동체 의식을 느끼기에 썩 좋은 상황은 아니지요. 하지만 우리가 화를 내고 억울함을 표할 때 상대방이 우리를 진심으로 이해해주고 뉘우치는 태도를 보인다면 우리는 상대를 쉽게 용서할 수 있습니다.

반대의 경우도 마찬가지입니다. 우리는 완전무결한 존재가 아니기에 언젠가는 다른 사람에게 상처를 주거나 잘못된 행동을 할 수 있습니다. 따라서 효과적으로 사과하는 방법을 알아둘 필요도 있습니다. 수많은 책이나 기사에서 공통적으로 제시하는 사과의 기본 원칙은 다음과 같습니다.

- 상대방에게 상처를 준 행동을 인정하고, 그 행동이 왜 상처를 주었는지 최대한 자세하게 설명합니다.
- 상대방에게 상처를 준 것이 진심으로 유감스러워질 때, 즉 정말로 후회가 될 때까지 기다렸다가 사과합니다. "상처를 주었다면 미안해" 또는 "미안하지만"과 같은 말은 하지 않는 것이 좋습니다.
- 상대에게 용서받지 못해도 그 이유를 이해하려고 노력합니다. 당신이 자신의 고통을 제대로 이해하지 못한다고 느끼거나 사과의 진정성이 느껴지지 않는다고 생각하기 때문일 수 있습니다.
- 자존감에 대한 걱정은 접어두고 당신의 행동이 상대방에게 상처를 주었다는 감정적 현실을 인식합니다. 누가 옳은지 그른지, 누가 누구에게 더 상처를 주었는지에 대한 논쟁은 결론을 내기 어렵습니다. 화를 낸 상대방이 "너무 예민하다"라는 지적도 상대방의 마음을 누그러뜨리지 못하기는 마찬가지입니다.
- 당신의 행동을 상대방 탓으로 돌리지 마세요. "당신이 나를 화나게 했다" 또는 "당신이 먼저 못되게 굴었다"라고 말하면 좋은 결과를 얻을 수 없습니다.
- 상대방이 너무 상처받아서 곧바로 당신의 사과를 받아들이지 못할 수도 있으므로 인내심을 가집니다. 이미 사과했으니 그만

하라고 말하는 것은 절대 좋은 전략이 아닙니다.
- 다시는 그러지 않겠다고 약속하고 이를 지키려고 노력하세요.

이 지침은 당신에게 상처를 준 사람에게 사과받고자 할 때도 유용하게 활용할 수 있습니다. 사과받고도 마음이 풀리지 않고 관계가 다시 이어지지 않는다면 당신의 상처가 너무 깊어서 회복할 시간이 필요하기 때문일 수도 있고, 앞의 요소 가운데 하나가 빠져 있기 때문일 수도 있습니다. 무엇이 빠졌는지 파악하고 상대에게 솔직하게 전달할 수 있다면 당신에게 상처 준 사람이 당신에게 필요한 것을 줄 수도 있을 것입니다.

스스로 용서하게 되었든 마음을 열고 배려하며 소통한 끝에 용서하게 되었든, 용서는 원망을 내려놓고 마음을 열어 다시 상처받을 위험을 감수하겠다는 선택입니다. 결국 용서는 우리 자신에게 주는 선물인 것이지요. 용서할수록 자신의 옳음이나 선함, 사랑스러움 등 자기평가에 덜 집착하게 되고 다른 사람들과 더 가까워질 수 있기 때문입니다.

독립적이고 분리된 '나'라는 느낌에서 벗어나 끊임없이 변화하는 공동체의 일부라는 느낌을 얻을 수 있다면 자기평가의 해독제를 얻은 것이나 마찬가지입니다. 감사하는 마음, 관대함, 용서하는 마음을 기르는 것 모두 도움이 됩니다. 기도, 요가, 성화와 종교적인 춤 등 다양한 종교적, 세속적 전통에서 나온 수많은 방법도 있습니다. 스스로를 자신보다 훨씬 더 큰 세계의 일부로 느끼는 데 도움이 되는 방법이라면 무엇이든 실험하고 탐구해보기를 권합니다.

실패는 성장의 기회다

어쩌면 제가 잘못 생각한 것인지도 모릅니다. 우리 대부분은 평범하지만 당신은 매우 특별한 사람입니다. 소설이나 이야기처럼 흥미롭지 못한 글을 끝까지 다 읽었으니 말입니다. 부디 유익한 여정이었기를 바랍니다.

우리 모두는 자신을 다른 사람들과 비교하고 사랑받거나 소속감을 느끼고 싶어 하며 자존감을 높이는 데 중독되는 성향을 강하게 타고났습니다. 게다가 주위에서는 더 나아지고 더 잘할 수만 있다면 행복해질 것이라는 메시지를 끊임없이 쏟아냅니다. 그러므로 이 책을 읽고 여기에 실린 방법들을 몇 번 연습해보는 정도로는 독선적인 자아나 지위 추구 성향의 어리석음을 완전히 깨닫지 못할 수도 있습니다. 책을 한두 번 읽는다고 자신과 모든 존재를 무한히 사랑하는 깨달은 존재가 되기는 쉽지 않으며 그런 사람이 되려고 너무 애쓰는 것도 또 다른 자기평가의 함정입니다.

이 책을 읽으며 실망이나 실패, 자기 의심의 순간을 배움과 성장의 기회로 삼을 수 있다는 점을 생생하게 느꼈기를 바랍니다. 자신이 끔찍이 싫은 기분이 들거나 남들보다 못하다는 생각이 들 때마다 그런 판단이 얼마나 터무니없는지 깨닫고 자신에게 가장 중요한 것에 주의를 기울일 기회로 삼아보세요. 고통스러운 자기 판단을 이런 식으로 활용하면 더 건전한 내면의 늑대에게 먹이를 줄 수 있습니다. 이는 평생에 걸쳐 지속해나가야 할 프로젝트입니다. 생물학적 특성과 조건화의 힘에서 쉬이 벗어날 수 없기 때문이지요. 동시에 자기평가를 높이고 싶은 순간을 알아차리도록 머리로 계속 노력해야 합니다. 가슴은 우리의 상처와 타인의 고통, 사랑에 마음을 열어야 합니다. 습관을 고쳐 우리의 가치를 반영하고 관계를 풍요롭게 하는 활동을 선택해야 합니다. 마음챙김, 자애명상, 자신과 타인에 대한 연민의 실천, 감사, 관대함, 용서의 실천이 도움을 줄 수 있습니다. 또한 자기평가의 덫에 빠질 때마다 이 책에 나오는 방법들을 다시 살펴보기를 권합니다.

자존감 향상의 유혹과 한계를 더 명확하게 이해하고, 사랑과 연민의 본성을 키우고, 스스로의 평범함과 보편적 인간성을 인식하고, 의미 있는 활동에 더 많이 참여하는 등 제가 이 책을 쓰면서 맛보았던 결실을 당신도 경험하기를 바랍니다. 또한 쉽지 않을지라도 우리 모두가 건전한 정신 상태로 조금씩 나아가도록 서로를 도우면서 다른 사람들과 안전하게 소통할 수 있기를 바랍니다.

인간으로 산다는 것은 쉽지 않습니다. 평범함이라는 특별한 선물을 점점 더 누리는 동안 당신의 노력이 당신에게는 평화와 기쁨, 성취감을 가져다주고 당신과 함께하는 다른 모든 이들에게도 도움이 되기를 바랍니다.

감사의 글

이 책의 핵심 메시지는 우리 모두가 상호의존적이며 우리는 훨씬 더 크고 연결된 세계의 작은 일부에 불과하다는 것입니다. 천문학자 칼 세이건은 이 점을 가리켜 "사과파이를 만들고 싶다면 먼저 우주를 만들어야 한다"라고 표현했지요. 이 자리를 빌려 이 책이 나올 수 있게 도와주신 많은 분들께 감사드리고 싶습니다.

먼저 가장 가까이 있는 사랑스럽고 너그러운 제 아내 지나 애런스에게 감사의 말을 전하고 싶습니다. 심리학자인 아내는 수십 년 동안 제가 자존감에 대한 걱정을 얼마간 내려놓고 사랑의 관계에서 오는 결실을 누릴 수 있도록 도와주었을 뿐만 아니라 귀중한 시간을 할애하여 원고 작성을 도와주었습니다. 지나의 노력이 없었다면 지금의 저는 없었을 것이고 이 책도 나오지 못했을 것입니다.

또한 이 책의 주제에 대한 젊은 세대의 관점을 제시해주었을 뿐 아니라 어린 시절부터 제가 오만하거나 다른 이들과 멀어지는 행동을 할 때마다 훌륭한 피드백을 주며 가족의 기쁨과 지지를 소중히 여기도록 도와준 두 딸, 알렉산드라와 줄리아에게도 감사를 표하고 싶습니다.

지금은 곁에 계시지 않지만 평생 사랑으로 지지해주시고 자기 몰입보다 훨씬 더 큰 행복을 느낄 수 있는 방법을 가르쳐주신 부모님, 어릴 적부터 사랑과 우정을 보여준 동생 대니얼에게도 감사를 전합니다.

가족 외에 오랜 세월 동안 저에게 치료와 교육을 맡기고 인간적 경험을 솔직히 공유해준 환자와 학생들 모두에게도 고마움을 전하고 싶습니다. 삶의 기쁨과 슬픔 그리고 고통을 지속시키거나 완화해주는 힘에 관해 책이나 기사로 배울 수 있는 것보다 훨씬 더 많은 것을 그들이 가르쳐주었습니다.

많은 친구와 동료들도 여러모로 이 책에 도움을 주었습니다. 초고를 꼼꼼히 읽고 귀중한 피드백과 함께 많은 예시와 인용문을 제공해준 마이클 밀러에게 특히 감사드립니다. 그는 자존감에 대한 고민을 다른 정직한 영혼과 나누면 얼마나 자유로워질 수 있는지도 보여주었죠.

제가 많은 것을 배우고 그들의 연구와 관점을 이 책에 담은 다른 친구와 동료들, 리처드 슈워츠, 크리스토퍼 거머, 크리스틴 네프, 저드슨 브루어, 타라 브랙, 릭 핸슨, 대니얼 시걸, 찰스 스타이런, 수전 폴락, 폴 풀턴, 노먼 피어스, 로버트 윌딩거, 트루디 굿맨, 테리 리얼에게도 감사를 전합니다. 빌 오핸런, 조앤 보리센코, 크리스토퍼 윌라드, 빌 모건, 수전 모건, 미셸 보그래드, 톰 덴튼, 래리 펠츠, 낸시 라이머, 돈 체이스, 니키 페델레, 로리 브랜트, 수전 필립스, 알리사 레빈, 잰 스나이더, 수지 페어차일드, 데이비드 페어차일드, 조앤 클라그스브룬, 린다 그레이엄, 고故 마이클 어당 등 다른 친구들과 동료들도 제가 이 책의 주제를 이해하는 데 도움을 주었습니다. 또한 원고 초안을 검토하고 귀중한 피드백을 준 메리 앤 돌턴, 코디 로마노, 일라나 뉴웰, 엘렌 마타시아에게도 감사드립니다.

이 책에 담긴 많은 아이디어는 과학적 연구에 기반을 두고 있습니다. 과학적 지식은 오랜 시간에 걸쳐 수많은 사람의 기여를 통해 축적되었지만, 스티븐 핑커, 데이비드 버스, 진 트웽이, 키스 캠벨, 마티외 리카르, 앨버트 엘리스, 로이 바우마이스터, 마크 리어르, 세스 스티븐스 다비도위츠, 프란스 드 발, 존 휴잇, 미치 프린스틴, 리처드 윌킨슨, 케이트 피킷 등 이 책에 직접적인 영향을 준 연구자들과 학자들에게 특히 감사드리고 싶습니다.

명상 수련은 제 인생을 형성했을 뿐만 아니라 심리학과 심신의 안녕, 자기 집착의 어리석음에 대한 제 이해에도 영향을 미쳤습니다. 그래서 잭 콘필드, 조셉 골드스타인, 샤론 샐즈버그, 달라이 라마, 초 트룽파, 래리 로젠버그, 스즈키 순류, 람 다스, 틱낫한 등 저의 명상 수련을 발전시켜주신 모든 스승들께 감사드립니다. 또한 이미 언급한 다른 역할 외에도 수십 년 동안 저의 수련을 지지해주고 명상 전통의 힘을 이해하는 데 도움을 준 명상 및 심리치료 연구소의 모든 친구와 동료들, 사라 라자르, 잰 서리, 톰 페둘라, 스테파니 모건, 앤

드류 올렌츠키, 인나 카잔, 로라 워렌, 더글러스 베이커, 데이브 섀넌, 고故 필 아라노우에게도 감사드리고 싶습니다.

전문가들을 대상으로 한 워크숍이나 프레젠테이션은 이 책에 실린 접근법과 훈련법들을 다듬을 기회가 되었습니다. 그래서 루스 버진스키, 마이클 커먼, 리처드 필즈, 게리 피아제, 린다와 래리 캄마라타, 스펜서 스미스, 롭 게레트, 잭 히로세, 아구스틴 모니바스 라자로, 구스타보 딕스, 미리엄 누르, 래리 리프슨, 라파 세넨, 욜란다 가르피아, 폴 오트만, 파브리지오 디도나, 시어 루이스, 샌포드 란다, 하일란 구오, 리치 사이먼, 제프 지그 등 이러한 프로그램의 개발에 도움을 준 친구들과 주최자들에게 감사드리고 싶습니다.

마지막 매우 중요한 감사 인사는 막연한 아이디어에서 책으로 출판되기까지 이 프로젝트에 함께해준 길퍼드 출판사의 모든 직원에게 전하고 싶습니다. 특히 지칠 줄 모르는 친구이자 편집자로 이 프로젝트를 믿고, 여러 차례의 수정을 견뎌주고, 이 책을 최대한 이해하기 쉽고, 유용하게 만들 방법에 대해 창의적인 고민을 수없이 거듭해준 키티 무어와 크리스 벤튼에게 깊은 감사를 보냅니다.

참고문헌

1장

Baumeister, R. F., Campbell, J. D., Krueger, J. I., & Vohs, K. D. (2003). Does high self-esteem cause better performance, interpersonal success, happiness, or healthier lifestyles? P*sychological Science in the Public Interest, 4*(1), 1-44.

Baumeister, R. F., Smart, L., & Boden, J. M. (1996). Relation of threatened egotism to violence and aggression: The dark side of high self-esteem. *Psychological Review, 103*(1), 5.

Blatchford, P. (1998). *Social life in school: Pupils' experience of breaktime and recess from 7 to 16 years*. London: Routledge.

Blatchford, P., & Sharp, S. (Eds.). (1994). *Breaktime and the school: Understanding and changing playground behaviour*. London: Routledge.

Masters, W. H., & Johnson, V. E. (1970). *Human sexual inadequacy*. New York: Bantam Books.

Russell, B. (2019). *The conquest of happiness*. Snowballpublishing.com, 2019.

Trungpa, C. (2002). *The myth of freedom and the way of meditation*. Shambhala Publications.

2장

Biologist ROBERT SAPOLSKY. Interview with Terry Gross, *Fresh Air*, NPR, August 17, 1998. Retrieved from www.npr.org/templates/story/story.php?storyId=1110280.

Buss, D. (2012). *Evolutionary psychology: The new science of the mind* (4th ed.). Boston: Allyn & Bacon.

Buss, D. (2015). *Evolutionary psychology: The new science of the mind* (5th ed.). London: Routledge.

Buss, D. (2017). *Evolutionary psychology: The new science of the mind* (5th ed.). New York: Routledge.

Pinker, S. (2003). *How the mind works.* London: Penguin. 『마음은 어떻게 작동하는가』(동녘사이언스, 2007).

Ricard, M., Mandell, C., & Gordon, S. (2015). *Altruism: The power of compassion to change yourself and the world.* New York: Little, Brown & Company.

3장

Gunaratana, B. H. (2010). *Mindfulness in plain English.* Somerville, MA: Wisdom Publications.

Farb, N. A., Segal, Z. V., Mayberg, H., Bean, J., McKeon, D., Fatima, Z., & Anderson, A. K. (2007). Attending to the present: Mindfulness meditation reveals distinct neural modes of self-reference. Social *Cognitive and Affective Neuroscience, 2*(4), 313-322.

Siegel, R. D. (2009). *The mindfulness solution: Everyday practices for everyday problems.* New York: Guilford Press.

4장

Jung, C. G. (2014). *Two essays on analytical psychology.* Mansfield Center, CT: Martino Publishing.

Leary, M. R. (2004). *The curse of the self: Self-awareness, egotism, and the quality of human life.* Oxford: Oxford University Press.

Leary, M. R., & Buttermore, N. R. (2003). The evolution of the human self: Tracing the natural history of self-awareness. *Journal for the Theory of Social Behaviour, 33*(4), 365-404.

Nin, A. (1961). *Seduction of the minotaur.* Athens, OH: Swallow Press.

Schwartz, R. C. (2021). *No bad parts: Healing trauma and restoring wholeness with the internal family systems model.* Boulder, CO: Sounds True.

Schwartz, R. C., & Sweezy, M. (2019). *Internal family systems therapy.* New York: Guilford Press.

Singer, W. (2005). The brain: An orchestra without a conductor. *Max Planck Research, 3,* 14-18.

Sullivan, W. (1972, March 29). The Einstein papers: A man of many parts. *New York*

Times.

Von Franz, M. L. (1978). *An introduction to the psychology of fairy tales*. Irving, TX: Spring Publications. (p. 33)

5장

Alicke, M. D., Klotz, M. L., Breitenbecher, D. L., Yurak, T. J., & Vredenburg, D. S. (1995). Personal contact, individuation, and the better-than-average effect. *Journal of Personality and Social Psychology, 68*(5), 804-825.

Alicke, M. D., LoSchiavo, F. M., Zerbst, J., & Zhang, S. (1997). The person who outperforms me is a genius: Maintaining perceived competence in upward social comparison. *Journal of Personality and Social Psychology, 73*(4), 781.

Blaine, B., & Crocker, J. (1993). Self-esteem and self-serving biases in reactions to positive and negative events: An integrative review. In R. F. Baumeister, *Self-esteem: The puzzle of low self-regard* (pp. 55-85). New York: Plenum Press.

Brickman, P., & Campbell, D. T. (1971). Hedonic relativism and planning the good society (pp. 287-302). In M. H. Apley (Ed.), *Adaptation level theory: A symposium*. New York: Academic Press.

Cannell, J. J. (1988). The Lake Wobegon effect revisited. Educational *Measurement: Issues and Practice, 7*(4), 12-15.

College Board. (1976-1977). *Student descriptive questionnaire*. Princeton, NJ: Educational Testing Service.

Cross, P. (1977). Not can but will college teachers be improved? *New Directions for Higher Education, 17*, 1-15.

Forsyth, D. R., Pope, W. R., & McMillan, J. H. (1985). Students' reactions after cheating: An attributional analysis. *Contemporary Educational Psychology, 10*(1), 72-82.

Frederick, S., & Loewenstein, G. F. (1999). Hedonic adaptation. In D. Kahneman, E. Diener, & N. Schwarz (Eds.), *Wellbeing: The foundations of hedonic psychology* (pp. 302-329). New York: Sage.

It's academic. (2000). *Stanford GSB Reporter*, pp. 14-15.

Kruger, J., & Dunning, D. (1999). Unskilled and unaware of it: How difficulties in recognizing one's own incompetence lead to inf lated self-assessments. *Journal of Personality and Social Psychology, 77*(6), 1121.

New science suggests a "grand design" and ways to imagine eternity. (1997, March 31). *US News and World Report*, 65-66.

Oliver, M. (1992). *The summer day*. New and selected poems, 22-23. Boston: Beacon Press.

Pronin, E., Lin, D. Y., & Ross, L. (2002). The bias blind spot: Perceptions of bias in self versus others. P*ersonality and Social Psychology Bulletin, 28*(3), 369-381.

Schlenker, B. R., & Miller, R. S. (1977). Egocentrism in groups: Self-serving biases or logical information processing? *Journal of Personality and Social Psychology, 35*(10), 755.

Stephens-Davidowitz, S., & Pabon, A. (2017). *Everybody lies: Big data, new data, and what the Internet can tell us about who we really are*. New York: HarperCollins.

Svenson, O. (1981). Are we all less risky and more skillful than our fellow drivers? *Acta Psychologica, 47*(2), 143-148.

6장

Baumeister, R. (2005, January 25). The lowdown on high self-esteem. Retrieved March 17, 2021, from www.latimes.com/archives/la-xpm-2005-jan-25-oe-baumeister25-story.html.

Baumeister, R. F., Campbell, J. D., Krueger, J. I., & Vohs, K. D. (2003). Does high self-esteem cause better performance, interpersonal success, happiness, or healthier lifestyles? *Psychological Science in the Public Interest, 4*(1), 1-44.

Baumeister, R. F., Campbell, J. D., Krueger, J. I., & Vohs, K. D. (2005). Exploding the self-esteem myth. *Scientific American, 292*(1), 84-91.

Brown, J. (1986). How to rekindle confidence and esteem. *Successful Farming, 84*(March), 11.

Brumberg, J. J. (1998). *The body project: An intimate history of American girls*. New York: Vintage.

Brumfield, B. (2013, November 20). Selfie named word of the year for 2013. Retrieved March 16, 2021, from www.cnn.com/2013/11/19/living/selfie-word-of-the-year/index.html.

Folkins, M. J. (1988, May). Can do: Tips for helping your child. *Parents, 63*, 70.

Johnson, D. D., McDermott, R., Barrett, E. S., Cowden, J., Wrangham, R., McIntyre, M. H., & Rosen, S. P. (2006). Overconfidence in wargames: Experimental evidence on expectations, aggression, gender and testosterone. *Proceedings of the Royal Society B: Biological Sciences, 273*(1600), 2513-2520.

Newsom, C. R., Archer, R. P., Trumbetta, S., & Gottesman, I. I. (2003). Changes in adolescent response patterns on the MMPI/MMPI-A across four decades. *Journal of Personality Assessment, 81*(1), 74-84.

Ricard, M., Mandell, C., & Gordon, S. (2015). *Altruism: The power of compassion to change yourself and the world*. New York: Little, Brown, & Company.

Rice, S. M., Siegel, J. A., Libby, T., Graber, E., & Kourosh, A. S. (2021). Zooming into cosmetic procedures during the COVID-19 pandemic: The provider's perspective. *International Journal of Women's Dermatology, 7*(2), 213-216.

Smelser, N. J. (1989). Self-esteem and social problems: An introduction. In A. M. Mecca, N. J. Smelser, & J. Vasconcellos(Eds.), *The social importance of self-esteem* (pp. 1-23). Berkeley: University of California Press.

Stephens-Davidowitz, S., & Pabon, A. (2017). *Everybody lies: Big data, new data, and what the Internet can tell us about who we really are*. New York: HarperCollins. 『모두 거짓말을 한다』(더퀘스트, 2022).

Stone, K. F., & Dillehunt, H. Q. (1978). *Self science: The subject is me*. https://eric.ed.gov/?id=ED165056.

Tracey, B. (1986). I can't, I can't: How self-concept shapes performance. *Management World, 15*(April-May), 1, 8.

Twenge, J. M. (2014). *Generation me: Why today's young Americans are more confident, assertive, entitled—and more miserable than ever before*(rev. ed.). New York: Simon & Schuster.

Twenge, J. M., & Campbell, W. K. (2009). *The narcissism epidemic: Living in the age of entitlement*. New York: Simon & Schuster.

7장

Bell, Q. (1948). *On human finery*. London: Hogarth Press.

Dass, R. (2020, August 4). Ram Dass on self judgment. Retrieved March 17, 2021, from www.ramdass.org/ram-dass-on-self-judgement.

de Waal, F. B., & Lanting, F. (1997). *Bonobo: The forgotten ape*. Berkeley: University of California Press. 『보노보』(새물결, 2003).

Hammock, E. A., & Young, L. J. (2005). Microsatellite instability generates diversity in brain and sociobehavioral traits. *Science, 308*(5728), 1630-1634.

Hill, K., & Hurtado, A. M. (2017). *Ache life history: The ecology and demography of a foraging people*. London: Routledge.

Holmberg, A. R. (1950). *Nomads of the long bow: The Siriono of Eastern Bolivia*. Washington, DC: Smithsonian Institution.

Kasser, T. (2002). *The high price of materialism*. Cambridge: MIT Press.

Kilgore, T. (2021, April 8). JPMorgan CEO Jamie Dimon's total pay in the year of COVID-19 was the most since the 2008 financial crisis. Retrieved July 15, 2021, from www.marketwatch.com/story/jpmorgan-ceo-jamie-dimons-total-pay-in-the-year-of-covid-19-wasthe-most-since-the-2008-financial-crisis-11617887608.

Kraus, M. W., Park, J. W., & Tan, J. J. (2017). Signs of social class: The experience of economic inequality in everyday life. *Perspectives on Psychological Science, 12*(3), 422-435.

Kraus, M. W., Torrez, B., Park, J. W., & Ghayebi, F. (2019). Evidence for the reproduction of social class in brief speech. *Proceedings of the National Academy of Sciences, 116*(46), 22998-23003.

Pinker, S. (2003). *How the mind works*. London: Penguin. 『마음은 어떻게 작동하는가』(동녘사이언스, 2007).

Smith, C., Christoffersen, K., Davidson, H., & Herzog, P. S. (2011). *Lost in transition: The dark side of emerging adulthood*. New York: Oxford University Press.

Solnick, S. J., & Hemenway, D. (1998). Is more always better?: A survey on positional concerns. Journal of Economic *Behavior & Organization, 37*(3), 373-383.

Twenge, J. M., & Campbell, W. K. (2009). *The narcissism epidemic: Living in the age of entitlement*. New York: Simon & Schuster. (p. 163)

Veblen, T. (1912). *The theory of the leisure class: An economic study of institutions*. New York: B. W. Huebsch.『유한계급론』(현대지성, 2018).

Wilkinson, R., & Pickett, K. (2011). *The spirit level: Why greater equality makes societies stronger*. New York: Bloomsbury.『평등이 답이다』(이후, 2012).

Yosef, R. (1991). Females seek males with ready cache. *Natural History*, 6, 37.

Zahavi, A., & Zahavi, A. (1999). *The handicap principle: A missing piece of Darwin's puzzle*. New York: Oxford University Press.

Zhang, L., Lee, A. J., DeBruine, L. M., & Jones, B. C. (2019). Are sex differences in preferences for physical attractiveness and good earning capacity in potential mates smaller in countries with greater gender equality? *Evolutionary Psychology*, 17(2), 1-6.

8장

Asurion Research (2019, November 21). Americans check their phones 96 times a day. Retrieved March 17, 2021, from www.asurion.com/about/press-releases/americans-check-their-phones-96-times-a-day/.

Bowen, S., Chawla, N., Grow, J., & Marlatt, G. A. (2021). *Mindfulness-based relapse prevention for addictive behaviors: A clinician's guide*. New York: Guilford Press.『심신자각에 근거한 중독행동의 재발예방』(하나의학사, 2014).

Brewer, J. (2017). *The craving mind: From cigarettes to smartphones to love: Why we get hooked and how we can break bad habits*. New Haven: Yale University Press.

Dobbs, D. (2007). Eric Kandel. *Scientific American Mind*, 18(5), 32-37.

Dvayatanupassana Sutta: The Noble One's happiness. In The discourse collection: Selected texts from the Sutta Nipata. Retrieved March 17, 2021, from www.accesstoinsight.org/tipitaka/kn/snp/snp.3.12.irel.html.

Kaplan, K. (2003, November 19). Facemash creator survives Ad Board. *Harvard Crimson*. Retrieved March 17, 2021, from www.thecrimson.com/article/2003/11/19/facemash-creator-survives-ad-board-the.

Olds, J., & Milner, P. (1954). Positive reinforcement produced by electrical stimulation of septal area and other regions of rat brain. *Journal of Comparative and Physiological Psychology, 47*(6), 419.

Pollak, S. M. (2018, March 28). Reclaim your brain. Retrieved April 11, 2021, from www.psychologytoday.com/us/blog/theart-now/201803/reclaim-your-brain.

Prinstein, M. J. (2017). *Popular: The power of likability in a status-obsessed world.* New York: Penguin.

Sheldon, K. M., Ryan, R. M., Deci, E. L., & Kasser, T. (2004). The independent effects of goal contents and motives on wellbeing: It's both what you pursue and why you pursue it. *Personality and Social Psychology Bulletin, 30*(4), 475-486.

Sherman, L. E., Payton, A. A., Hernandez, L. M., Greenfield, P. M., & Dapretto, M. (2016). The power of the like in adolescence: Effects of peer influence on neural and behavioral responses to social media. *Psychological Science, 27*(7), 1027-1035.

Thorndike, E. L. (1913). *The psychology of learning* (Vol. 2). New York: Teachers College, Columbia University.

9장

Aron, A., Fisher, H., Mashek, D. J., Strong, G., Li, H., & Brown, L. L. (2005). Reward, motivation, and emotion systems associated with early-stage intense romantic love. *Journal of Neurophysiology, 94*(1), 327-337.

Baumeister, R. F., Smart, L., & Boden, J. M. (1996). Relation of threatened egotism to violence and aggression: The dark side of high self-esteem. *Psychological Review, 103*(1), 5.

Brewer, J. (2017). *The craving mind: From cigarettes to smartphones to love: Why we get hooked and how we can break bad habits.* New Haven: Yale University Press.

Dovidio, J. F., Gaertner, S. L., & Saguy, T. (2008). Another view of "we": Majority and minority group perspectives on a common ingroup identity. *European Review of Social Psychology, 18*(1), 296-330.

Ghatva sutta: Having killed(T. Bhikkhu, Trans.). (2010, June 2). Retrieved March 17, 2021, from www.accesstoinsight.org/tipitaka/sn/sn01/sn01.071.than.html.

King James Bible(Matthew 7:1-3). (2008). New York: Oxford University Press. (Original work published 1769)

Leary, M. R. (2004). *The curse of the self: Self-awareness, egotism, and the quality of human life*. Oxford: Oxford University Press. 『나는 왜 내가 힘들까』(시공사, 2021).

Miller, S. D., Hubble, M. A., Chow, D. L., & Seidel, J. A. (2013). The outcome of psychotherapy: Yesterday, today, and tomorrow. *Psychotherapy, 50*(1), 88-97.

Porges, S. W., & Dana, D. (2018). *Clinical applications of the polyvagal theory: The emergence of polyvagal-informed therapies*. New York: Norton.

Quote Origin: They May Forget What You Said, But They Will Never Forget How You Made Them Feel. Retrieved April 3, 2021, from https://quoteinvestigator.com/2014/04/06/they-feel/#note-8611-16.

10장

Ackerley, R., Wasling, H. B., Liljencrantz, J., Olausson, H., Johnson, R. D., & Wessberg, J. (2014). Human C-tactile afferents are tuned to the temperature of a skin-stroking caress. *Journal of Neuroscience, 34*(8), 2879-2883.

Dalai Lama. (2009, May 1). *On compassion*. Presentation, Harvard Medical School Conference, Meditation and Psychotherapy, Boston, MA.

Germer, C., & Neff, K. (2019). Teaching the mindful self-compassion program: A guide for professionals. New York: Guilford Press.

Harlow, H. F., & Zimmermann, R. R. (1958). The development of affective responsiveness in infant monkeys. *Proceedings of the American Philosophical Society, 102*, 501-509.

Iacoboni, M. (2009). Imitation, empathy, and mirror neurons. *Annual Review of Psychology, 60*, 653-670.

Neff, K. (2015, May 15). *Mindful self-compassion*. Workshop at FACES Conference, May 15.

Neff, K., & Germer, C. (2018). *The mindful self-compassion workbook: A proven way to accept yourself, build inner strength, and thrive*. New York: Guilford Press.

11장

Demak, R. (1986, June 16). "And then she just disappeared." Sports Illustrated.

Retrieved March 18, 2021, from https://vault.si.com/vault/1986/06/16/and-then-she-just-disappeared.

Forsdyke, S. (2009). *Exile, ostracism, and democracy: The politics of expulsion in ancient Greece*. Princeton, NJ: Princeton University Press.

Ladinsky, D. (Ed.). (2002). *Love poems from God: Twelve sacred voices from the East and West*. New York: Penguin.

Proust, M. (1982). *Remembrance of things past* (Vol. 3, Time regained). (Trans. C. K. Scott Moncrieff, Terence Kilmartin, & Andreas Mayor). New York: Vintage.

Schwartz, R. C. (2021). *No bad parts: Healing trauma and restoring wholeness with the internal family systems model*. Boulder, CO: Sounds True.

Schwartz, R. C., & Sweezy, M. (2019). *Internal family systems therapy*. New York: Guilford Press.

12장

Ellis, A. (2010). *The myth of self-esteem: How rational emotive behavior therapy can change your life forever*. Amherst, NY: Prometheus Books.

Ginott, H. G. (2003). *Between parent and child* (rev. ed.). New York: Three Rivers Press. 『부모와 아이 사이』(양철북, 2025).

Landry, A. (2009, March 16). Navajo weaver shares story with authentic rugs. Retrieved March 18, 2021, from www.nativetimes.com/archives/22/1217-navajo-weaver-shares-story-with-authentic-rugs.

Rogers, C. R. (1995). *On becoming a person: A therapist's view of psychotherapy*. Boston: Houghton Mifflin Harcourt. 『진정한 사람되기』(학지사, 2009).

13장

Andre, C. (2012). *Feelings and moods*. Cambridge: Polity Press.

Bushman, B. J., & Baumeister, R. F. (1998). Threatened egotism, narcissism, self-esteem, and direct and displaced aggression: Does self-love or self-hate lead to violence? *Journal of Personality and Social Psychology, 75*(1), 219.

Faust, D. G. (2009). *This republic of suffering: Death and the American Civil War*. New York: Vintage.

Future of earth. (2021). *Wikipedia*. Retrieved March 18, 2021, from https://en.wikipedia.org/wiki/Future_of_Earth.

Galinsky, A. D., Magee, J. C., Inesi, M. E., & Gruenfeld, D. H. (2006). Power and perspectives not taken. *Psychological Science, 17*(12), 1068-1074.

Gross, T. (2008, October 24). In a "Republic of Suffering," death's unifying effect. Retrieved March 18, 2021, from www.npr.org/transcripts/96076929.

King James Bible. (2008). New York: Oxford University Press. (Original work published 1769)

Magid, B. (2012). *Ordinary mind: Exploring the common ground of Zen and psychoanalysis*. New York: Simon & Schuster.

Mineo, L. (2018, November 26). Over nearly 80 years, Harvard study has been showing how to live a healthy and happy life. Retrieved March 18, 2021, from https://news.harvard.edu/gazette/story/2017/04/over-nearly-80-years-harvard-study-has-been-showinghow-to-live-a-healthy-and-happy-life.

Mitchell, S. (2000). *Bhagavad Gita: A new translation*. New York: Three Rivers Press.

Osteen, J. (2007). *Become a better you: 7 keys to improving your life every day*. New York: Simon & Schuster.

Pilzer, P. Z. (1997). *God wants you to be rich*. New York: Simon & Schuster.

Robbins, M. (2009, May 12). Express yourself. Retrieved March 18, 2021, from https://mike-robbins.com/express-yourself.

Seligman, M. E. (1988). Boomer blues. *Psychology Today, 22*, 50-55.

Stephens-Davidowitz, S., & Pabon, A. (2017). *Everybody lies: Big data, new data, and what the Internet can tell us about who we really are*. New York: HarperCollins. 『모두 거짓말을 한다』(더퀘스트, 2022).

Twenge, J. M., Abebe, E. M., & Campbell, W. K. (2010). Fitting in or standing out: Trends in American parents' choices for children's names, 1880-007. *Social Psychological and Personality Science, 1*(1), 19-25.

Wat Tham Suea (Tiger Cave Temple). Retrieved from www.watthumsua-krabi.com.

14장

Cacioppo, J. T., & Patrick, W. (2008). *Loneliness: Human nature and the need for *social connection*. New York: Norton. 『인간은 왜 외로움을 느끼는가』(민음사, 2013).

Davis, D. E., Choe, E., Meyers, J., Wade, N., Varjas, K., Gifford, A., . . . & Worthington, E. L., Jr. (2016). Thankful for the little things: A meta-analysis of gratitude interventions. *Journal of Counseling Psychology, 63*(1), 20.

Dunn, E. W., Aknin, L. B., & Norton, M. I. (2008). Spending money on others promotes happiness. *Science, 319*(5870), 1687-1688.

Eisenberger, N. I., & Cole, S. W. (2012). Social neuroscience and health: Neurophysiological mechanisms linking social ties with physical health. *Nature Neuroscience, 15*(5), 669.

Emmons, R. A., & Stern, R. (2013). Gratitude as a psychotherapeutic intervention. *Journal of Clinical Psychology, 69*(8), 846-855.

Fowler, J. H., & Christakis, N. A. (2008). Dynamic spread of happiness in a large social network: Longitudinal analysis over 20 years in the Framingham Heart Study. *BMJ*, 337.

Freud, S. (1955). *The standard edition of the complete psychological works of Sigmund Freud, Volume II (1893–1895): Studies on hysteria*. London: Hogarth Press.

Frias, A., Watkins, P. C., Webber, A. C., & Froh, J. J. (2011). Death and gratitude: Death reflection enhances gratitude. *Journal of Positive Psychology, 6*(2), 154-162.

Hanh, T. N. (2011). *Making space: Creating a home meditation practice*. New York: Parallax Press.

Heyman, S. (2015, February 4). Keeping tabs on bestseller books and reading habits. Retrieved March 19, 2021, from www.nytimes.com/2015/02/05/arts/international/keeping-tabs-on-best-sellerbooks-and-reading-habits.html.

Holt-Lunstad, J., Smith, T. B., & Layton, J. B. (2010). Social relationships and mortality risk: A meta-analytic review. *PLoS medicine, 7*(7).

Lazare, A. (2005). *On apology*. New York: Oxford University Press. 『사과에 대하여』(바다출판사, 2020).

Marsh, J. (2011, November 17). Tips for keeping a gratitude journal. Retrieved March 19, 2021, from https://greatergood.berkeley.edu/article/item/tips_for_keeping_a_gratitude_journal.

McPherson, M., Smith-Lovin, L., & Brashears, M. E. (2006). Social isolation in

America: Changes in core discussion networks over two decades. *American Sociological Review, 71*(3), 353-375.

Peterson, C. (2008, June 17). Other people matter: Two examples. Retrieved March 18, 2021, from www.psychologytoday.com/us/blog/the-good-life/200806/other-people-matter-two-examples.

Pinker, S. (2003). *How the mind works*. London: Penguin.『마음은 어떻게 작동하는가』(동녘사이언스, 2007).

Putnam, R. D. (2000). *Bowling alone: The collapse and revival of American community*. New York: Simon & Schuster.『나홀로 볼링』(페이퍼로드, 2016).

Ricard, M., Mandell, C., & Gordon, S. (2015). *Altruism: The power of compassion to change yourself and the world*. New York: Little, Brown & Company.

Rini, C., Austin, J., Wu, L. M., Winkel, G., Valdimarsdottir, H., Stanton, A. L., . . . & Redd, W. H. (2014). Harnessing benefits of helping others: A randomized controlled trial testing expressive helping to address survivorship problems after hematopoietic stem cell transplant. *Health Psychology, 33*(12), 1541.

Seligman, M. E., Steen, T. A., Park, N., & Peterson, C. (2005). Positive psychology progress: Empirical validation of interventions. American Psychologist, 60(5), 410-421.

Smith, C., & Davidson, H. (2014). *The paradox of generosity: Giving we receive, grasping we lose*. New York: Oxford University Press.

Styron, C. W. (2013). Positive psychology and the bodhisattva path. In C. K. Germer, R. D. Siegel, & P. R. Fulton (Eds.), *Mindfulness and psychotherapy* (2nd ed., pp. 295-308). New York: Guilford Press.

Suzuki, S. (1973). *Zen mind, beginner's mind*. New York: John Weatherhill.

Tonin, M., & Vlassopoulos, M. (2013). Experimental evidence of self-image concerns as motivation for giving. *Journal of Economic Behavior & Organization, 90*, 19-27.

Toussaint, L. L., Worthington, E. L. J., & Williams, D. R. (2015). *Forgiveness and health*. Dordrecht: Springer Netherlands.

Wilson, E. O. (1988). *The current state of biological diversity*. Biodiversity, 521(1), 3-18.

World Bank. (2020). *Poverty and shared prosperity 2020: Monitoring global poverty*. Washington, DC: World Bank.

감사의 말

Sagan, C., Druyan, A., & Soter, S. (1980). Cosmos: A personal voyage. The *Lives of the Stars* (Episode 9), PBS. Retrieved April 7, 2021, from www.youtube.com/watch?v=lMc3WqkSWKI.

하버드 자존감 수업

1판 1쇄 발행 2025년 12월 3일
1판 2쇄 발행 2025년 12월 22일

지은이 로널드 시걸
옮긴이 김미정
발행인 박명곤 **CEO** 박지성 **CFO** 김영은
기획편집1팀 채대광, 백환희, 이상지, 김진호
기획편집2팀 박일귀, 이은빈, 강민형, 박고은
기획편집3팀 이승미, 김윤아, 이지은
디자인팀 구경표, 유채민, 윤신혜, 권지혜
마케팅팀 임우열, 김은지, 전상미, 이호, 최고은

펴낸곳 (주)현대지성
출판등록 제406-2014-000124호
전화 070-7791-2136 **팩스** 0303-3444-2136
주소 서울시 강서구 마곡중앙6로 40, 장흥빌딩 10층
홈페이지 www.hdjisung.com **이메일** support@hdjisung.com
제작처 영신사

ⓒ 현대지성 2025

※ 이 책은 저작권법에 따라 보호받는 저작물이므로 무단 전재와 복제를 금합니다.
※ 잘못 만들어진 책은 구입하신 서점에서 교환해드립니다.

"Curious and Creative people make Inspiring Contents"
현대지성은 여러분의 의견 하나하나를 소중히 받고 있습니다.
원고 투고, 오탈자 제보, 제휴 제안은 support@hdjisung.com으로 보내주세요.

현대지성 홈페이지

이 책을 만든 사람들
기획 이승미 **편집** 김윤아 **디자인** 윤신혜